誕生日と血液型が導く

前世リーディング
あなたの魂の目的はなにか

ジュディ・オーノ
2万人の前世を見てきた占い師

徳間書店

はじめに

私にとって、それが「霊感」というものだとは、大人になってから気がつきました。小さい頃は、私が見えているものや感じていることが、他のみんなも同じように見えているものだと思っていたのです。

でも八歳頃、実はそれらが他の人には見えていないことがわかりました。しかもそれが幽霊や予言のようなことだったので、周りから気味悪がられたり「嘘つき」と言われることが多々ありました。「私はただ見えていることや感じていることを言っているだけなのに」と、子ども心ながらに傷ついて、ある日、天に向かって手を合わせ『他の人に見えないものは、私にも見えませんように』とお願いをしました。すると、不思議なことにその次の日から、本当に見えなくなり感じなくなったのを覚えています。

それが四十代に入り子育ても落ち着いてきた頃、霊感のようなものが徐々に戻ってきました。最初は、偶然の一致（シンクロニシティ）が毎日のように起きてきて、正夢を見たり直感が当たったり、思った通りのことが現実で起きたり、ということが始まりでした。そして何人かの霊能者の方に出会うと、次々に、実は私には霊的な力があるということを教えてくれたのです。

ちょうどその頃、なにか仕事を始めようと考えていたので、せっかくなら自分の霊感を使って人を助ける仕事を始めたいと思うようになりました。私はもともと占いは大好きだったので、始めるのに躊躇《ちゅうちょ》はありませんでした。そして、実際にスタートする決定打となったのは、車の中で、たまたま聞いたラジオのパーソナリティが語った言葉です。

「欧米では、悩みを抱えたり苦しんでいたりする人を癒して治療するセラピストという職業がありますが、日本ではその役目をしているのは占い師なんですよねー」。これを聞いた時にはもう、直感でこれだと思いました。それでさっそく次の日から、占い師をスタートさせたのです。

それから二十年が経ちます。私は、二十年前に占いの仕事をスタートした時、ある目標を掲げていました。それは、私の生涯で十万人の人を占って幸せにすること。そして、その人たちの「人生の登場人物」になりたいというもの。

でも実際に二十年経って、現実に占った人数は二万人にも至らず、とても目標に到達する可能性はありませんでした。しょんぼりしていた私に、本の出版とInstagramの開設を提案してくれたのが娘です。

私は、娘の提案を聞いて考え方が変わりました。これまでのような狭い範囲ではなく、もっと視野をマクロに捉えて、世界中の誰かに私の本を読んでもらったり、Instagramで私の存在をお知らせしたりすることで、その夢が叶《かな》っていくのだと確信したのです。

それまでは「有名にはなりたくない。ひっそりと占い師として多くの方のお役に立ちたい」という思いがあり、スタートして五年経った頃には、ラジオやテレビの出演のお話もあったのですが、それらをすべて断ってきていました。ですから、これは大きな決断でした。また、コロナ禍に突入したことも、本の出版を考えた理由の一つです。いつまで続くかわからないその状況の中で、不安を抱えている方たちの役に立ちたいという気持ちが、私の背中を強く押してくれました。

私は、相談者の前世が動画を見るように詳しく映像で出てくるので、それを占いと共にお話ししていますが、私自身の前世もいくつか見えています。その中でも、今世に一番かかわりがあるのは、中世のスペインに生きていた前世です。私は、今と同じように霊感を使ってタロットカードで占いをしていました。ただ、その時代の占い師は「魔女」「魔術師」と認識され、「魔女狩り」の対象となっていました。今の占い師とはかなり違う存在です。そんな時代でタロット占いをしていた私に起きた、さまざまな場面が映像として映し出され、そのときの状況や匂いまでもが蘇《よみがえ》ってきます。

前世でそのようにプロとして占いをしていたので、魂が覚えていたのでしょう。占いをやり始めた当時から専門的に習うことなく、カードを前世と同じ方法で開くことができました。

また、相談者が誰にも話していない体験が自然と見えたり、前世が見えたりもしました。さらには、カードの意味もすらすらと口から出てきたのです。

人は前世でやり残したことを、生まれ変わって今世に宿題として持ってきて片付けるといわれており、それを「カルマの解消」と言います。私もさまざまなカルマをいろいろな形で解消している途中ですが、この「霊感タロット占い師」という職業も、自分自身が選んできているし、まさにカルマの解消だと思っています。

そこで、この混沌《こんとん》とした世の中で苦しんでいる人がいるなら、私が役立てられると思い、リーディングをしてきました。

この本はそんな人たちのいわば人生の記録です。どんな前世を送り、どんなカルマを持って今世に生まれてきたのか。そしてどうやってそれを解消していくのか。読者の方もきっと誰かの体験に共感できると思います。

さらに、後半の第2部では、読者の方がテストを受けて九十六個の物語の中から、あなたの前世パターンを導き出せるようにしました。本来、私はタロットカードと霊感でそれぞれの方の前世を見て占っていくのですが、本書ではたくさんの方を占うために、この方法を考えだしました。あなたはどんなカルマを持って生まれてきたのか、今世ではどんな人生にしようと計画してきたのかを本書で知ることで、今の人生の指針となるでしょう。

本書を、あなたのこれからの幸せな人生のためにお役立ちいただけると幸いです。

二〇二三年十一月

ジュディ・オーノ

目次

プロローグ

前世と今世の
不思議なつながり

死後の世界と輪廻転生

人は死ぬと、どうなるのでしょうか。肉体と共に魂も消えてしまうのでしょうか。

仏教に「輪廻転生」という言葉があります。それは、「生き物は、死んでは生まれ変わるということを何度も繰り返して、そのたびに新しい人生を歩む」という意味です。死んだからといって、それで終わりという訳ではないのです。

肉体は、死ぬことで無くなってしまいます。でも、魂は生まれてくる前から、そしてその先もずっと、そのまま存在し続けているのです。死ぬと同時に、私たちの魂は身体から抜けて、天へと昇り光の世界へと入っていきます。そこに滞在したあと、また、新しい人生を始めるために生まれ変わっていくのです。それが、転生のシステムになっています。

驚くかもしれませんが、光の世界には時間の概念がありません。そのため、光の世界が楽しすぎてちょっと長居をしていたら、生まれ変わった時には地球での二〇〇〇年が経ってしまっていたということもあります。その逆に、強い希望で生まれ変わってきたら、ほんの数年しか経っていないという人もいました。

次の人生を決めて生まれる

面白いのが、人はそれぞれこの光の世界で、次の人生の計画をバッチリと立ててから生まれ変わっていくことです。次に生まれるときの場所や性別、親が誰なのかも、全部自分で決めてくるのです。そしてその時に、宿題のようなものを全員が携えて生まれてきます。宿題とは、前世で自分がやったこと、やれなかったこと、人に対してやったこと、やれなかったことなどを、次の人生でやり直そうとして持ってくることです。これを、「カルマ」と呼びます。

勘違いしている人も多いのですが、カルマは悪いものばかりではありません。良いものもたくさんあります。大きいことでも小さいことでも、その魂にカルマとして刻み込まれたものは、次の人生に持っていくのです。「前世で解けなかった宿題を、今世で解く」というようなイメージが、わかりやすいかもしれません。もし、また今世でそれが解けなかったら、次は来世に持っていくのです。

やり直しをする前世も決めている

また、すぐ前の前世のやり直しだけをするとは限りません。「二つ前の前世のやり直し」「いくつも前の人生のやり直し」というふうに「やり直したい人生」を選んでから、今世に来るようです。これも、くじ引きなどのように偶然に起こることではなく、誰かに決められたのでもなく、すべて自分自身で決めてきます。

その時に、前世でかかわっていた人と相談してくることもあります。「前は夫婦だったけれど、今回は親子になろう」とか、「前は親友だったけれど、今回は恋人をやろうね」という感じです。そういう近い間柄の魂とは、何回もの人生で同じ顔ぶれで来ることがあります。特に家族になる魂はつながりが濃く、一緒にカルマの解消を協力して行う場合も多いのです。そういう気持ちで家族を見直すと、深い縁を感じられるかもしれませんね。

生まれると、自分の前世も今世の計画も忘れている

そうやって私たちの魂は、何度も何度も、死んでは生まれ変わってやり直すということを、続けています。そして、転生してくる前の光の世界では、自分の前世も今世の計画も目的もすべてわかっているのに、この世に生まれ落ちて「オギャー」と泣いた瞬間に、私たちはすべてを忘れてしまうというシステムになっています。ですから、たとえ前世で深く関わった相手であっても、今世では、また「初めまして」でスタートしていくことになります。

ところがたまに、三歳ぐらいまで、自分の前世を覚えている子どもたちもいます。そういう子

は話せるようになった途端に「ママを選んでお腹に入ってきたの」とか、「おじいちゃんはパパだったんだよ」などと、ときにはお絵描きをしながら話し始めます。彼らにとっては、前世のことが昨日の出来事のように記憶に残っているので、ペラペラとしゃべり出して親をびっくりさせることも多いでしょう。ほとんどの子は、五歳ぐらいになるとその記憶も消えていきます。

魂は前世を覚えている

大人になってから自分の前世を覚えている人はほとんどいません。そのため、自分の前世を知るには、前世を見る能力が備わった人から教えてもらうという手段がほとんどでしょう。

私も、人の前世を見ることができる一人です。占いの相談に来た方に、私が見えたその人の前世を教えて、カルマの解消のお手伝いをします。不思議なことに、多くの方は、前世を伝えられると涙を流したり、体が震えてきたり、鳥肌が立ったりするなどの反応を見せますが、それはすっかり忘れていた記憶を、魂が思い出したときに出るものです。思い出した瞬間の魂は、「なるほどね」とか、「そう、そう、そうだったわ」となるのです。

そして面白いことに、どこにいようが、別のことをしていようが、前世と似たようなシチュエーションがどんどん起きてきます。その都度、小さなカルマから大きなカルマまでを解消していくのです。それは、前世で渡すことができなかったプレゼントを渡すことかもしれないし、親との不仲のやり直しかもしれません。

そんなやり直しをしていく中で、自分の魂が前世を思い出すことには大きなメリットがあります。それは、魂が記憶を取り戻して生きていくので、カルマの解消がやりやすくなっていくことです。なぜなら、魂が思い出したからこそ、記憶のなかった状態とはまったく違う反応をしたり、前世と同じ後悔はしないように行動し、同じ失敗は避けられるようになるからです。

私が占いを始めてから二十年の月日が経ちました。この二十年の間に、たくさんの人に前世を伝えていく中で、こんな発見がありました。

それは、前世のことを知るだけで、カルマを解消できる人が多いということです。たとえば「水が怖い。洗面器で顔を洗うだけでも溺《おぼ》れてしまうのではと怖くなる」という水への恐れがある人がいるとします。そういう人が「実は、自分は前世で溺れて死んでしまった」ということを知るだけで、恐怖心が消えることが多々あるのです。

このパターンは、前世で心や体が経験したことが、トラウマとなって魂に残っているために今世の行動に表れてきます。そのため、「それは前世の出来事で、今のことではないから、怖れる必要はない」と、魂が理解するだけで解消するのです。

ではいったい、人は何のためにそのような、人生の繰り返しをするのでしょうか。それは一言で言うと、人間とはカルマを解消していくことで「霊的進化を目指す存在」だからなのです。

誰もがこの、魂の霊的進化を目指して人生を送っています。

では、あなたは、今どんな人生の、何をカルマにしてここに来ているのでしょうか。

ここから先は、私が見てきたたくさんの不思議な話を紹介していきます。その中には、あなたの人生を読み解くヒントも隠されているかもしれません。

第1部

ジュディの見た世界
（前世とカルマ）

1　場所の物語

江戸時代に生きた前世

「僕は、どんな職業が向いていますか？」

十八歳のその青年は、進路についての相談をするために私のところへ来ていました。親からは大学進学を勧められていたのですが、何の目標もないまま四年間大学に通うのも気乗りせず、働きに出ようかと思っているということでした。でも、仕事といっても何をやりたいのか、さっぱり思いつかないということです。

占ってみると、彼の前世の映像が出てきました。彼は江戸時代に、江戸で生きていたことがあったようです。そのときは、「火消し」（今の消防士）として働いていました。ふだんは、とび職を生業《なりわい》にしているのですが、火事が起きると火消しのチームの一員として消火活動をするのです。

火事になったときは、彼が大きな旗のような、纏《まとい》を振っています。チームの仲間はそれを目印に集まってきます。当時の江戸の町は、木造の小さな家が密集していて、しかも隣同士がつながった長屋が多く、たびたび火事が起きていました。そういった事情もあり、江戸の「火消し」は非常に重要な仕事でした。また、町人が目にする機会が多いこともあって、人気のある花形職業でもあったようです。

彼の場合は、彼の父親が火消しの職業についていました。彼は、子どもの頃から父の背中を見て育ち、大きな纏を振っているその男らしい姿に憧れていました。ですから、大人になると当然のように、父の火消しチームに入ります。そして年数が経ち、彼が結婚して子どもが生まれる頃には、父からその役を引き継いで活躍していました。父も、息子と一緒に働けることに、この上ない喜びを感じていたし、自慢の息子でもありました。その時の父親の魂は、今世でも彼の父親として生まれ変わっているようです。

そんなある日、いつものように向かった火事現場で、彼は家の中に取り残された子どもを見つけます。とっさに彼は、手桶の水を頭からかぶり武者震いをしたかと思うと、大きな角材が次々に焼け落ちて、今にも崩れそうなその家の中に飛び込んでいったのです。しかし、その次の瞬間に家は崩れ、彼は子どもを助けられないまま、自らの命も落としてしまいました。ごうごうと燃えさかる火の前に、ぼうぜんと立ちすくんでいる父親の姿が見えます。

そこまで話すと、彼が一気に話し出しました。

「びっくりしました。実は、僕の父は消防士なんです。小さい頃から、消防士の格好をした父をかっこいいと思っていたし、僕は消防士の真似をしたり『大人になったら消防士になりたい』と思ったりすることもありました。でも、父はそれに反対でした。父からは、いつも『消防士にだけはなるな。常に危険と背中合わせの仕事だからな』と強く言われていたのです。それは、前世の時に火事で死んでしまった僕のことを、父の魂が覚えていたからなんですね。きっと、僕が消防士になると、また僕を失うのではないかと恐れていたのですね」

彼はそれから、こう続けました。

「僕は、今まで自分の将来がぼんやりとしていましたが、今日の話で、かすみが晴れたように、やりたいことがはっきりしました」と帰っていきました。

それから五年後、彼はやはり、消防士になっていました。生まれてくる前に彼が計画してきたことは、「もう一度火消しになって人生を全うしたい」ということだったのです。彼自身がそれに気づいたことで一気に流れが変わっていったのでした。当時、消防士になることを強く反対していた父を振り切り、彼はやり遂げていました。

今では父親の部下として、同じ消防署に勤務しているということです。そして、あんなに反対していた父親も、嬉《うれ》しそうに一緒に仕事をしています。そして最近「俺の心配しすぎで、お前の人生を狂わせるところだったな。すまないな」と父が謝ってきたそうです。

人生のやり直しは人それぞれです。このお二人のように前世も今世も、同じ親子で同じ職業を選び、やり直していく親子もいるのですね。

タイタニック号に乗っていた前世

「水が怖いんです。それがどうしてなのか知りたいのです」

その女性は、私の前に座るなり、そう言いました。占うと、彼女の前世が出てきました。アイルランドにいた彼女は、二人の小さな息子を連れて、ニューヨークで待っている夫の元に行く途中です。そして、乗った船はあの有名な、悲劇の豪華客船タイタニック号だったのです。

当時、処女航海で注目を浴びていたタイタニック号に、彼女は息子たちとアイルランドから乗り込みます。彼女たちが乗ったのは、三等客室でした。私の見る映像では、三等客室とは言っても閉塞感はなく、シンプルですがおしゃれな感じがします。彼女は子どもたちと船内を散歩し、食堂では、家で食べるよりもぜいたくな食事を楽しんでいました。夜になると三等客室の乗客たちが集まって、アイルランドの音楽でダンスをして楽しそうです。

次に、長男が迷子になって一等客室のエリアに紛れ込んでしまうところが見えました。そこには、本当に豪華絢爛《けんらん》な素晴らしいラウンジが見えました。迎えに行った彼女は、生まれて初めて見るそのゴージャスなきらびやかさに、目を丸くして立ちすくんでいます。私はまるで、映画「タイタニック」を観ているような気持ちになりました。ここにあの映画の主人公たちもいたのでしょうね。

そして、出港して何日めかに、彼女らを乗せたタイタニック号は氷山に衝突してしまうのです。彼女は、大勢の人の山に押しつぶされそうになりながら、やっとのことで甲板に出ることができ、子どもたちと共に救命ボートに乗り移ろうとしました。でもその瞬間に、上の子が彼女の手から離れてしまいます。そしてその子は、パニックになっている人たちのせめぎ合いの人波で、船内に引き戻されてしまうのです。そのとき彼女はとっさに、赤ちゃんだった次男を救命ボートに投げ渡し、船内に戻って上の子を探し回りました。

やっと息子を見つけたときには、大量の海水が船内に流れ込んで、船は大きく傾き始めていました。彼女は、息子を抱き抱えるように甲板までは出てきたものの、凍えるような真っ暗な海に、二人とも投げ出されてしまいます。そして、沈んでいく船と共に、暗い海の大きな渦の中に巻き込まれるようにして、二人は息絶えたのでした。最後のときまで、息子を強く腕に抱きしめている彼女の無念の表情は、とても悲しい映像でした。

またその次に、赤ちゃんだった次男の映像も見えました。投げられた赤ちゃんを、救命ボートの中にいた婦人たちがしっかりと受け止めて、寒さから守るために皆で囲むようにして、交代で抱きしめています。その一週間後には、次男は何も知らないままに、ニューヨークの父親の腕の中ですやすやと寝ていました。父親がその顔を見ながら号泣しているのが見えます。その後、父親は悲しい気持ちを胸に秘め、しっかりと、生き残った息子を育てていったのです。それを、亡くなった女性は光の世界から、ちゃんと見届けて安心したのでした。

そして今世、彼女たちは再び親子として生まれてきたのです。どうやら、前世の兄と弟が入れ替わっています。上の子は何ともないのに、下の子が母親と同じように水を怖がる理由がわかりました。「冷たい水が嫌なのも、子どもたちといつも手をつないでしまう癖も、前世でそんな悲しいことがあったからなんですね」と、彼女は、涙しながらもすっきりとした表情で帰って行きました。

実は、この話には後日談があります。彼女が、前世でアイルランド人だったことがわかってから、無性にアイリッシュのケルト音楽が聴きたくて、部屋で音楽を流して聞いていたそうです。するとそれをそばで聞いていた次男が、突然、息せき切ってしゃべり出したというのです。

「お母さん、僕ね思い出したよ。大きな船でのこと。お母さんと僕でとても冷たい真っ暗な海で、ぷかぷか浮いていたんだけどね、ものすごく眠たくなっちゃって、『寝たらダメ』ってお母さんに言われながらも、うとうとしているうちに渦巻きみたいに体がぐるぐる回って、そして死んじゃったんだよ。僕ね、その時着ていた服も覚えているよ。四角い模様がたくさんついた緑色のセーターだったの」

それは、まさに私の映像で見えた、アーガイルチェックのセーターを着た彼と一致したのでした。

宇宙からの転生

私のところへ来る人で、ときどき宇宙出身の魂の人たちがいます。宇宙から地球に来て、地球で何度か転生して、今世で人生を送っているという人たちです。このような魂は、地球よりもずっと文明や科学が進化している惑星から転生してくることがほとんどです。もちろん、本人には前世の記憶はないので、私が「あなたは宇宙出身なんですよ」と言うと、たいていの人は初めは目を丸くしてびっくりしますが、その後にほぼ全員が「思い当たることがある」と言います。**「小さい頃から、夜空を見上げる癖があった」「夜空の星を見るとホッとする」「生き辛いと感じることが何度もあった」**など。**「宇宙から地球を見ている感覚」「空から地球に落ちていく感覚」**を覚えている人たちもいます。

ある女性が来て、占いで前世が出てきた時のことです。宇宙船の中の映像が見えました。それは遠いアンドロメダ星雲から地球に向かって来ていました。そこには、何人かの光輝く魂が乗っていてそのメンバーの中に彼女がいます。どうも地球に降り立つ前のようです。全員がワクワクした面持ちでその瞬間を待っています。そのメンバーは地球で転生して経験を積むために選ばれた者たちで、彼女もその中の一人でした。

地球は他の惑星から見ると、とても魅力的な星のようです。水も酸素もあり、また他のどの惑星よりも細菌の種類が多くて、生物が面白いように進化すると話しています。生き物の生存環境を維持する最も重要な化学反応である「光合成」が太陽と水と細菌によってどの星よりも豊かな恵みを生み出しているのが「地球の星」だとリーダーから説明を受けています。

またこうも話しています。「人間には『煩悩』というものがあって、地球人の大きな特徴は、恨み、憎しみ、嫉妬などの感情を持っていることです。同じ仲間の人間同士で、競争や暴力、殺し合いなどをするのです」。どうも、そういう感情が彼女の星にはないようです。ですから、自分たちと比べると人間は恐ろしい宇宙人でもあるのです。彼女たちは「どう猛な動物のおりに入っていくような恐ろしさ」を覚悟し、地球で生まれ変わっていくのです。あえて、そのような「人間」を経験することで、魂が大きく成長するというふうに考えているようでした。

彼女は、何回か地球で転生を繰り返した後に、故郷の星に帰る計画のようです。「地球での転生の任務」が終了して星に帰ったら、地球での「魂を磨く」という体験を活かした、何か仕事のような役割があるようなのです。そして、彼女は今の人生が七回目で、地球での転生はこれで終わり、来世は自分の惑星に戻るようです。

そこまで話すと、彼女は「**私は異星人なのですね。不思議ですが、ストンと納得できました。小さい頃から思い当たることばかりです。周りの人とうまくやれなくて息苦しいことが多かった**

し、夜に星を見るのが大好きでした。意味もなく『早く帰りたーい』と夜空に向かって叫んだことが、何回もあるのです。何回生まれ変わっても地球に馴染《なじ》めなかったのですね」と言いました。そして、今世が地球での最後の修業で、生まれ故郷の星に帰れるということを知って、嬉しそうな安堵した表情を見せました。

「宇宙からの転生」があるなんて、人の生まれ変わりは本当にバラエティに富んで、面白い仕組みだと感じました。

石器時代の前世

ご夫婦で占いに来ていたお二人。

「ずっと、夫婦ともにSE（システムエンジニア）として仕事をしてきました。でも、二人とも心も体も疲れ切ってしまい、五年前に仕事を辞めて田舎に引っ越して、農業を始めたんです。それで自然に囲まれて楽しくやっていたのですが、最近急に、テレビもインターネットもないような、もっと不便なところに住んで、自給自足の生活がしたいと強く思うようになりました。どうしてそう思うのか、この先そのような生活に踏み込んで良いのか、とても迷っています」という相談でした。

二人は職場結婚でした。二人とも、仕事に対してやる気に溢《あふ》れて頑張っていたのですが、だんだんと会社でのノルマが重くなって、締め切りが近づくと会社に泊まり徹夜をすることが多くなっていったそうです。そのうち、心身ともにへとへとに疲れ切って、「なんのために生きているのかわからない」と無気力感に襲われるようになりました。そこで二人は、最終的に田舎への移住と農業の暮らしを決めたのでした。農業は大変でしたが、思い切り深呼吸ができる幸せ、そして自由を感じる生活を二人は手に入れたのです。

改めてＳＥ時代を振り返ると、自分たちは会社を辞める直前、鬱《うつ》の入り口に立っていたんだと震撼《しんかん》したそうです。「デスマーチ（死の行進）から抜け出せた気持ち」だと表現していました。そして彼らの田舎生活が何年か続いた頃、電力に頼りたくないという気持ちと、電磁波を受けたくないという気持ちが出てきたのでした。もっと自然に囲まれた土地で、自給自足の生活をやってみたいという欲求は、日増しに強くなっていったと言います。

さっそく占い始めると、お二人の前世の映像が出てきたのですが、私は驚いてしまいました。なぜなら、今まで一度も見たことのない時代の映像が出てきたからです。それはものすごく古い、古代より前の石器時代のようです。なんと、十三万年も前の時代です。

二人がその時代も夫婦として、洞穴のような住居で生活しているのが見えました。毛皮のような服を着ていて、裸足です。洞窟の外には、ありえない大きさの怪鳥や、マンモス象のような動物がいます。そこにいる巨大な動物を狩ろうとしている男性たち。そのあまりの迫力に、私は面食らってしまいました。人間の何倍もあるような動物に対して、骨でできた斧だけを持って、あるいは素手で奇声をあげながら全員で襲いかかっていくのです。何人かが踏まれて倒れたり死んだりすることもお構いなしに、大勢で巨大な動物を仕留める姿。そして男性たちが狩りで捕らえてきた獲物を、女性たちがさばいて料理しています。顔をよく見ると、中学の教科書に出てきた、ネアンデルタール人のような形相をしています。顔の骨格は猿のようで、金髪で目が青いのが印象的でした。

そのことを彼に話すと、「**驚きました。ジュディさんの話を聞いて今気がついたのですが、へき地に移り住みたいと思うようになったのは、あるニュースを見てからなのです。それは『ネアンデルタール人からの遺伝子がコロナの重症化を防ぐ』といった内容でした。その直後に僕は、ネアンデルタール人に興味が出て、ネットで画像を映し出したのです。その顔を見た瞬間、なぜか衝撃的でとても懐かしい気がしました。そして急に、自分で狩りをしたいとか、火を起こしてそれを料理したいという欲求が出てきたのです**」

そのネアンデルタール人を見たことで、お二人の魂が、石器時代の前世を思い出したのですね。しかも今世、そういう生活をしていくことを、生まれる前に魂の計画に入れていたようなのです。ということは、「この時期に、魂がそれを思い出すことが起きる」というのも、生まれる前からすでに計画に入っていたのでしょう。二人が今世で出会って結婚したのも、一緒に仕事をやめたのも、そのすべてが偶然ではないのです。

二人は目を輝かせて「迷わず、移住します。なんて言ったって、十三万年ぶりに僕たちは人生をやり直しに来たんですから。貴重な今世を自分たちの生きたいように生きていくことにします」そう言って帰って行きました。

私が占ってきた中で、彼らは、歴代一位に古い時代からの生まれ変わりです。このように石器時代から十三万年ぶりという気の遠くなるほどの年月を経て、日本に生まれて、こういう形で前世のやり直しをすることもあるのだと、また、生まれ変わりの不思議さを感じたのでした。

琉球王朝と首里城

その女性は「夫とは何十年も、ずっと仲良しでやってきたのですが、最近なぜか、一緒に生きていることに、何か理由があるような気がして仕方がないのです」と言いました。子どもたちも独立して二人だけの生活に戻ったタイミングでそのように考えることが多くなったようです。

占ってみると、彼女の前世の映像が出てきました。舞台は、四百年ほど前の琉球時代の沖縄です。彼女は、ノロと呼ばれる「先祖の神と交信する神女」の見習いで久高島に住んでいました。ある日彼女が、本島にある斎場《せーふぁ》御嶽《うたき》という聖域での神の儀式に出席したときのことです。首里城から王様の付き添いで来ていた、政府の官職と目が合って、お互いに惹かれ合います。白装束で白い鉢巻をした少女と、黄色い角形の帽子を被った黒い着物姿の青年が見つめ合う姿は、こちらがドキドキするほどステキで印象的です。そしてこの青年こそが、今世での夫なのでした。

そこから二人の恋愛が始まります。しかしこの時代、神女と政府官職が恋愛関係になったり、夫婦になったりすることは前例がなくてタブーだったようです。

それでも青年は、久高島に帰った彼女にどうしても会いたくて、こっそりと何度も島を訪れます。彼女も、それを心待ちにしていました。そのときに彼女は、堂々と付き合えない苦しさや隠れて会う後ろめたさ、彼への愛の想いを琉歌に詠んでいました。

そしてある時、儀式のために久高島を訪れた琉球王が、紙に残されたその詩《うた》を見てしまうことになるのです。そのあまりにも切ない愛の詩《うた》に心を打たれた王は、二人を探し出し、呼び出します。王に知られてしまい、罰せられるとばかり思っていた二人でしたが、そこでなんと、琉球王は二人の気持ちを聞いて理解してあげたのでした。しかも「この若い二人の愛を成就させてあげたい」という計らいで、彼女は首里城に呼び寄せられます。彼女には、城内にいくつかある聖域の浄化とお祈りの仕事が与えられました。

さらに王は、二人の結婚式まで開いてくれたのです。それによって、それまでタブーとされていた「政府役人とノロの結婚」が黙認されるようになりました。二人は夫婦になって首里城の近くに住み、仲良く幸せな結婚生活をスタートさせることができたのです。そして、一生を通して琉球王への感謝の気持ちを忘れずに、首里城での仕事に励んでいきました。

そこまで話すと、彼女は「えっ、そんなことってあるんですか?」と驚いた様子です。

「実は私、子どもの頃から首里城のそばに住んでいるんです。でも、首里城に初めて行ったのは

三年前の元日です。首里城が近過ぎて、いつでも行けるという気持ちからか、それまで一回も行ったことがなかったのです。一度行ってからは、懐かしい気持ちとその美しさに魅了されて、何度も行くようになりました。でもその数ヶ月後に首里城が焼け落ちてしまいました。私たち夫婦は、その火事の一部始終を家から目撃したんです」

彼女と彼女の夫は、まさに今世でそれを見届けるということと、首里城の再建に関わることが、今世の計画であり使命でもあったようです。二人は、前世で琉球王の力添えがなければ一緒になれなかったことへの感謝と、前世で夫が防災の部門を担っていたので、首里城への思い入れがとても強かったのでしょう。

彼女は「**鳥肌が立ちます。すべてが腑《ふ》に落ちました。首里城のそばに住んでいるのも、夫と出会ったのも、火事を目撃したのもすべてにつながりがあり、そして意味があるのですね**」と言いました。前世での感謝や役目を今世で果たそうと、二人の魂は同じ思いを持って一緒に生まれ変わって来ていたのです。だとしたら首里城が焼け落ちるという歴史的なことも、偶然ではなく必然だったということになるのでしょう。

その後、首里城の再建に、二人でボランティアとして参加しているということでした。

地球での転生を繰り返す宇宙からの魂

その女性は、宇宙から転生してきた魂の中の一人でした。

「最近、涙もろくて、月や星を見て『帰りたい』という感情が溢れてくるのです。風に吹かれていると、もっと吹かれたいと思うし、海を見ると海にどんどん入って行きたいという、切ない不思議な感覚になります」と言いました。

前世を見ると、やはり彼女は宇宙出身でした。そこは風景が地球にとても似た星です。少し違うのは、異なる輝き方をする月が三個浮かんでいることぐらいでしょうか。それらの月は、緑とオレンジと紫の色をして一列に並んでいます。地球では月は一個なので妙な感じがしますが、その星ではそれが見慣れた夜景なのです。その夜の雲のかかり方で、月光のグラデーションが変わりとても綺麗です。また、この星の人々は容姿は人間によく似ているのですが、青い色の肌を持っているのが特徴的です。

その星は、地球よりも文化や科学技術が進んでいました。ただ、資源を開発しすぎて地盤がもろくなり、環境破壊が起きて自然現象で星が崩壊してしまいます。その歴史の途中で、人口も二〇パーセントまで減少してしまい、最終的にはもうそこには住めないということになりました。そうして、身体を持たない魂の形で他の惑星へと、それぞれグループになって飛び立っていったのです。その女性のグループは、地球を選んで来ました。地球に降り立った時、崩壊してしまった自分たちの星とあまりに似ていて、また、故郷以上の自然の多さや美しさに満ちた地球に感動して、皆で歓声を上げている姿が見えました。そこから彼女は、地球での転生を繰り返していきます。

今世、彼女の魂が故郷の星を思い出して、風に吹かれても海水に触れてもそれをもっと味わいたいという衝動にかられてしまったのでしょう。

その次に「光の世界」の場面が出て来ました。地球人からすると、そこはいわゆる「死後の世界」です。人間は死んで転生するまでをそこで過ごします。彼女が、地球での一つの転生が終わって、その光の世界に滞在しているときに、同じ故郷の星で母親だった魂と出会います。彼女の母が先に彼女を見つけて近寄りました。お互いの魂が触れ合った瞬間に、遠い昔の星での記憶が動画の早送りのように二つの魂の上で流れていきます。二人は涙を流して再会を喜び合いました。彼女の母の魂は星から脱出する時、転生を繰り返す星を選ばずに、宇宙で天使のような役割を担うことを選択したようです。長い間、娘の魂をずっと探していたようにも見えました。

そしてそこからは、彼女が地球で生まれ変わるたびに、母親の魂が彼女を見守ってきていました。彼女が「小さい頃から、困ったときにはいつも何かに助けられているように感じた」のはお母さんのおかげだったのです。

彼女はこの先帰る星はないので、ずっと地球での転生を続けていく計画です。ですからこれからも、お母さんの魂とずっと一緒にいられるのでしょう。星は違えども、母娘の愛情を感じるお話に、壮大な不思議な魂の生まれ変わりを感じました。

モン・サン・ミシェル

相談に来た、五十代の公務員のその女性は「**最近、自分のやるべきことがあるような気がするんです。それが何なのか知りたいのです**」と言いました。

さっそく占ってみると、彼女が中世のフランスで生きていたときの前世の映像が出てきました。そのときの彼女は男性で、神父の仕事をしています。その彼が、海に浮かぶ教会モン・サン・ミシェルに向かって、坂道や石段を登っている光景が出てきました。かつてはそこの修道士だった彼ですが、その時は重い足かせや手錠をつけられて、熱い太陽が照りつける中、罪人としてモン・サン・ミシェルの坂を登っているのでした。

彼の生まれ故郷は、そのお城が見える湾の対岸にある村でした。小さな頃から、お城に憧れていた彼は、大人になると修道士として、モン・サン・ミシェルの修道院に入って暮らしていきます。そこでの彼の仕事は、孤児院や病院施設を慰問してケアをすることでした。しかし、あまりにも堕落した宗教と政治の関係に絶望して、ある日修道院を去ることにしたのでした。

修道士を辞めた彼は、何年か後には、ある町の神父として働いていました。彼には、聖職者としての仕事のかたわらで「健全な孤児院の設立」という大きな夢がありました。その夢を実現するために、神父になったのでした。時が経ち、そのための布教活動をしている時に、政府に楯突いているという理由で警察に捕まってしまいます。そして誤解を受けたまま、冤罪《えんざい》でモン・サン・ミシェルの中にある牢獄へと送られていったのでした。

その次に見えてきた映像は、寺院で拷問《ごうもん》を受けているような場面です。でも、よく見ると彼が他の囚人たちと一緒に労働をしているようにも見えました。大きな水車のような入れ物の中で、うなり声をあげながらその車輪を力一杯に、カヌーを漕ぐように動かしています。

そこまで話すと、彼女は驚いて話し出しました。

「驚きました。実は去年、観光でモン・サン・ミシェルに行ったのです。とても暑い日で、そのうだるような暑さの中で寺院までの坂道を歩いている時、身体が重くて重くて、足を引きずるように登って行ったのを覚えています。そのとき前世の手かせ足かせの自分を経験したのですね。

そのジュディさんの見えた映像は、モン・サン・ミシェルが高いところにあったので荷車を運搬するために使われていた、中世の昇降機の車輪です。かつては囚人たちが車輪の中に入り、人力で壁のレールに沿った荷車を上下させていたというものです。私はそれをやらされていたのですね。そのせいでしょうか、ガイドがその車輪の前で説明を始めた途端に、呼吸が早まり気持ちが悪くなって、しばらく休ませてもらったんですよ」

そうです。彼女にとっては初めて行った場所なのに、魂はその記憶をしっかりと刻んでいたのです。私が見た映像では、大きな車輪の中に入っての重労働は、まるで拷問さながらでした。もともと心臓の弱かった彼は、その牢獄での重労働は耐え難いものだったのです。それから数週間も経たないうちに心臓麻痺《まひ》で息絶えてしまいました。

彼女が話を続けました。

「その旅行から帰ってきてから、『自分の使命』を真剣に考えるようになりました。今、その理由もわかりました。前世の私は、孤児院を作りたかったのですね。それなのに、夢に向かう道なかばで冤罪で捕まって、いとも簡単に命を落としてしまったのですね。

実は今、福祉課で親のいない子どもたちの担当をしています。これも偶然ではないのですね。孤児のために働くという、私の使命がはっきりとわかりました」

彼女はそう言って帰って行きました。そこには、前世の神父であった男性を彷彿《ほうふつ》とさせる後ろ姿がありました。

その十年後、彼女がまた占いに来ました。実はあの占いの後、彼女は前世での自分の続きをやり始めていたのです。自分の仕事の実績とツテを使って、投資家を集め孤児のための基金を設立したり、ＮＰＯ法人を作り、孤児のための施設を立ち上げたりするような活動をしていました。記憶も意識もないのに、ちゃんと魂はこのように、前世でやり遂げられなかったことの続きをするために生まれてくることもあるのですね。

前世で住んでいた街を訪れる

その男性は三十代で、北海道に住んでいる人でした。

「先日、テレビの旅行番組に九州のある町が出ていました。僕は、そこは初めて見る場所で行ったこともないのに、とても懐かしい気持ちになったのです。それだけではなく、『あの路地を曲がるとたばこ屋さんがあって、もう少し行くと学校がある』というような映像まで浮かんできました。どうしてそんなことが思い浮かんだのか不思議です。すごく感動した夢なのに、朝になるとすっかり忘れてどうしても思い出せないときのような、モヤモヤとした気持ちになったのです。僕にとっては、あまりに非日常的な出来事だったので、それがただの自分の妄想なのか、それとも何か理由があるのかを、ぜひ知りたいです」と、彼は言いました。

さっそく占うと、確かにその場所にいる彼の映像が出てきました。でもそれは、今世ではなく前世での映像です。彼はその町に生きていて、野球が大好きな少年でした。夕方、日が暮れるまで仲間と掛け声をあげながら野球をしています。空を見上げると、綺麗な夕焼けの中をカラスたちが鳴きながら巣に戻って行きます。彼は家に戻る途中に、彼の脳裏に浮かんだあの角のたばこ屋で、友だちとアイスキャンディーを買って食べ、それから汗だくで帰途につきます。「ただいまー」と元気に家に着くとお風呂に入って、家族で夕食を囲みます。

どうも彼は一人っ子で、両親と、祖父母の五人で住んでいるようです。明るくて元気な彼を囲んで、一家団らんのひとときを過ごしている映像です。家族全員が彼を思いやり、愛しているのがよくわかります。

けれどもある日、彼が吐血して倒れてしまうのです。結核でした。それから何年もの入院生活が始まります。病気で苦しいのは彼なのに、付き添っている両親や祖父母を気遣い、ジョークを飛ばしては明るい笑顔で励ましている彼。なんて大人なのでしょうか。それでも最期は病気には勝てず、十代で亡くなってしまうのでした。

そして彼は、そのわずか二十年後に生まれ変わって、北海道で新しい人生を過ごしているところなのでした。もちろん、前世でのことは全部忘れています。それなのに、自分が前世で住んでいた町が偶然、テレビに映し出されたことで、それまですっかり忘れていた町の風景を、魂が鮮明に思い出したのでしょう。

「あなたがいた前世の時代と変わっていないのは、町の風景だけではありません。その時の親や友だちが今もその町にいるようですよ」と、私はお話ししました。

その後、帰ってから、彼はどうしてもそこに行きたくなったようです。その町を探し当てて、実際にそこに行ってきたと報告がありました。その町に入った途端に、訳もなく涙が溢れて仕方がなかったそうです。郵便局も学校も、角のたばこ屋もその時のままで、まるでタイムスリップしたような気持ちになったと言います。ある意味、本当にタイムスリップです。そして、彼は自分の勘に導かれるままに通りを曲がり、どんどん歩いて行きました。すると、一軒の住宅の前に辿《たど》り着いたのです。花盛りの垣根の小花からなんとも言えない良い香りがしてきました。彼はその懐かしい香りを嗅いだ瞬間に、そこは間違いなく、前世で自分が住んでいた家だと確信したそうです。

本当は、そこまで行ったらきびすを返して立ち去るつもりだったのですが、どうしても家族に会いたいという強い衝動に駆られて、郵便物を届けるふりをすることにしました。郵便箱から郵便物をあらかじめつかみ取って、それから「ごめんください」と声をかけて玄関まで入っていったのです。そこには、前世での自分の父親だろうと思われる老人が立っていました。「どちら様ですか?」と聞かれて彼は、思わず懐かしくて抱きつきそうになる気持ちを、やっとのことで抑え、「郵便局のものですが」と答えて郵便物を渡すと、自分の話は何もせずにその場を立ち去りました。

彼は言いました。

「それで良かったんです。僕は、会話をしたその一瞬がスローモーションに感じました。その間、目の前にいる父親との、前世での断片的な映像が走馬灯のように脳裏を駆け巡りました。それはまるで、今世での子どもの頃を回想するような感覚でした。そしてはっきりと理解したのは『僕は、病気で若くに死んだけれど、間違いなく幸せだった』ということでした。とても不思議で、満たされた気持ちになりました。自分の前世で居た場所に行けたこと。今世で年老いた父親に会えたこと。そのすべてが奇跡です」

彼は続けて話してくれました。

「北海道に戻ってきたときは、見える景色までが以前と違い、輝いて見えました。この世に生を受けたことに対する感謝の気持ちが、とめどなく溢れてきたのです。僕はこの人生を大切にして、前世の自分の分まで精一杯生きます」と言い切った彼の横顔が、どこか達観している悟り人のように見えました。

「テレビに映し出された」ということも「前世を魂が思い出した」ということも、そして「前世の町に今世で行って確かめてくる」ということまでが、決して偶然ではないのです。彼が生まれる前に「三十歳になったら、そこで前世を思い出して、今世をやり直していく」という計画を立ててきたから、必然的に起きたことなのです。

地底人からの転生

その二十代の男性は、仕事の相談で来ていました。彼は、もう何年も警備の仕事をやっていて、それまでは何の不満もなく働いていました。しかし、一ヶ月前に社内の異動があってから、状況が変わったと言います。異動とは言っても場所が変わっただけで、仕事の内容に変わりはありません。それなのに、今の場所では髪の毛が抜けるほどのストレスがたまると言うのです。

そこで、よく話を聞いてみると、前の部署はオフィスビルの夜間の警備で、今は昼間の屋外のイベントの警備とのこと。彼は私に「**転職を考えているのですが、どうでしょうか**」と、質問してきました。

さっそく占い始めてカードを開くと、即座に答えが出てきました。それは「**すぐに辞めなさい。そして、異動前と同じような環境の仕事を探すと良いでしょう**」というものでした。それと同時に、彼の前世の映像が出てきたのです。

前世の彼は、よく見ると人間とは少し違う姿をしています。水色の瞳をした小さな目。手は丸く、長くて鋭い爪がついています。首は短くて、鼻はとがっています。その姿は人間に似ているけれど、でも人間ではありません。彼の周りにいる人たちを見ても、みんな同じような姿をしています。ただ、ファッションは人間と変わりません。スーツを着ている人や、ジーンズ姿でおしゃれな帽子をかぶっている若者もいます。さらに、とても印象的なのは、曇り空だというのに全員が真っ黒なサングラスをかけていることです。子どもや赤ちゃんまでもが、必需品のようにサングラスをしています。

どうも、彼らは「地底人」のようです。私はその映像を見た瞬間、地球の中に地底人の世界が存在するのかと、仰天してしまいました。でも、そこは地球でないことは、すぐにわかりました。私に見えたのは他の星の地底で、彼の魂は、そこからきた宇宙出身者だったのです。

次に見えた場面は、その星の外観から映像が始まりました。一日中太陽が沈まず、地表温度は二百度以上もあるので、地上では生き物は住めません。でも、酸素も水もあるので、生物は存在できる環境です。そこでは、地中にいたモグラ系の生き物が弱肉強食の中で生き残り続けて、二足歩行となり、それが何十億年もの時をかけて地底人になっていったのです。そして彼らは、地中に巨大なドームを作って、その中で住んでいました。

そのドームの中を見渡すと、地球にそっくりであることがわかります。車が走っていて、飛行機のようなものも飛んでいます。湖もあって、そこで泳いで楽しんでいる親子も見えました。ただ、空はいつも曇り空で、直射日光はありません。ドームの天井に何かの仕掛けをして、昼間のような空間を演出しているようです。科学技術は地球よりも十分に発達していて、そこにある宇宙基地の飛行場からは、一般の人たちを乗せて宇宙船がドームを飛び立ち、近くの星へと旅行に出かける「宇宙旅行」の様子も見えました。

それから次に見えた場面は、彼が何人かと一緒に宇宙基地からテレポートマシンを使って地球に送り込まれるところです。この星から地球に派遣された星人たちは、これまでも大勢いるようです。彼らは星に戻る時に、地球での暮らし方や食の情報、農耕についての道具や知恵、さらには音楽や芸術までも持って帰ります。そしてそれらを、長い年月をかけて自分たちのものにしてきたようです。そういう理由でこの星の人たちは、洋服やメガネ、バッグや家など、すべてが地球にそっくりなのです。何千年も前から、地球の後を追うようにして、同じような生活様式をこの星の歴史に混ぜ込んで、自分たちのものとして作り上げてきていたのでした。

このように、この星から地球に転生してくる目的は、「地球の生活様式」の獲得です。そのため「魂の成長」を目的としてくる他の星とは転生の仕方が違い、だいたい一～二回の短い転生で任務を終えて、星に戻っていくようです。とは言ってもその間は、地球人から少しも疑われないようにするために、元の星での記憶は消されています。

彼にそこまでの話を伝えると「僕はなぜか、小さい頃から図鑑や食に関する本を見るのが大好きでした。小学校に入ってからは、図書館に入り浸ってそういう本ばかり読んでいました。大人になってからは博物館を回るのが趣味なのも、関係あるんですかね」と言いました。

彼は、星から託された使命を子どもの頃から果たしていたのですね。どうも彼の担当は、暮しの中でも「食」に特化していることがうかがえます。さらに驚いたことに、彼の目に映ったものはすべてが録画されていて、星に戻った後にそれが記録として活用されることになっているようです。ですから彼らは、この地球に生きているだけで、特別なことは何もしなくてよいのです。勉強したり習得する必要はまったくなく、星にとって必要な情報をただ目に写すだけで良いということでしょう。すごいシステムです。

彼は言いました。「**すべてが腑に落ちました。周りの人と考え方が違うのも話が合わないのも、当然ですよね。太陽に当たると目が開かなくなったり、すぐに皮膚炎になるという体質を持っているのも、地底人だったからなのですね**」

彼の言う通りです。暗い夜の人けのない場所での警備は向いていましたが、太陽にさらされて大勢の中で警備をするのは、向いていないどころか死活問題だったわけです。地底人の魂を持っている彼にとっては、それが髪の毛が抜けるほどのストレスを受ける環境なのは当然でした。そして彼は、今世を終えると故郷の星に帰る予定です。

「**小さい頃から、周りと違うという感覚と圧迫感を感じて生きてきました。でも今日、その理由がわかって本当にスッキリしました。これからは、僕に合った仕事を探していきたいと思います。そして、この地球で暮らすのは、たった一回だけなので大切に生きていきます**」

と言って、彼は帰っていきました。その彼の後ろ姿を見ていると、猫背で歩いていく姿がなんだか宇宙人に見えてくるから不思議です。

一言で「宇宙出身」と言っても、さまざまな種類の星人がいます。それぞれの特性を持って、異なった目的、そして転生のしかたをしてこの地球に生まれ変わるのだと思うと、「いったいどれだけの種類と数の宇宙出身者がこの地球にいるのだろう」と、思わずため息が出てきました。

家元の一人娘

その女性は「私は、日本琴の家元である母親の一人娘で、小さい頃からお弟子さんたちと一緒にお琴のお稽古を受けてきました。師範の免状も取り、今では母親の跡取りになるというところまできています。それなのに、私は芸術にも興味があり、特に版画に魅了されてしまっています。

学生時代から先生について習っていたのですが、その先生の工房で版画職人として版画の道に進まないかと言われて、とても迷っています。どちらを選べばいいのでしょうか？」と質問してきました。

さっそく占い始めると、彼女の前世の映像が出てきました。

江戸時代に今の母親と同じ親子で生きていたことがあるようです。シチュエーションも今世とまったく同じで、母親はお琴の家元で、彼女はその後継者でした。一人っ子だったために、小さい頃から家元になるための厳しい教育を受けていました。まだ四歳だというのに、弾き方を間違えると、琴を弾くその可愛らしい手を、母親からムチで叩《たた》かれている姿が見えます。よく見ると少女の小さな手は、傷だらけになっています。それでも文句一つ言わずに、泣きじゃくりながら琴を弾く姿は、痛ましく映ります。

そんな母親の厳しい教育の甲斐《かい》あって、彼女は十代に入るとすでに大人顔負けの技術を身につけていました。お城で、将軍の前で琴を奏でる姿が見えました。師範の者たちが弾くような難しい曲を、パーフェクトに演奏して見せています。そして、演奏後に将軍と和気あいあいと会話をする彼女の、そのたじろぐことのない堂々とした立ち居振る舞いに、周りの大人たちは驚きの表情が隠せません。

しかし、母親の厳しさはそれだけではありませんでした。彼女の友だちを選ぶのも母親で、恋人も母親が認める人でなければ、会うことさえ許されなかったのです。そして、彼女が後に大人になって結婚の年頃になると、その結婚相手も母親が決めるほどでした。そんな窮屈な生活でも、小さな頃からそれが当たり前だと思って育ったために、彼女は反発することもなく、母親の思う通りに成長していきました。

そんななか彼女は、お稽古場のふすまにお坊さんが水墨画を描いているところを見かけます。彼女はその水墨画の美しさに惹《ひ》かれ、強い興味を持ち、お坊さんのお寺に通って水墨画を学び始めます。はじめは母親も、それは息抜きや芸術的感性を磨くことになると考え、習うことを許していました。しかし次第に、彼女に並々ならぬ絵の才能があることに気づき始め、水墨画に完全に気持ちが向いてしまっては危険だと感じて、絵を描くことを禁じてしまうのです。それでも、彼女は隠れてお寺に通い、絵の才能を磨いていきました。

ところがある日お寺に行くと、彼女は門前払いをされてしまいます。それは、母親によるものでした。「世継ぎの、たった一人の娘なのです。どうぞご理解ください」と、母親が涙ながらにお坊さんに頼み込んで、大きな絵の仕事と大金を渡して縁を切らせたのでした。

彼女は、大好きだった絵を描けなくなったことに絶望し、自分の運命を呪いながら生きていくことになります。その後はどんなに苦しくても母親からの支配からは逃れられず、いっさいの自由を奪われた人生を送ったのでした。

そして今世、またもや同じ母親と、同じお琴の世界で同じ状況に生まれてきていたのです。少し違うのが、前世は水墨画で今世は版画に魅了されていることでした。彼女の魂は、今世は「縛られずに自分の好きな道を進む」という宿題を設定して来ていました。

すべてを話し終わると、彼女は「わかりました。いろいろと腑に落ちました。私は今世は大好きな版画を選びます」と言って、帰っていきました。

一ヶ月後に、彼女が再びやってきて、話してくれました。

「覚悟を決めて、母に版画の道に進みたいと話したのです。すると驚くことに、母の反応は前世とはまったく違っていました。『あなたがそれで悩んでいたのは知っていたのよ。あなたにはお琴の才能もあるし、版画の才能もある。どうにか、あなたが満たされる道はないのかしらとずっと考えていたの。あなたをお琴に縛りつけて自由を奪う気持ちなんて、これっぽっちもないのよ。もしよかったら両方ともやっていくのはどう？　この現代は、家元でも他に仕事を持ってもいい時代だと思うのよ』と言ったのです。闘う覚悟で母に話したのに、母は私を理解してくれて、この上なく優しかったのです。とても嬉しかったです。それで私は、両立の道を選ぶことにしました」

なんて素晴らしいことでしょう。彼女の母親の魂も前世を後悔していて、今世のやり直しをしっかりと計画してきたのですね。「お互いに協力して人生をやり直す」こんなカルマの解消の仕方もあるのだと、生まれ変わりの完璧さにしびれました。

前世からの小さなやり残し

「あなたは、中世のブルガリアで、女性として生きていたことがあります。その時、香水の原料に使うバラ農園で、お仕事をしていたことがあったようです」と言いながら、彼女の前世を見ていきました。

早朝から畑で、朝つゆの付いた美しいピンク色のバラを一つ一つハサミで切って、カゴに入れていく彼女。明方の空気に混ざって、芳香なバラの香りが漂っているのがわかります。「本当にいい香りね」と、友だちと楽しそうにおしゃべりをしながらバラ摘みをしています。とても素敵な風景です。そして、その友だちの顔が見えた途端に、私はあっと声をあげそうになりました。なぜなら、その友だちとは、なんと、この私だったのです。

占いに来ていたその女性と私は、前世では一緒に仕事をする仲間だったのです。二人ともバラが大好きで、バラ摘みの仕事も募集がかかった日に申し込みに行って、その時に一番目と二番目に並んでいたのが縁でした。二人はとても気があって、仲良しになりました。二人の楽しみは、仕事の後にその辺に散らばっている花びらを集めて拾い、家に持ち帰ってポプリを作ることでした。その他にも、バラの花びらの色々な利用法を考えたり、楽しそうに話したりしている姿が見えます。私がバラの花びらで香りの良いジャムを作って彼女にあげている場面も。一口舐めた後に「美味しすぎる！」と、ダンスのようなパフォーマンスを見せてくれた彼女が、可愛らしくてとても印象的でした。

でもある日突然、この二人の友情には終わりがきます。私が何らかの理由で、誰にも言わずに突然その村からどこかへ引っ越してしまったのです。その後、二人が会うことは一生ありませんでした。彼女は、私に何かを渡す約束をしていたのに、果たせずに、心に残ったままでした。

そこまで話すと、彼女が「えーっ！」と驚いた声をあげて話しだしました。「その渡したかった物って、きっとお茶だと思います」と、唐突に言うではありませんか。そして、彼女は狐につままれたような表情で、バッグから私への手土産にと持ってきた袋を、おもむろに取り出したのです。それは、彼女の庭で咲いたバラで彼女が作ったハーブティでした。なんと、彼女は前世で渡せなかったハーブティを、今世で私に渡しに来たのです。

実は、私は今世、バラが大好きで狭い庭に二十種類ものバラを植えて育てています。バラの香りを楽しむために部屋の中に庭のバラを飾ったり、朝方の香りがすごいので、早起きして庭仕事をしたりすることが日課でした。彼女との前世が見えたことで、これほどのバラ好きな理由がわかりました。

そしてまた彼女も、私と同じで庭にバラをたくさん植えてガーデニングを楽しんでいたのです。しかも、お互い偶然に「ダマスクローズ」というバラを育てていることがわかりました。それは、まさに私たちが、前世でブルガリアで摘んでいた、あのバラだったのです。時代は変わり生まれ変わっても、音楽や食べ物、このようなバラまでもがこの世に存在し続けていることに幸せを感じました。そして、彼女が前世の時に、私たちが摘んでいたダマスクローズでお茶を作って持ってきていたことも、決して偶然ではありません。魂がちゃんと約束を覚えていたからなのです。「こんなことってあるんだ」と、二人で驚き、何とも言えない懐かしさで涙が溢れてしまいました。前世からのやり残したカルマは、大きなことだけではなくこのような小さなものまで残るのですね。とても不思議な体験でした。

DNAをつないでいく異星人

抜けるような白い肌を持ったその女性は言いました。

「火山爆発のような光景を離れたところで眺めていて、自分の立っている場所も大きく揺れています。そこは、巨大な水晶でできている地面です。空を見上げると太陽が五個もあって、広大な山々は切り立った紫色の水晶でできているみたいです。そんな現実世界にはないような光景を白昼夢のように見ることがあるのです」

しかもそれはいつも同じ場面だと言います。

「なぜでしょうか？　私はそういうところにいたことがあるのでしょうか」という質問でした。

さっそく占い始めると、占い部屋がゆさゆさと揺れているのがわかりました。そして、最初に出てきた映像は「宇宙」空間でした。地球に向かう宇宙船に彼女と数人が乗っています。もう、先に地球に行っている仲間もいてそこと交信を取っています。どうもこれから地球に降り立とうとしているところのようです。

その次に出てきた映像が、先ほど彼女が話していた場面でした。彼女の白昼夢は、やはり彼女の前世の映像でした。そこは地球ではなく何万光年も離れたところにある小さな星です。その星が爆発で崩壊して無くなる寸前の映像を彼女は見ていたのです。その星は鉱物系でできていて、そこに小惑星がぶつかる瞬間でした。だいぶ前から小惑星が衝突することはわかっていたので、その星の人たちは星からの脱出の準備をしていたようでした。彼女たちはそこまで見届けてから宇宙船に乗り込んでいきます。そして、崩壊していくその星から、数多くの宇宙船がそれぞれの目的地の惑星に向かって飛んでいくのが見えます。そんな中、彼女は仲間と地球に向かっていました。

そこからは、私が今までに見たことのない映像が繰り広げられていきました。それは、その星の人たちは魂の形で人に入って生まれ変わっていくのではなく、その身体をもったままペルーに降り立って、星から来た仲間と村を形成して暮らし始めるというものでした。

地球での暮らし方は、星にいる時に事前に学んでいたので、準備万端で人間と同じように暮らしていくことができました。そこから、何千年も経つうちに人間と結婚して子孫を増やしていきます。そうやって、人間の転生に織り交ざりつつ、自分たちのＤＮＡをしっかりと残しながら転生していったのです。そして面白いことに、彼らの魂は、彼らの星のオリジナルなDNAを持っている人のところにしか生まれ変わりません。つまり、遥《はる》か昔から彼らの遺伝子がずっと引き継がれ、彼らはその中で転生を繰り返しているのです。そういうわけで、彼女はその星人の外観的な特徴である「抜けるような白い肌」の遺伝子を持っていたということになります。

そこまで話すと、彼女は「とても腑に落ちました。私の家族もそうなのですが、白い肌、長い腕、長い指、そして尖《とが》った耳をしています。周りは気づいていませんが、小さい頃から周りの人たちとは何かが違うと思って生きてきました。それは私のDNAのオリジナルが宇宙人だからなのですね」と納得して帰っていきました。

帰る彼女を後ろから見送ったとき、確かに、髪の毛からのぞくとがった耳と長い腕や長い指が宇宙人を彷彿とさせるその姿に、私は思わず身震いしてしまいました。

2　職業の物語

マヤ文明の王族として生きた人生

「小さい頃から、よく悪夢を見ては目を覚ますことが多かったのですが、ここ最近はその頻度が多くなりました。とてつもなく長い階段を上がっていく自分や、体が青く塗られて怯えている自分。また、自分ではない自分が階段を転げ落ちていくというような意味不明な夢を、何回も見ます。どうしてなのか知りたいのです」とその女性は言いました。

さっそく占ってみると、彼女の前世が出てきました。それは、とても古い時代です。そのときの彼女は男性で、メキシコのマヤの民族の王族として生まれていました。マヤ文明はその当時、すでに天文学も発達していましたが、神中心の信仰が強い文明でもあったようです。そして、「生《い》け贄《にえ》の文明」と言われるほど、毎日のように生け贄を神に捧げていました。そんな時代に、彼は小さい頃から王族直系として育っていきます。しかし、その裏側では常に陰謀を企てている人たちがいたようです。

彼が二十歳のとき、サッカーとバスケットボールを合わせたようなボールゲームの代表に選ばれます。そのゲームは、マヤ族独特な儀式的なもので、負けたチームではなくて、勝ったチームの代表が生け贄になるという、現代から見るとクレイジーなものでした。でも「神に身を捧げ死んでゆくことは幸せなこと」という概念が強い文明のため、それがまかり通っていたのです。そして、彼のチームはその試合に勝ってしまいます。でも、実はその裏では、彼の王位継承を奪い取るための陰謀が企てられていたのです。その試合ははじめから彼のチームが勝つように細工されていて、しかもその生け贄に彼が選ばれることも全部仕組まれていたのでした。それをまったく知らずに勝負に勝った彼は、自分が「神に選ばれし者」だと、晴々しい顔で生け贄の儀式に向かうのです。

彼は、体を青い色で塗られて、儀式の舞を踊ります。その後はなんと、生きたままで心臓を取り出されてしまいました。彼はその瞬間に死んでしまいます。そして、取り出された彼の心臓が神聖な皿に載せられて神への捧げものとされるのです。その後、抜け殻となった体は、高い塔の階段のてっぺんから落とされて転げ落ちていきます。それも儀式の中に含まれているもののようです。そこまで、見届けた後に、お祭りのような踊りが始まりました。そうやって、彼はマヤでの人生を閉じてしまうのでした。

今世で彼は、女性として現代の日本に生まれ変わって来ていました。新しい人生が始まっても、彼の魂がマヤ時代のことを忘れずに覚えていて、それが潜在意識から夢に反映されたのでしょう。

そこまで話すと彼女は「私も今年二十歳で、前世で死んだ時と同じ歳になったそのタイミングで魂がいろいろなことを思い出したのですね」と言いました。それから「これも、もしかしたらその名残りなのでしょうか」と彼女が見せてくれたのは、ちょうど左胸の辺りにある、三日月のように斜めに走る点々とした青あざでした。体を青く塗られた後に、肌を切り裂かれ心臓を取り出されたときの傷跡が、なんと青あざとなって残っていたのです。

その占いの後、彼女は、一切そのような夢は見なくなったそうです。前世での体験を知るだけで、彼女はカルマを解消できたのですね。

対立する人間関係の理由

その女性は、ＯＬとして会社勤めをしている三十代の方でした。

「会社のある同僚と、入社当時はとても仲良しだったのに、今ではお互いに口もきかないし、憎しみすら出てきています。最近では、私側と彼女側の派閥《はばつ》みたいなものまでできてしまって、職場が険悪な空気なのです。その人が会社をやめて、いなくなってしまえばいいと望んでいます。この先そういうことがあるのでしょうか」という相談でした。

占うと、彼女の前世の映像が出てきました。日本の江戸時代の「大奥」です。きらびやかな着物姿の女性たちのグループが、廊下を列になって歩いています。向こう側からも同じような女性たちが来て、すれ違う場面でした。その先頭に立っているのが彼女です。そして、もう一方のグループの先頭の女性が、彼女が会社で対立している女性です。どうも二人は、将軍の側室同士のようです。

大奥に働き始めたときは、気が合って仲良しだった二人。でも、将軍に見初《みそ》められて、お互いに側室になってからは、ライバルとなってしまいました。仲が良かった時に二人で話した打ち明け話に枝葉をつけて、お互いに悪口を広げています。そうやって、二人の対立は決定的なものになっていきました。それからは、使いの者たちを引き連れて、にらみあいがずっと続いていたようです。

ある日、いつものように廊下をすれ違う瞬間に、事件が起きます。相手の女性が軽い気持ちで、わざと彼女の足を引っ掛けて、転ばせたのです。最悪なことに、実はその時彼女は妊娠していて、その転倒が原因で将軍の子どもを流産してしまいます。あまりの仕打ちに激怒した彼女は、将軍に相手の女性がやったことを訴えます。そして、その女性は大奥を追放されるという結末になりました。

その前世を、今世は会社の同僚同士としてやり直しているところだったのです。前世と同じような流れで、初めは仲良し。でも途中から対立して派閥までできているという状況です。

「その話、ストンと腑《ふ》に落ちます。では、どうすればいいのですか？　前世はその人が悪いんですよね。私はその人に流産させられたんですよね。今世は、彼女が罰を受けるのですか？」と彼女は言いました。

しかし実は、その話にはもう少し続きがありました。その女性は、彼女の妊娠を知らなかったので、事件の後、事の重大さに気づき心から悔いて、彼女のところに毎日泣いて謝りに行ったのでした。でも、彼女は決して許しません。その女性が将軍家への陰謀から自分を流産させたという嘘で、将軍を抱きこみ、その女性を大奥から追放させるに至ったのでした。そしてその直後、陰謀を恐れた将軍の密命で、その女性は無惨に殺されてしまうのでした。

そこまで話すと、彼女はその内容に、強いショックを受けたようでした。陥《おとしい》れたのは、女性のほうではなく、実は自分だったということ。しかもその女性は、自分の嘘が原因で無惨に殺されてしまったのだということに。前世では、将軍の密命の殺害だったために、大奥の誰一人として、その女性が殺されたことを知ることはなかったのです。ですから彼女は、追放した後も相手の女性に対する憎しみや恨みしかありませんでした。

でも今世で、彼女の魂が真実を思い出すことで、その後大きな変化が起きることになります。「今世、私のほうこそ、その女性を許さなければいけないのですね」と彼女は、震えながら泣いていました。

帰る道すがら、その女性への憎しみの感情が嘘みたいにすっかり消えてしまっていることに気がついたそうです。その翌日には、彼女のほうから折れて、社内での対立はあっけなく幕引きとなりました。そして、今では同僚として普通に接することができるようになったそうです。

このような形でカルマの解消をすることもあるのだと、やり直しの不思議さを感じるお話でした。

看護師になった理由

ある女性を占ったときです。彼女は、小さい頃から理由もなく看護師になりたいと思っていたそうです。その思いは大人になってからも変わらずに、看護師への道を進みました。そして、今は看護部長として頑張っています。

彼女の相談は「**最近、自分がなぜ看護師という職業についたのかとよく考えることがあるのです。前世でも看護師だったのでしょうか?**」というものでした。

占ってみると、彼女の前世が出てきました。そこは、ドイツにある湖畔にたたずむ病院です。普通の病院ではなく、小児がんや先天性の重い病気を持った子どもたちが治療のために入院している療養施設のようです。彼女は、その病院で看護師として働いているのではなく、患者として入院している九歳の女の子でした。どの子どもも、親と離れて、病気と闘いながら治療に専念して入院生活を送っています。山奥の田舎にある病院なので、頻繁に家族がお見舞いに来られるような場所ではなかったようです。

そこには、三歳ぐらいの子から十代前半ぐらいの子どもが入院していましたが、スタッフがみんな愛情をもって接していたので、とても穏やかな雰囲気です。医者や看護師が熱心に、優しく小児患者の世話をしています。子どもたちも仲が良く、大きな子が小さな子と遊んであげたり食事を手伝ったりと、みんなが和気あいあいと入院生活を送っています。全員が重い病気を持っているにもかかわらず、暗い雰囲気は感じられません。スタッフが優しいおかげで、子どもたちは笑顔で前向きに闘病生活を送れているのでしょう。子どもの具合が悪くなったときには、看護師が一晩中そばについていてくれています。看病をしている看護師のその横顔を見ると、まるでその子の親のような優しい表情をしているのがわかります。

彼女の病気は、日を追うごとにどんどん悪くなっていきました。具合が悪い中、両親に会えずに寂しくて泣いています。本当なら母親に甘えているような年頃なので当然です。そこに看護師がやって来て、頭を撫《な》でながらこう言ってるのが見えます。

「目を閉じてごらん。そうすると、パパやママがすぐそばにいるでしょう。パパとママはあなたを愛しているし、心がつながっているから寂しくないんだよ」

そして、彼女を優しく抱きしめながら、眠りにつくまでずっと歌を歌ってくれたのでした。

ある日、病院のスタッフに見守られながら、とうとう彼女は病気のために命を閉じる日が来ました。でも、ちっとも怖くありません。なぜなら、看護師さんに教えてもらったように、目を閉じると両親が優しい笑顔で自分を包み込んでくれている映像が見えたからです。そして、幸せそうに微笑《ほほえ》みをたたえながら息を引き取ったのでした。

このような前世を送った彼女は、光の世界で、今世に生まれ変わるときには今度は自分が看護師になろうと計画します。あの優しい愛に満ちた、看護師さんたちへの感謝の気持ちを持って、世の人々の役に立ちたいと思ったのでした。

そこまで話すと、「驚きました。実は今、大きな総合病院に勤めているのですが、私はずっと小児科で仕事をしてきて、今も子どもたちの治療に当たっているのです。自分は前世も看護師だったに違いないとずっと思っていたのですが、そうではなく、世話をされる患者のほうだったのですね。今世はその恩返しの思いで看護師になったんですね。とても納得できたし、スッキリしました」と涙を浮かべて言いました。

私は「ちゃんと魂は前世の記憶と計画を持って今世に来ているのだ」ということを強く感じました。生まれ変わってやり直しをするって、やっぱり不思議だし、すてきなことですね。

ＯＬから医療従事者の道へ

その女性は、ＯＬとして長く働いていたのですが、なぜかある時、突然看護師として働きたいと思い立ちました。それで、三十代になってから看護師を目指して、看護学校に通っていました。

「なぜ、自分が急に看護師を目指し始めたのかまったくわかりません。そして、今となっては本当に看護師になりたいのかどうかも曖昧《あいまい》になることもあり不安です。私は本当にこの道で良いのでしょうか」という質問でした。

占うと、彼女の前世の映像が二つ続けて出てきました。一つは、中世のヨーロッパの戦地です。爆弾が落ちてくるような前線で、彼女が医者と共に看護師として怪我人の治療をしています。大きな犬の背中に医療品を載せかけていて、その袋には十字軍のマークが見えます。どうも、十字軍の専従看護師として働いているようです。彼女は、怪我をした兵士に対していつも笑顔で優しく接して、死にゆく兵士には手をにぎって「素晴らしい人生でしたよ」と誉めてあげています。そして、臨終間際のお祈りを捧げています。そのように兵士に寄り添う姿勢が評価されて、国王から表彰されるほどでした。そんな彼女は、たくさんの兵士に愛された白衣の天使でしたが、最後は爆撃で死んでしまいます。

もう一つの人生は、百七十年ほど前。舞台は、イスタンブール。彼女は、陸軍病院で看護師の指導をしていたナイチンゲールのもとで、看護師として働いていました。その頃は、戦争から命拾いをした兵士でも、非衛生的な院内での感染で死ぬ人が多かったようです。彼女は、ナイチンゲールの部下として、院内環境の改善を政府に要求したり、看護師に対して衛生面の指導に当たったりしていました。過酷な状況の中でも希望を捨てずに、一人一人の命と向き合っていたことがわかります。

そこまで一気に話すと、彼女は「実は、私が今、目指しているのが感染部門の専門看護師なのです。**私は前世と同じことをやろうとしているのでしょうか**」と言いました。

まさにその通りです。前世でやっていたような、専門分野に関わる看護師になることを計画してきていたのです。でも、人は生まれ落ちた瞬間に全てを忘れてしまうために、彼女の魂もその計画をすっかり忘れてまったく別の仕事についたのでしょう。それが何かのきっかけで、彼女の魂が目覚めたようです。

占いが終わると、彼女は迷いが取れて明るい表情で帰っていきました。この先きっと、素晴らしい専門看護師になることでしょう。私は、彼女の今世における行動の意味を見つけるお手伝いができたことが、とても嬉しかったのを覚えています。

占い師として生きた前世

私は、中世のスペインで、今と同じように霊感を使ってタロット占いをしていた前世がありまず。そしてたまに、前世での私の占いのお客さんだった人が、今世でも私の占いを受けに来ることがあります。今世ではお互いに「初めまして」ですが、前世では何度も私を訪ねてきている人もいて、無意識に「お久しぶりですね」と言ってしまったこともありました。

先日占いに来た女性も、そのように前世で私の占いを受けたことがある人でした。その女性の質問は、「ずっと自分のやりたいことが何なのか探してきて、やっと見つかりました。それを始めても良いでしょうか？」というものでした。そのやりたいこととは、ペンジュラムやカードを使って、占いやヒーリングを仕事にすることです。彼女は小さい頃から占いに興味があって、二年前から少しずつ友だちを占っているということでした。

さっそく占ってみると、中世のスペインで彼女が私の占いを受けている映像が出てきました。今と同じように大きなテーブルを挟んで座り、お茶を飲みながら会話をしています。そして、私がカードを並べてリーディングを始めます。私の話し方や部屋の雰囲気、占い方まで今とほとんど同じで、まるで昨日のことのようにとてもリアルに感じます。

その前世では、彼女はすでに占い師として何年も仕事をしていました。占いは好きで楽しかったのですが、年数が経つうちに、身体の具合が悪くなってきていることを悩んで私のところへ来ていました。私は彼女に「デビル」のカードを見せながらこう言っています。

「あなたは、相手の邪悪な気や、悲しみや恨みの念といったものを体の中に取り込みやすい『引き受け体質』なのです。占ってもらう人は、あなたに悪いものを預けて元気になって帰っていきますが、あなたはその分だけ、相手のマイナスの気をもらってしまい、その積み重ねの中で具合が悪くなってきたのです」

実際、前世の彼女はその時点で、何年もたくさんの人を占ってきたために、すでに重い病気にかかっていました。彼女は、何人かを占った後に起き上がれずに寝込んでしまうことが多くなってきたので「これは尋常ではない」と直感して私のところに来たようです。「どうして、もっと早く私のところに来なかったんですか？」と私が言っています。そのときにはもう、彼女の身体は手がつけられないほどになっていたのでした。数ヶ月後には、その病気が原因で彼女は命を落としてしまいます。

そして、今世に生まれ変わってきたのです。魂はそのままなので、彼女はまた占いが好きになりその道に進もうとしています。でも、残念なことに彼女の「引き受け体質」もそのままでした。私は彼女にこう伝えました。「前世の時は間に合わなかったけれど、今世は占い師としてスタートする前に来たのですね。いいですか、今世は占いを生業《なりわい》にするのは絶対にダメですよ。このまやり始めたら、前世のように病気になって死んでしまいます」と私は言いました。彼女の占いの能力は、前世と変わらずとても高いのですが、たくさんの人の邪念をどんどん体に引き入れてしまうことを考えると、どんなにやりたいことでも私は止めざるを得ませんでした。その時の、がっかりした彼女の顔は、本当にかわいそうで胸が痛みました。素質もあって大好きなのに仕事にできないなんて……。

でも次の瞬間、これが私たち二人のお互いのカルマの解消だということに気がつきました。私にとっては「前世では遅すぎて助けてあげられなかった彼女を、今世では間に合わせて助ける」という計画。彼女にとっては「今世は間に合わせて、ジュディさんのところに行く」という計画です。だから今回、こうやって私が彼女を占うことは、とても重要な場面だったのだと理解しました。そして、私たちは、今世で彼女が幸せな人生へと舵をとっていく瞬間を共有したのでした。

それにしても、前世で私が彼女に会ったのは、そのたった一度きりでした。そんな一度のことでも、魂に刻まれて宿題として持ってくることもあるのだと、「一期一会」の重みと不思議さを体験しました。

音楽とハープで人を癒す

十六年前に占いに来たとき、その女性は若いピアノの演奏家でした。占い始めると、前世のカードが出てきたので、さっそく前世のリーディングを始めたのを覚えています。ところが、彼女の質問の内容とはまったく関係のない二つの前世の映像が出てきたのです。

一つ目は、古代ギリシャでハープの演奏者だった前世。屋外に作られた開放的な石造りの大きな広間が見えます。素敵な彫刻が施された大きな支柱や壁が、その時代の豊かさを表しているのがわかります。高貴な人々が三十人ほど椅子にかけて、彼女のハープ演奏に耳を傾けています。その演奏は、そこにいるすべての人を魅了し、素晴らしい音色に涙する人も見えました。それだけにはとどまらず、どうもその音色や音楽の中に特別な波動が含まれているようです。それが人々の心に溶け込んでいって、一人一人の心をヒーリングしているのがわかりました。彼女の美しい横顔を見ると、ウェーブのかかった長い髪の毛をそよ風になびかせながら、目を閉じてハープを一心に弾いています。その姿はまるで、天から舞い降りた天使のようでした。

二つ目は中世のフランスの映像です。魔術師だった母親の手伝いで、彼女は森で摘んだハーブを使ってアロマオイルやハーブティを作ったり、お客さんの足をオイルでマッサージしたりと、とても楽しそうに動き回っています。子どもの頃から母親の仕事に興味を持ち、いろいろな薬草の名前を覚えて、ハーブを使ったポプリや薬を習っていました。母親は本当は、彼女に占いや呪いの術などを教えたかったのですが、彼女はそういうものにはまったく興味がありません。それよりも、「ハーブを使って人を癒す」ことが大好きでした。そしていつからか、母親は魔術部門、彼女はヒーリング専門で二人で仕事をするようになっていきました。そんなふうに、楽しく満たされた生活を送っていたのですが、彼女は小さい頃からの心臓の持病が原因で十九歳という若さで死んでしまうのでした。

私は彼女に伝えました。

「今世は、のんびりと自然に囲まれて、前世と同じ仕事をする計画で生まれて来たようです」

それを言うと、彼女は唖然《あぜん》として私を見ました。それはそうです。質問とはまったく関係のない想像もしなかったような話なのですから。きっと「ジュディさんは何を言っているんだろう」と理解に苦しんだと思います。実はそのとき、私自身も意味が分からないまま、見えたままをお話ししていました。全部話した後に「どういうことなんでしょうかね」と呟いている私がいました。

それから十六年という長い月日が経ち、彼女が再び私の占いを受けに来ました。彼女は、その間に結婚して、二人のお子さんにも恵まれ、幸せな家庭を手に入れていました。彼女が話すには、今はヒーリングサロンを経営していると言うではありませんか。オイルヒーリングをしながら、自分の畑で栽培したハーブでお茶やアロマを作っているそうです。まさに前世で彼女がやっていたことそのものです。そしてそれだけではなく、ピアノでヒーリング曲を作曲してコンサートを開いているそうです。これは、私が見た一つ目の前世と同じですね。彼女は言いました。

「ジュディさんの言う通りになりました。前に話してくれた二つの前世でやっていたことを、気づいたら今はやっています。サロンを森の中に建てて、ヒーリングマッサージと、ヒーリング曲の音楽活動を仕事にしているのです。サロンの名前にはギリシャ語のハーブ名をつけました」

なんと、十六年前にはまったく想像もしていなかった未来が現在の彼女に来ていたのでした。彼女に今の天職を気づかせたのが、私に見えたあの前世の映像だと思うと、驚きしかありませんでした。きっと、十六年前のあの日、彼女の魂が忘れていた前世と計画を思い出して、そこに向かい出したに違いありません。

エクソシスト（悪魔払い）とのつながり

相談にきたその女性は、二十代の美容師さんでした。髪の毛は綺麗に巻いていて、まつ毛の長い可愛らしい女性です。でも占うと、その姿からは予想もしないような前世の姿が見えて、私はギョッとしました。その時代は、中世のヨーロッパ。前世での彼女は、尖《とが》ったフードのついた真っ黒なマントを身にまとう背の高い男性です。彼女のそのときの職業は、エクソシスト（悪魔祓《ばら》いをする神父さん）だったのです。

バチカンの神父だった彼は、訓練を受けて悪霊の除霊をしていました。呼ばれればそこへ行って、もののけに取り憑《つ》かれた人を助ける仕事です。

見えてきたのは、彼が強い風の中を片手でフードを押さえながら、黒い大きなカバンを持って森の中に向かう映像でした。一軒の家に入っていくと、ネグリジェ姿の女の子がベッドから飛び出して、壁に張り付いたかと思うと、そのまま天井まで四つん這いで登っていきます。まるで手に吸盤が付いているかのようにすごい速さで壁を這《は》いあがり、そこから下を睨《にら》みつけています。少女の長い髪の毛とネグリジェが垂れ下がっている、なんとも言えない異様な光景に私は目が釘付けになってしまいました。

その少女はどうも、カエルのもののけに取り憑かれているようです。彼はカバンの中から大きな十字架を出しました。そして、その子に向けて呪文を唱えると、その子はどさっと天井から落ちてきました。ベッドに仰向けになったその瞬間を逃さないように、彼とその子の両親が押さえつけます。その時、見えた少女の顔は人間のものではありませんでした。飛び出た目玉を白黒させたり、瞳をくるくると回して彼に抵抗しているのです。耳まで裂けた口からは長い舌が出ていて、何かつばのようなネットリとしたものを彼に吐きかけて「ゲロゲロゲロ」と気味の悪い声を出しています。その姿は、まるで恐怖映画の中の世界です。この世の物とは思えないそんなことが現実に繰り広げられていたのだと、私は震え上がりそうになりました。

彼は、何時間もかけて、動物の怨霊《おんりょう》に取り憑かれた少女を助けることができました。カエルのもののけが出て行った後は、その子は可愛らしい小さな女の子に戻っていました。彼を見ると、体にたくさんの傷を負って血だらけで、疲れ切った表情をしています。私には想像もつかないほど、大変な仕事に違いありません。

その他にも、悪魔に憑依《ひょうい》された人から、術を使って悪魔を追い出している彼の映像が見えてきました。その時も、悪魔との戦いでひねられた腕は折れて、目は真っ赤に充血して、心身ともに疲れ切っていました。

あまりにも重すぎる過酷な人生。前世においてそのような大変な人生を送ったために、今度は平和に生きたいと、切に願ったのでしょう。今度の転生では、エクソシストには無関係な女性に生まれて、もっと華やかでおしゃれな仕事をしようと、可愛らしい容姿で生まれ変わる計画をしてきていたのでした。エクソシストの前世で使っていた道具はナイフ、聖水、ハーブなど。それが今世は、美容師のハサミや水、薬品などに代わっていたのです。手にする道具までもが、前世と現世でこんなにもリンクしているなんて、なんだか不思議ですよね。

その話をすると彼女は「えー！　嬉しいです。私、子どもの頃から魔法使いが大好きで、ハリーポッターも全巻読んだんです。それに、イギリスにある魔法学校に行きたいと、真剣に思ったこともあるんですよ！」と驚きの表情で言いました。

前世でのエクソシストの彼も、魔法使い（魔術師）を仲間のように感じていたし、憧れてもいたようです。ときどき魔術師の集会に行っては、他の魔術師たちと交流しているのが見えました。彼はその集会で、心を許し合った友人といるようにくつろいでいます。きっとバチカンでは、エクソシストは特別視されていたために、孤独だったし心が休まらなかったのでしょうね。

人は、何度生まれ変わっても魂はそのままで、性格や好みまでがほとんど同じです。そのために、彼女は今世も、物心ついた頃から魔法や魔術に興味があったし、今も大好きなのでしょう。そして彼女は「実は、小さい頃から幽霊が見えて、こないだもシャワーに入っていたら、男の人の足だけの幽霊が見えました。思わずシャワーを熱湯にして、『立ち去れ』と叫びながらそこにかけたら、一瞬のうちに消えました。それもエクソシストの時の名残りなのですかね」と、一気に話してケラケラと笑っていました。

恐ろしい怨霊と戦うエクソシストだった前世を経て、髪の毛くるくるの可愛い女の子を選んで生まれ変わってきたことが、なぜか微笑《ほほえ》ましかったのを覚えています。

実はこの話を書いた一年後に、『ヴァチカンのエクソシスト』という名前の映画公開が発表されました。その予告編を見て驚きました。なぜなら、私が見た前世の映像とそっくりだったからです。しかもその映画は、実話を元にしているとのこと。まさに私と同じような場面を見た誰かが書き残していたのだと思うと、驚きを隠せませんでした。

陶芸家の道を変えたい

陶芸家の女性が占いに来ました。彼女は、何年か前から染め物に興味を持ち、陶芸のかたわらで趣味としてやり始めたそうです。ところがそのうち、染め物がどんどんと面白くなってきて、時間も忘れて没頭してしまうほどになりました。それと引き換えに、焼き物への熱意が薄れていくようになったのです。

彼女の質問は「**私は、ここから染め物へと道を変えたいのです。でも、それは良くないことのように思えて踏み切れません。どうしてこういう気持ちになるのか、またどうすれば良いのか教えてください**」というものでした。

さっそく占うと、彼女が中国で男性の陶芸家だったときの前世の映像が出てきました。彼は、皇帝に作品を献上するような陶芸家で、今も文化財として博物館に飾られている焼き物があるほど著名な人だったようです。あるとき、その当時「幻の陶器」と言われていた陶器の複製を、皇帝から命ぜられて作り始めるのですが、何度作り直しても、皇帝が納得するものができずに悩み続けていました。その幻の陶器は、水色がかった緑色をしていて、花器のようにも見えます。その時代よりもさらに昔に作られたもので、いろいろな人が陶器の美しさに魅了されたのですが、かつて誰にも同じものは作れませんでした。

彼はその色を出すために、染め物の分野に足を踏み入れます。そしてそこからヒントを得て、そっくりな陶器を作ることに成功して、皇帝を納得させることができました。そのときから、彼は染め物の魅力に魅了されるのでした。

しかしその当時、皇帝のお抱えの陶芸家は陶芸以外のことをするのは許されていなかったようです。もし、それを皇帝に知られると、処罰を受けるような時代です。そのため、彼は隠れて染め物を勉強して、こっそりといそしんでいくような「好きだけどやれない」不自由さの中で生きていたのです。誰からも認められるような陶芸家だったのにもかかわらず、そのように心が縛られた人生を過ごしていきました。

そこまでお話しすると、「全部が腑に落ちました。私にとって、陶芸と染め物は、前世から関わるものだったのですね。染め物の方向へ行きたいのにそれを止める何かを感じたのは、私の魂が前世を思い出して、恐れたのだとわかりました。前世の私は、選択肢を与えられずに、生涯を

通して国の権力に縛られた人生だったのですね」と彼女は言いました。

その通りです。今世は「同じような道筋の途中で、今度は染め物を選択する」という計画をしてきていました。

彼女がその後、心を決めて染め物の道に進んだことは言うまでもありません。あれから十年の月日が経って、現在、彼女は染め物デザイナーとして楽しそうに活躍しています。前世で選べなかった生き方を今世では選ぼうと計画してきたのですね。「生まれ変わってやり直しができる」って、やっぱりすごいことだと思いました。

忍者の前世

その若い男性は、転職について悩んでいました。そのときは営業職に就いていていましたが、何年経っても仕事が好きになれず、辞めたい気持ちが募るばかり。でも、だからといってやりたい仕事があるわけでもなく悶々《もんもん》としていました。それで私のところに来て「**辞めるほうが良いのかどうか占ってほしい。そして転職するとしたら、どういう仕事が向いているのか**」と質問しました。

さっそくカードを広げて占ってみると、彼が日本のお城の塀をよじ登っている前世の映像が出てきました。どうも彼は、江戸時代に伊賀の忍者として生きていたことがあるようです。縄をかけて、二階建てほどある塀をスルスルと登って行きます。

どうりで、先ほどの怪奇現象が起きたのだと私は納得しました。それは、占いの前に彼を部屋に待たせて、お茶を持って戻ってきた時のことです。ドアを開けると彼の姿が見えません。でも、私が「えっ」と言った瞬間、ちゃんと彼は椅子に座っていたのです。それは、前世が忍者ならばあり得る現象でした。無意識に忍者のように自分の気配を消したのでしょう。まさに前世を覚えている魂のなせる業《わざ》です。後で聞くと、小さい頃からそのようなことが何度もあったそうです。

次に見えた映像は、彼が敵の敷地内に忍び込んで、歩数で廊下の長さを測っている姿でした。そして鋭い目つきで、走りながら階段の段数や部屋の配置を確かめて頭に叩き込んでいます。前世での彼の忍者としての仕事は、大名から密命を受けて敵地に潜入して、攻め入る時のために敵の陣地の配置を調べたり、情報を盗んだり、時には火を放って破壊工作をしたりすることでした。そこから盗んだ情報や見取り図は、彼の頭の中にある訳です。ですから、それを持ち帰り味方に伝えるためには、当然のことながら敵の陣地から生還しなければなりません。そのために鍛えられた運動能力はずば抜けていました。その上、高いレベルの記憶力とプレゼン力が必要になる仕事でした。彼は、その忍者としての高い能力を持つ一人として活躍していたのです。

その次に出てきたのは、彼がお城での仕事を終えて、塀を飛び降りる瞬間の映像でした。ところが彼は、足を滑らせてその高い塀から落下してしまいます。そして、足を引きずりながら草やぶに逃げて隠れました。彼は、一つのミッションの中でこのようにケガをすることが多かったようです。忍者というと、現代では「超人的なことを次々と起こしていく不死身な存在」というイメージがありますが、現実はそれとは少し違っていました。背中に剣を携えた黒い覆面の格好は同じですが、生身の人間が、命がけで危ないことをするスタントマンのような仕事だったようです。ですから、ミッションの途中で命を落とす忍者も続出していました。

そこまで話すと、彼が**「僕は子どもの頃は忍者ものが大好きで、いつも忍者ごっこをしていました。まさか自分が前世で本物の忍者だったとは驚きです。それに、僕は小さい頃からケガが多かったし、ケンカのときは戦うよりも逃げるほうが得意な子どもでした。そういうところも前世から残っている部分なんですかね」**と言いました。

私が「その辺を参考にして、次の仕事を選ぶと良いですね」と言うと、「えーっ！　その辺を参考にと言われても、何も思い浮かんできません」と彼。「大丈夫ですよ。今日、魂が前世をしっかりと思い出したので、きっと昨日まではちがうアイデアが浮かんでくるはずです。その記憶の端をたぐり寄せていくような気持ちで探してみてください」とアドバイスをしました。

それから、数ヶ月後に再び彼が占いに来ました。彼はその後、いろいろ探してバッチリなものを見つけたと言います。それは、「興信所」の調査員でした。興信所とは言っても、彼の場合は少し特殊な仕事です。それは、企業と契約を結んで、個人や法人の信用、財産などを秘密裏に調査するという仕事です。まさに、前世の忍者業の現代版ともいえる仕事でした。前世とは違い、命を落とすような危険はなさそうです。彼の場合、営業職よりもこういった調査の仕事のほうが「水を得た魚」のように実力を発揮できているに違いありません。

運命の導き

占いに来たその女性は、十二年ほど前から何回も私の占いを受けている方でした。医療関係のお仕事のかたわら、数年前から占いの仕事をしています。本当は大好きな占いの仕事を中心にやっていきたいのですが、「よしやるぞ」となると毎回邪魔が入ってしまい、占いの仕事に専念できないと言いました。そのうえ最近は膝を痛めてしまい、占いだけではなく本業のほうもどうしようかと不安に思っているところだったのです。

「その道で合っている場合は、物事は不思議にトントン拍子で進んでいくものです。そうやって邪魔が入り続けるということは『その道ではないか、もしくは今ではない』ということかもしれませんね」と私は言いました。

仕事の相談が終わって、まだ少し時間があったので最後の質問を聞きました。すると「少しオカルトチックな質問をしてもいいですか?」と言います。子どもの頃からの憑依《ひょうい》体質で、いろんなところから霊が取り憑いてくるため、体調が一気に悪くなってしまうことが度々あったそうです。自分にはどうすることもできないので、専門の除霊師を探して何年も前から通っているということでした。でも、その除霊師さんが高齢になってきて引退するということで、「自分自身で祓《はら》いなさい」とその方法を教えてくれたそうです。「それで、自分でやってみたのですが、除霊

た
がでいるのかよくわかりません」と自信なさげに言いました。「これから先、自分に憑《つ》いた悪い霊を本当に自分自身で祓えるようになるのでしょうか」という質問です。

さっそく占ってみると、驚くような結果が出てきました。彼女は、自分のメンテナンスどころか他人の除霊もできる力が備わっていると出たのです。どうも、彼女に教えてくれた除霊師さんは、実は筋金入りの能力者で、強力で伝統的なやり方をそのまま彼女に伝授してくれたようです。しかもなんということでしょうか。「**除霊師を仕事にして人の役に立つことが使命**」というカードが出てきました。この先に彼女が除霊師を本業とする日が来るということまで、予言として出てきたのです。私たちは顔を見合わせて、想像もしなかった答えに言葉を失ってしまいました。でも、落ち着いて考えると、彼女のこれまでの人生は全部がそこにつながっていることに気がついたのでした。

それは十年ほど前でした。「住みたいと思うほど、和歌山県の高野山《こうやさん》に心が惹かれるのです。それはなぜでしょうか」という質問で彼女を占ったことがあるのです。そのとき、彼女の前世の映像が出てきました。日本の古い時代に生まれ、武家の長男として、まだ幼い子どもの頃に修行のために高野山にあるお寺に出されます。そこで日々の精神を究めていくのですが、その修行の習い事の一環として「除霊祈願」も習っていたのでした。その後、武家の後継《あとつ》ぎだったために家に戻されたのですが、十七歳の若さで病気にかかって死んでしまいます。彼女は、その若さで何もやり遂げられないまま死んでしまった前世のやり直しに来ていました。

その前世を知った一年後に、彼女は思い切って高野山に移り住んだのです。そこから何年も、高野山のお寺の手伝いをしてきました。その間、僧侶になろうかと考えたこともあったようですが、いろいろな体験の中で「僧侶ではない」と自覚して戻ってきて、それから大好きな占いの道に進み始めたのでした。そしてここへ来て、今回の私の占いの結果です。彼女の魂が今世でやろうと思っていたのは、僧侶でも占い師でもなく、なんと除霊師だったのです。そのために、高野山まで行ったのに僧侶の道には進まず、占いはやりたくても邪魔が入って前に進まなかったのですね。そのうえ、本業のほうも続けていけるのかという分岐点にきていました。占いが終わり、心が整理できないままに帰っていった彼女ですが、きっとゆっくりとその方向も人生の計画に入れていくことでしょう。

それにしても、人生はなんてうまくできているのでしょう。本人が何も考えていなくても、その下を大きな運命のうねりが脈々と流れていて、生まれる前に立てた計画通りの方向へと知らず知らずのうちに運んでいってくれたりするのです。

産婦人科の看護師を選んだ理由

その女性は、二十年以上も産婦人科の看護師として働いていました。看護師として何科で働くかを決める時に、迷わずに産婦人科を選んだそうです。それなのになぜか最近になって「なぜ産婦人科なのか」と疑問に思うことが多くなってきたと言います。思い出そうとしても、その理由が見つからないのです。彼女は「**今さらなのですが、どうして私は産婦人科を選んだのか、なにか意味があるのか占ってください**」と私に聞きました。

さっそく占い始めると、産婦人科の看護師を選んで働いている理由に『責任の所在』という意味のタロットカードが出てきました。私は意味がよく分からないまま、リーディングを始めることにしました。

すると、彼女の前世での、子どもの頃の映像が出てきたのです。そこはフランスの片田舎。彼女は、まだ十歳ぐらいでしょうか。お母さんのお産を手伝っているようです。どうやら真夜中に陣痛が始まってしまい、となり町の病院にいくことも医者を呼ぶことも間に合わなくて、まだ幼い彼女が手伝うことになったのでした。この日にかぎって、父親は親戚の祝い事で遠くに泊まりに出かけていて、家にはいません。小さな彼女は必死です。母親の言うとおりにお湯を沸かして布を用意した上で、そっと赤ちゃんを取り出しました。ヘソの緒を切って赤ちゃんを綺麗に拭いて、お母さんに渡しています。小さな彼女にとって、この経験はとても印象強いものでした。

そして彼女はその後も、母親のお産を二回手伝い、自分の妹と弟を取り上げました。母親は、一回目がうまくやれたので、医者を呼ばずに彼女に頼むことにしたのでした。すると、村人たちがその噂を聞きつけて、お産を彼女に頼むようになり、手伝う機会が増えていきました。赤ちゃんを取り出す喜びを覚えた彼女は、快く出産の手伝いに出向いていきました。

ところがある時、大変なことが起きてしまいます。それは、いつものように村の人のお産の手伝いをしているときでした。妊婦が破水をしたのに、いつもと違って赤ちゃんが出てきません。出産中の母親が苦しんでいるのに、彼女はどうしたらいいのか分からないままに、時間だけが過ぎていってしまいます。そして悲しいことに、母子ともに助けることができず、死んでしまったのです。原因は、赤ちゃんが逆子で出てこられなかったことのようです。それは、いくらでも起きうる事故でした。でも、彼女がたまたま健康な出産しか経験していなかったから、今まで起きなかったのです。もちろん「切開」のための道具どころか、その知識すら無かった彼女には、助けられないのは仕方のないことでした。しかし彼女の人生において、この経験はとてつもなく大きな出来事となり、その後も責任を感じて生きていくことになります。

そういうわけで今世は、出産の設備がしっかりとしていて、そのうえ前世のように一人ですべての責任を取らなくても良いポジションである『産婦人科の看護師』を選んでいました。これがカードの表す「責任の所在」の意味だったのです。

そこまで話すと彼女は「納得できました。実は看護師になってから、周りから何度も助産師の資格を取ることを勧められたのです。でも、私は挑戦できませんでした。助産師は、たった一人で出産を手伝い赤ちゃんを取り出す仕事なので、何か緊急事態が起きてしまったらと考えるだけで、怖くて身震いしてしまったほどでした。助産師を勧められるたびに『とんでもない』と思っていました」と、話し始めました。「そういう気持ちになったのは、前世での経験を魂が覚えていたからなのですね。それに私、実は二人の子どもを帝王切開で産んでいるんです。前世で死んでしまったその妊婦さんにしてあげられなかったことを、今世で自分の体に置き換えて体現したのかなと思いました」

彼女は、ずっと前から頭にあった疑問が解けて、すっきりとしたようでした。前世で知った「赤ちゃんを取り出す喜び」を再び経験することと、母子の命を助けられなかった悔しさをやり直すこと。彼女は、この二つを今世で解決するために、産婦人科の看護師を選んだのですね。そしてこれからも、天職とも言える『出産のお手伝い』をどんどん成し遂げて、多くの母子の役に立っていくのでしょう。

3　家族の物語

親子の強いつながり

その女性は、とても綺麗な人でした。芸能界で働いているので忙しく、やっと私のところに来られたのは、連絡がきてから一ヶ月後でした。芸能界には小さい頃から憧れていたと言う彼女。仕事について占っていると、前世の映像が出てきました。

舞台は日本の江戸時代で、彼女は着物問屋のお嬢様だったようです。今と変わらず美しい容姿で、目の醒《さ》めるような美しい着物を着て座っています。その横では、母親が彼女の髪の毛を結い上げる姿。そこへお茶とお菓子が用意されて、彼女がそれを手に取る場面でした。そして、そのお菓子を口に運ぶのではなく、まず匂いを嗅《か》いで確かめています。

実は、その前世での彼女は全盲で、何も見えていなかったのです。そのため、いつも母親がそばで手をつないで、ガイドをしていました。母親は、娘の目が見えないとわかったときから「自分がこの娘の目となって、一生世話をする」と、心に誓っていました。難産の末に生まれてきたことが、失明の原因だと思い込んでいたので、責任を感じていたようです。

母親は、彼女に文字を教えました。それだけではなく、歌を詠むことや、お茶やお香をたしなむ礼儀作法まで全部ていねいに教えたので、彼女は健常者と変わらぬほどお作法ができていました。また、周りからは、容姿や着物が美しいとよく褒められました。そういうとき、彼女には見えなくても、母親の説明を聞いてイメージを膨らませることで、楽しむことができたのです。そんな献身的な母親のおかげで、彼女は幸せを感じることの多い人生を送ったのでした。

今世でも、前世の母親とは、母娘として生まれてきています。前世からのやり直しとして彼女が選んだ生き方は、華やかな芸能界を体験することだったのです。

私がそこまで話すと、彼女は突然ボロボロと泣き出してしまいました。

「小さい頃から、何でもかんでも匂いを嗅ぐ癖《くせ》がありました。暗いところが大嫌いだったのも、魂が前世を思い出していたのですね。そして、何よりも母との関係に驚いてしまいました。母は、ずっと私の夢を叶えるためにいろいろと頑張ってくれて、芸能界に入れたのも母が付き添って応援してくれたからなのです。

それなのに私は、仕事がうまくいくにつれて母がうっとうしくなりました。甘えているのもあって、最近では母に対して辛《つら》く当たるようになってきていました。ちょっとしたことでかんしゃくを起こして怒鳴ったり、睨みつけたり皮肉を言ったり。それでも母は、言い返したりせずに、いつも静かに受け止めてくれていたのです。母がどんな思いで私を育ててくれたのかと考えると、胸が痛みます。母は今世だけではなく、前世からずっと、大きな愛で私を支えてくれていたんですね。**今すぐ帰って母に謝りたい気持ちです**」と言いました。

確かに、今世での彼女の人生の計画には母親への恩返しが含まれていました。「今世では、母親に絶大なる感謝の気持ちを返したい。優しくして、大切にして、色んなところに連れて行ってあげよう」と、生まれる前に光の世界で、計画をてんこ盛りにして誓って来た彼女。でも、彼女はそのすべてを忘れてしまっていたのでした。

彼女の魂はまさに今、前世を思い出したのです。ここからの彼女の人生はきっと今までとは一変して、お母さんへのたくさんの感謝と思いやりを表現していくことでしょう。

家族の絆

ある女性が相談に来ました。彼女の相談は、こうでした。

「**今、すべてに満たされて幸せなはずなのに、何年か前から、ふとした瞬間に胸が張り裂けそうになるほど孤独を感じることがあるのです。どうしてそうなるのでしょうか？**」

占うと、彼女の前世の映像が出てきました。十七歳ぐらいで、ヨーロッパの川のほとりの療養所にいます。不治の病で、その療養所に入院しているようです。彼女は、そこで心穏やかに暮らしているようでした。体の調子が良いときは、美しい川の水際まで行って、透き通った水に足を浸しながら、何時間でも雄大な自然の中で景色を楽しんでいます。特に彼女のお気に入りの風景は、静かな川に真っ赤な夕日が落ちていく眺め。空が赤紫に染まり川面に反射して、景色が移ろっていく美しいグラデーションを眺めていると幻想的な感覚になります。ちょうど鳥たちも家に帰るところで、鳴き声が聞こえます。療養所のキッチンからは、夕ご飯の美味しそうな香りが漂っています。

彼女は、裕福な家の一人っ子で、とても可愛がられて育ってきました。でも数年前に病気になり、両親が、評判の良いその療養所に彼女を入れたのでした。それは僻地《へきち》にあり、街から遠く離れています。そのため、両親に会えるのは週に一回。両親以外は誰も彼女を訪ねては来ません。毎週、両親が会いに来てくれるのが彼女にとってはなによりも楽しみでした。

ところが、何年か経ったあるとき、ピタッと両親が彼女を訪ねて来なくなったのです。施設にも何の連絡もなく、時間だけが過ぎていきました。彼女は寂しくて悲しくて、毎日泣いてばかりいました。そのうち、両親に捨てられたのだと妄想するようになって、あまりの悲しさに心が壊れてうつ状態になってしまうのです。そんなある日、生きていることが辛くなった彼女は夜の川に入水し、川面に映る月に向かって歩いて行って、自ら命を絶ってしまいました。

でも実は、彼女の両親は施設に向かう途中で、山賊に襲われて殺されてしまっていたのです。捨てられたというのは彼女の誤解で、両親は彼女のことを心から愛して大切に思っていました。彼女は、死んで光の世界に行ったときに、両親と再会してそれを知りました。そして、親子三人であの時に果たせなかった家族の幸せを、今世で果たそうと約束して来ていたのでした。

私がそこまで話すと、彼女は「その療養所は、ブルガリアのサンダンスキというところにあったと思います」と話し始めました。何年か前に、川のほとりにあるサンダンスキの温泉に両親と旅行で訪ねたことがあると言うのです。

「そのとき、なぜか三人とも具合が悪くなって、観光ができませんでした。時差ぼけかもしれないねと言っていたのですが、そこがまさに前世の場所だったからだと思います。私はそこで散歩に出かけ、夕日が沈むその美しい風景を見ました。その光景を見ていると、唐突に胸の奥から熱いものが込み上げてきて、訳もわからずに号泣していたのです。たぶん、前世と同じその場所だったのではないでしょうか。私が強い孤独感を感じるようになったのも、思い返せば、その旅行から戻った直後からでした」

今世、親子でブルガリアのその場所に行ったのは、前世からの三人のカルマを解消するためだったのでしょう。彼女がその景色を見た途端に、魂が前世を思い出したのです。その孤独感が前世から来ているものだということが分かって、彼女はすっきりした様子で言いました。

「前世の分まで親子のつながりを大切にして生きていきたいと思います」

このように、親子で引き裂かれた仲をやり直しにくることもあるのだと不思議な気持ちになりました。

不妊の理由　1

ご夫婦で占いに来たお二人。彼らは、子どもができないことが大きな悩みでした。そのとき、不妊治療を始めて十年目に差し掛かろうとしているところだったのです。二人は、もうここで子どもを諦めて治療を終えようという気持ちと、どうしても諦めきれない思いとで、苦しい狭間《はざま》に立ちすくんでいたようです。「二人とも子どもが大好きなのに授かりません。このまま不妊治療を続けていったら、子どもができるのでしょうか」という相談でした。

カードを開いて占い始めると、二人の前世の映像が出てきました。彼らは、前世でも夫婦関係にあったようです。中世のフランスで、夫婦で牧場を経営して切り盛りしているのが映像で見えます。そしてそのときの彼らには、なんと子どもが九人もいました。そのため、その人生は子どもたちを食べさせていくだけで精一杯の生活だったようです。しかし、貧乏ではあっても、とても幸せな人生でした。家族揃《そろ》って、湯気の上がったにぎやかな食卓を囲み、子どもたちはケンカをしながらも健康に育ち、全員が親想いの優しい子どもたちでした。

それに子どもたちが小さい頃、二人はどんなに疲れていても、子どもたちの寝顔を見ると力が湧いてきたのです。子どもたちが寝静まってから二人で飲む、一杯のアップルワインが夫婦の何よりの楽しみでもありました。

家族で明け方から牧場に出て日が沈む頃に仕事が終わります。その後に、十一人で歌を歌いながら広大な牧場から夕焼けを眺めています。その数年後には、子どもたちの結婚や出産が続いていって、家族はどんどん増えていきます。いつの間にか一家の習わしとなっていった合唱も、そのうち合唱隊のようになり、孫たちが太鼓を叩いたり笛を吹いたり、アコーディオンまで加わって大掛かりになっていきました。全員で、仕事を終え夕焼けに向かって合唱をしている姿は、本当に圧巻です。そのように、彼らの前世は「大家族」の幸せを象徴するような生き方だったのです。

ただ、彼ら夫婦には心残りがありました。それは、二人とも自分たちのやりたいことはほとんどやれずに、気がついたら老人になってしまっていたということです。お二人にとって、子どもたちが全員育ち上がるまでにはとてつもなく長い年月が経っていました。そのため、自分たちのことにはほとんど時間を使えない人生だったのです。

そこで二人は「**今度生まれ変わって一緒になるときは、二人でゆっくりと好きなことがやれる人生にしよう**」**と決めてきた**ようです。そのために、今世は子どもが授からないということでした。

お二人にこの話をすると、「だから、子どもができないのですね。確かに今は、二人でゆっくりとした生活をしているし、同じ趣味をもって幸せな人生です。それは、自分たちで計画してきたのですね」と言いました。「ジュディさんが言ったのでびっくりしたのですが、今も私たちは寝る前に二人でアップルワインを飲みながら、その日一日にあった出来事を話す習慣があるんですよ。知らないうちに前世と同じことをしていたんですね」と言い、「今世はこの二人での人生を楽しみます」と、帰って行きました。その横顔はどこか、納得して安心したように見えたのを覚えています。

きっと来世は、二人で子どもを産み育てることを決めて生まれてくるのでしょうね。

不妊の理由　2

夫婦で不妊の相談にきたお二人。「結婚して七年間、子どもを授かりません。どうしても子どもが欲しくて不妊治療をしたこともあるのですが、それもうまくはいきませんでした。どうしてなのでしょう」という質問でした。

占うと、お二人の前世の映像が出てきました。二人は夫婦で、町でパン屋を営んでいました。彼らには、子どもが四人います。忙しい中で子育てをしているのですが、二人はあまり子どもたちに対して愛情を持っていなかったようです。子どもたちと遊んであげることはほとんどなく、不機嫌で叱ってばかりいました。お店が忙しいときに、子どもが熱を出そうものなら、「何やってんだよ、こんな忙しい時に」と怒鳴ります。熱があってフラフラな子どもを薄着のままで店の奥に押しやって、ため息混じりに荒々しく世話をしている母親が見えます。子どもが失敗したり、気に食わないことをすると、父親が革バンドでお尻を赤くなるまで叩く姿も見えました。

そして、子どもたちが十代になったあるとき、暮らしむきが悪くなり、後継ぎのために長男だけを残すと、残りの三人の子どもたちを次々とお金と引き換えに養子に出してしまったのです。でも、養子とは形だけのもので、事実上の身売りでした。二人にとっては子どもたちはこういうときのための保険ぐらいにしか考えていなかったようです。ですから、高値で子どもを買ってくれる売人を吟味しているありさまだったのです。

あるとき、子どもの一人が養子先で虐待されて辛くて、あざだらけになって家に戻ってきたことがありました。そのときも優しい言葉一つかけるどころか、冷たくあしらい養子先に戻してしまうような薄情な親だったのです。彼らは、いずれ自分たちの面倒を見させるためにも、子どもは後継ぎの一人が居れば良いと思っていました。

しかし、その何年後かには、長男が病気で死んでしまいます。その後は二人きりでの生活が始まりました。そして、年月が経ち孤独な老夫婦になったときに、初めて自分たちがやってきたことを後悔するのです。しかし、それはもう後の祭りでした。二人は子どもたちの小さかった頃の可愛らしさ、いじましさを思い出しては胸が詰まり、罪悪感に悩まされる老後を過ごすことになるのでした。

そこまで私が話すと、二人ともうなだれて「だから、今世子どもが欲しくてもバチが当たってできないのですね」と言いました。でも、それは違っていました。

「いいえ、生まれ変わりに罰は与えられないのですよ。全部自分たちで計画して、人生をやり直すために生まれてくるのです。あなたたちは前世の人生が終わる時、すでに後悔をしていました。それで、今度生まれ変わるときに、もし子どもを授かったら大切に育てようと約束してきています。今世では、子どもができる計画のようですよ。二人で旅行に出かけて環境を変えるのが、最良の方法のようです」と、カードを読んで言いました。

その後、二人はすぐに旅行に出かけたのですが、なんと、その旅行先で男の子を授かったのだと数ヶ月後に連絡が来ました。その奇跡に泣いて喜んだそうです。七年間も子どもを授かれなかったことにもちゃんと理由があったのでした。それは、願って待ち望んだ末に子どもを授かることで、子どもに対する思いや愛情を強固なものにするためだったのでしょう。

その後お二人は、もう一人女の子を授かりました。子どもたちはすくすくと育ち、今は十代になっています。彼らは子どもたちのことをとても大切に育てていて、仲の良い家族になっていると聞き、こんな形で前世のやり直しをすることもあるのだと、嬉しく思いました。

祖母の生まれ変わり

ある女性が占いに来た時の話です。占いの終盤で彼女はこう言いました。「祖母は、私が生まれた時にはもう亡くなっていたので、会ったことがありません。でも、母から聞いたのは、祖母がとても孫の顔を見たがっていたということだったのです。そんな祖母は、天から今の私を見て、どんなふうに思っているのでしょうか」と。

そこでさっそく占うと、なんと「その女性が祖母の生まれ変わりだ」と出てきたのです。つまり、おばあちゃんは、見たくて仕方がなかった自分の孫として、生まれ変わってきたということです。何百年も経ってから生まれ変わってくる魂が多いのですが、彼女の場合は数年で生まれ変わってきたことになります。

それを彼女に伝えると、驚くと共に、妙に納得している様子でした。母親から「赤ちゃんだったあなたにおっぱいをあげている時に、見上げたあなたの顔がおばあちゃんにそっくりだったの。その見つめる目に、温かいおばあちゃんを感じて泣けてきたのよ」と何度も聞いたことがあると言うのです。姿は違っても魂はそのままですから、自分の母親の魂を持った娘を抱いて魂が感じたのでしょう。特に彼女の前世は、DNAでもつながっている祖母なので、実際に母親から見ると、顔も自分の母親に似ていたでしょう。

「それから、こういうこともありました。母が風邪をひいて寝込んでいた時に、私が母のために卵がゆを作ってあげたことがあったんですね。それを一口すすった母が驚いた顔でこう言いました。『小さい頃におばあちゃんが作ってくれた卵がゆと、そっくり同じ味がする。どうやって作ったの?』。私はその時、初めて卵がゆを作ったのですが、習ったこともないのに、無意識に昆布で出汁《だし》をとっていました。それもきっと、祖母がやっていたことを私の魂が覚えていて、作っていたのですね。『生きている時にレシピを聞いておけばよかったって思っていたのよ』と言う母のために」

このように、真相がわかると、色々と過去に起きたことの意味合いが変わってくるものなんです。しかも彼女の場合、早いインターバルで転生しているので、数百年後、数千年後の来世で行動するのとは違い、周りの人と前世のことを共有できる機会が多いということも言えます。面白いですね。

それから彼女は「小さい頃からお母さんのことが気になって、心配になることが多かったのも、私が祖母の生まれ変わりだったからなんですね」と言いました。彼女のおばあちゃんは、それほど自分の娘を愛していて、強く望んだ結果、「娘の娘」としてこの世に戻ってきたのでしょう。彼女は「すぐに、母にこのことを話します。『私、やっぱりおばあちゃんの生まれ変わりだったよ』と。きっと母は泣いて喜ぶと思います」と言って嬉しそうに帰っていきました。

このように、遠い未来の来世ではなく、現世でもう一度出会う、そんな生まれ変わりもあるのだと、とても不思議な気持ちになりました。

自閉症の息子の前世

十八年前に、ある女性が占いに来ました。彼女は、他県から三歳の息子さんを連れて来ていて、相談はその息子さんのことでした。彼は二歳頃から、笑うこともなく言葉も少なかったそうです。そんな我が子を見て、他の子どもとは違うと思い、病院で検査をしてもらうと自閉症だと診断されました。そして、彼女はちょうどその頃から奇妙な夢を何度も見るようになったと、次のように話しました。

「どうもそこは外国のようで、時代も今とは違うように思えます。その夢では、息子が迷子になって私が人混みの中を必死になって探しています。しかも、いつも同じ夢です。これは私の直感なのですが、もしかしたら、それは前世でのことが夢に出てきているのではと思ったのです。私と息子の前世を見てもらえませんか?」

私は、さっそくカードを開いて占い始めました。すると、やはり彼女が言うとおりの二人の前世の映像が出てきました。そこはインドで、そこでも二人は親子です。お金持ちの旦那さんと結婚した彼女が、一人っ子の息子と三人で幸せに暮らしているのが見えます。ところがある日、事件が起きました。それは、息子の三歳の誕生日パーティの用意をするために、お手伝いさんたちと市場に買い物に出かけた時のことです。買い物を済ませて会計をしていると、息子の姿が見えません。彼女は急いで人混みの中を探しにいきます。それは、まさに彼女が夢で見たシーンです。必死に探し回りますが、どこを探しても見つかりません。彼女は誘拐事件が起きたのだと思い、身代金を用意して、夫と二人で犯人からの連絡を待つことにしました。

しかし、いつまで経っても犯人からの連絡はなく、そのまま息子は二人の元には帰ってきませんでした。そのことが原因で夫婦仲も悪くなり、夫からは「おまえのせいで息子がいなくなったのだ」と強く責められて、離縁されてしまいます。その後も彼女は、生きているのか死んでしまったのかもわからない息子を探し続けました。

そして次に、そのとき息子がどこに行ったのかも、映像に出てきました。実は息子は、身代金目的の誘拐にあったのではなく、人身売買のために連れ去られていたのでした。その当時、そうやって連れ去られた子どもたちのほとんどは、奴隷として売られていました。もしくは、目をつぶされたり足を切断されたりして、物乞《ものご》いとして働かされるなど、残酷な末路をたどることが多かったようです。けれども彼は幸運なことに、子どものいない夫婦の元へと売られていきました。その夫婦は音楽家で、彼を本当の息子だと思って可愛がり、いろいろな楽器の演奏を習わせます。特に、その時にはまだまだ珍しかったピアノを彼は習得して、大人になってからはインドの古典楽器の他に、ピアノも演奏する音楽家の人生を歩んでいきました。

その次にまた、別の場面も出てきました。大人になった息子が演奏家として出演している古典音楽の演奏会に、なんと彼女が友だちに誘われて行っているのです。ところが、その演奏家が探し続けている息子だとは、つゆほども思いません。ただ、演奏している彼の姿に心を奪われたように見入っています。しかしそれが、人生の中でのたった一度の彼女と息子の遭遇でした。

そこまでを話すと、彼女は涙を流しながら言いました。

「やっぱり、前世でのことを夢で見ていたのですね。そして私は、その人生で探し続けて一生会

えなかった最愛の息子に、今世で出会えたのですね」

私はさらにリーディングの結果を伝えました。

「息子さんは、今世でもう一つ計画があるようです。それは『音楽』です。前世でやっていた楽器にヒントがあります。インド由来の楽器やピアノに触れさせてみるといいと思いますよ。しかも、その感性を言葉ではなく芸術で表現するために、自ら自閉症を選んで来ているみたいです」

そして、その占いから十八年の月日が経って、その女性が再び訪ねてきてくれました。あのあと、息子さんの自閉症の治療に専念するかたわらで、インド楽器と小さなピアノを、おもちゃ代わりに与えたそうです。インド楽器には触って遊ぶぐらいでしたが、ピアノは三歳だというのに、驚くほどの上達具合だったそうです。聞いた音を正確にピアノの鍵盤で叩いたり、聞いた音楽を弾いたりするようになったので四歳からは先生に習わせることにしました。先生からは、「この子は『絶対音感』を持っている」と言われました。彼女は「その時は、思わず『あっ、この子は前世でもピアノをやっていましたから』と、のどまで出かかったんですよ」と笑っていました。

そして、そこから彼の才能はみるみるうちに開花していったのです。

私のところに来たときに幼かった息子さんは、いつの間にか二十代の青年になっていました。海外の音楽学校に留学して、今ではプロの演奏家として楽団に入って活躍しているそうです。なんて素晴らしいことでしょう。これは、彼女が息子を導いていった結果です。

私が二人を占った時、彼は前世で母親と離れ離れになった歳と同じ、三歳でした。きっと光の世界で、今世はその三歳から続きを始めようと、二人で計画したのですね。前世と同じように親子として生まれてきて、今度は彼の計画を手伝って実現させたのです。前世で息子にやってあげられなかった分を、十分にやってあげたいと思ったのでしょう。前世で彼女は、三歳の面影しかない息子を「会いたい」の一念だけで、死ぬまで探し続けたのです。その姿には、一言では表せないほどの重さと深さがありました。それが母親としての罪ほろぼしであり、愛情だったに違いありません。この完璧な人生のやり直しと、「自閉症」という病気でさえ計画してくるという不思議さに、私は驚きを隠せませんでした。

ペットのチョコ君

その女性は、ペットロスからなかなか抜けられなくて苦しんでいました。飼っていたワンちゃんが死んで一年も経つというのに、その喪失感に押し潰されそうになってしまう時があり、私のところへ相談に来ました。

ワンちゃんの名前はチョコ君。チョコ君は、病気になってからは歩けずに、何年も寝たきりになっていました。それがある日、彼女が薬とご飯を用意していると、どうやって歩いたのか彼女のそばまでやって来ました。彼女がびっくりして思わず抱いてあげると、クンクンと鼻先を彼女の顔にくっつけて、顔をペロペロと舐めて見つめてきたそうです。その晩に、チョコ君は死んでしまいました。「あの世で幸せになっているのか、死ぬ前に自分に何かを言いたかったのか」と、彼女は私に尋ねました。

占うと、光の世界に居るチョコ君の映像が出てきました。魂の状態なので、苦しかった病気も消えて、体も軽くなってフワフワと飛び跳ねています。お父さんやお母さんと一緒にいて、しっぽを振ってとても嬉しそうに見えます。そしてどうも、彼のほうこそ彼女の心配をしているようなのです。

チョコ君から、メッセージが来ました。「死んだ今も、僕は幸せだよ。あなたがそんなに悲しんでいると、何度もあなたの元に呼び寄せられてしまうんだ。僕は心配で、光の世界での生活を思い切り楽しめないよ。早く喪から明けてほしいんだ」と言っているようでした。そしてさらに続けました。

「どの人生でもそうだったよね。だから、最後の日にあなたのそばに行って言ったんだよ。『僕が死んでも落ち込まないで。必ずまた来世でもあなたのそばに行くんだから、それを楽しみにして今は自分の人生を楽しんでね』って」

その瞬間に、彼女とチョコ君が一緒にいる人生が、次々に五個も見えて来ました。彼女は、それぞれの人生で男性だったり女性だったり、チョコ君は大型犬だったり小さなプードルだったり、毎回姿を変えています。でも、どの人生もチョコ君は同じ魂で、彼女のそばに寄り添っているのがわかります。いつも二人はとても仲良しで、今世のように家族としての強いつながりを持っていました。

チョコ君が言うように、確かにどの人生でも彼女は毎回、チョコ君が死ぬたびに打ちひしがれて、ペットロスからなかなか抜け出せない人生を繰り返していたのでした。ある人生においては、うつ状態でチョコ君のあとを追って、死のうと湖に入ったことさえあります。その時は、チョコ君の魂が彼女を導いて死の淵から救ったようです。そして、彼女が寂しさから抜けるようにと、ちっちゃな犬を彼女に届けました。また、別の前世では彼女が何年も落ち込みすぎて、チョコ君が成仏できずに、長い年月にわたり彼女の周りでチョロチョロしていた人生もありました。

犬の寿命は人間よりもはるかに短いので、どの人生も、チョコ君のほうが先に死んでしまっていました。その後、彼女だけで生きていく人生が残されるのですが、彼女はいつも残りの人生を楽しめず幸せを感じられませんでした。ペットロスからはいつか抜けても、その残りの人生は不幸だったのです。どうやら、彼女の今世のカルマ（前世からの宿題）は、この繰り返しをやめることのようです。まさに六回目のやり直しに来ているのでした。

それを話すと、彼女は「そうなんですね。私はまた、次の人生でチョコに会えるんですね。嬉しいです。それが分かっていれば大丈夫です。これからは、自分のために残りの人生を無駄にせずに希望を持って生きていきます。チョコが死ぬ日にそばに来て言いたかったことは、それだったんですね」と、安堵《あんど》の笑顔を見せてくれました。

強い結びつきを持った人と動物が、何度も同じところに生まれ変わっていくという不思議な話でした。

前世から続く親子の共依存関係

その四十代の男性は、母子家庭に育ち、母親と二人暮らしをしています。彼は、その母親との関係を占いに来ていました。母親は昔から口うるさく、彼のやることにいつも口出しをしてきます。彼には一度結婚を考えた人もできたのですが、母の猛反対に逆らえずに別れてしまったと言います。

さっそく彼の親子関係を占うと、前世の映像が出てきました。前世でも、二人は親子関係です。彼の母は傲慢《ごうまん》で、息子である彼を支配していたようです。母親の元から出て行けない彼は、結婚も母親にやめさせられて一生独身なのでした。最後は年老いて、母の介護をして終わるという人生を、実に三回も繰り返していたのです。

二人はどの時代も「共依存」の関係で、それが一生続く人生でした。彼は縛られたくないと反発しながらも母の束縛から逃れられず、母親も息子を不幸にしているとわかっていながらも、手放せず支配するという関係です。二人とも生まれ変わる度に「今度はうまくやろう」と思い、やり直しを図る計画で生まれてくるのに、何回も同じような人生を繰り返してきたのです。

私が彼に前世の話をすると、「**そんな人生は嫌です。どうすればこの関係を解消できるのか教**

えてください」と彼は言いました。その方法を占うと、「愚か者」の正位置と「デビル」の逆位置のカードが出てきました。その意味は「まず、母親からの要望を無理やりに聞くのをやめること」でした。時間はかかっても、そこから自立の道へと進むようです。そして「早いうちに一人暮らしを始めると良い」というアドバイスが出たのです。その日、彼はそれを実践することを誓って帰っていきました。

それから数ヶ月後、彼が再びやってきました。話を聞くと、占いに来た翌日に、彼が一階でテレビを見ていると、母親が大きな声で二階の重い椅子を下に運ぶように言いつけてきたそうです。彼が「テレビが終わってからやってあげる」と言うと、「すぐにはやれないと言うんだね。そうかい。あんたが私の言うことを聞かないせいで、私がこの椅子を一人で持って、階段から落ちて死んでも良いって思っているということだね。あんたのせいで私は死ななきゃいけないわけね」と言ったそうです。なんと傲慢《ごうまん》な母親でしょうか。いつもなら、そこでため息と共に母親の言うことを優先させてやってあげていた彼です。でも今回は、魂が前世を思い出しているので勇気を出して言いました。「やってあげるのを待てなくて、母さんがその椅子を勝手に一人で運んで、それで落ちて死んでしまうのなら、それは仕方がないよね」

そう言われた母親は目を丸くし、興奮して泣いていたそうですが、彼はじっと耐えました。「ここで変わらなければ抜けられない」と、そのとき強く確信したそうです。そこから「共依存」からの脱出と自立が始まりました。いろいろ大変だったのですが、今は家を出て一人暮らしをしているということでした。

「マインドコントロールが解けたような気持ちです。この先結婚も視野に入れて生きていきたい」と、彼は明るく将来のことを語ってくれました。

彼は、人生の四回目のやり直しにして、晴れて自分の自由を手に入れたのですね。母親は「親不孝者」「裏切り者」と、いまだに彼を罵《ののし》ることしかしないようです。「でもそれでもいいんです。重要なことは『この深刻な依存関係から、まず僕が自由になった。自分の考えで動ける』ということなんです」とさっぱりとした笑顔を見せてくれました。

前世の記憶を持つ子ども

その女性は、四歳の息子の相談で来ていました。関西から北海道への旅行に合わせて、占いの予約を入れていました。

「もうすぐ五歳になる息子がいるのですが、どうも、保育園でよく嘘をつくらしいのです。先生たちからは『嘘をつくのは発達段階では正常なこと。自分の想像を本当のこととして話してしまう時も多いので気にしないでください』と言われたのですが」と彼女は言いました。

親の前で嘘をつくことはほとんどなかったので、気にしないようにしていたそうです。ところがある日息子が部屋で、まだおしゃべりもできない二歳の妹に話している内容を聞いてびっくりしたのです。

「あのな、お父ちゃんとお母ちゃんな、俺らのいないとこでな、内緒で美味しいもん食べてるんやで。知ってたか？　俺な、こないだも夜にドア開けてのぞいたら、二人で何してたと思う？　二人だけでこっそり隠れてうまそうなケーキ食べてたんやで」

と言っていたそうなのです。彼女は、そんなことをした覚えはまったくありません。そこから気になりだして、保育園の先生に、息子がどんな嘘をつくのか教えてもらったそうです。

するとＡ「うちのお父ちゃんとお母ちゃん、よその家の豚を馬車でひいて殺しよったくせにな、謝らんで逃げたんだ」とか、「俺が友だちと遊びたいって言うとるのに、無理やり仕事させよる」と。先生が「どんな仕事？」と聞くと、「畑に決まってるやん」。両親が隠れて美味しいものを食べる話は、どの先生にも話していたそうです。先生たちは、彼の話す話はどれも信憑性《しんぴょうせい》がないものばかりなので、「絵本を見て妄想しているのかも」ということになったようでした。

彼女は「妄想にしても、私たち夫婦にはいっさい言わないのも気になります。息子をこの先うまく育てていけるのでしょうか」という質問でした。

さっそくカードで占い始めると、家族の前世の映像が出てきました。ロシアにいて、家族構成も今と同じです。その映像を見ると、息子さんが保育園で言っていたことは、嘘ではありませんでした。前世のことを彼自身が断片的に覚えていて、それを現実に起きたことだと思って話しているのでしょう。そのように三～四歳頃までは、前世の記憶を持っている子どもたちがいます。

でも、その子たちは年齢が進むと、前世の記憶はすっかりなくなっていきます。

私に見えてきた場面はちょうど、今と同じ年齢の四歳の息子さん。寝たふりをしてこっそりと部屋をのぞいています。すると両親がケーキを美味しそうに食べています。その他の日には美味しいお肉や魚といったふうに食べるものは変わりますが、大人だけで楽しんでいる映像です。彼は「僕にもちょうだい」と言いたいけれど、すぐに怒鳴って手をあげる父が怖くて出て行けません。四歳といえば、まだまだ赤ちゃんぽさが残っている幼児の時期です。その頃から、父親から怒鳴られたり殴られたりして、すっかり怯えてしまっている様子です。心の中で思っていることや、ちょっとしたわがままも言えません。

次に出てきた場面は、彼が十歳ぐらいの時。家族で畑の作物を、荷馬車で町に運んでいる途中での場面です。荷馬車の前に迷い出てきた一匹の子豚を、父親がひいてしまいます。でも父親は、それがどこの豚かもわからず、町に急いでいたので、止まりもせずに無言でその場を立ち去るのでした。「こんなことってていけないことだ。俺の親は悪い人間だ」と、彼が心の中で思っているのが聞こえてきました。

さらに、畑での場面も出てきました。それは、ちょうど彼が十代の反抗期のときで、「仕事を終わらせてから遊べ」と父親に怒鳴られています。彼が父親に反抗的な態度を取ると、父親は彼をつかまえてズボンを下ろさせ、ベルトで赤く腫れるほどお尻を何回も叩きます。このように、小さい頃から彼が父親に歯向かうと、しつけと称して体罰を与えられることの繰り返しでした。

それはしつけというには度を越していて、現代であれば「虐待」といえる行為でしょう。彼は、そんな父もそれを止めない母も大嫌いで、成人すると同時に家を飛び出して、他の町に移り住んで親とは縁を切ってしまったのでした。

私がこれらの内容を彼女に話すと、「思い当たることがあります。夫は子どもたちにとても優しくて叱ったこともないほどなのに、夫が何かの拍子に椅子から立ちあがろうとすると、とっさに息子が怯えた顔をして飛び退《の》くのです。それも息子の魂が前世を覚えているからなのですね」と言いました。

今世で、彼はこの父親と母親の元に生まれて、前世のやり直しをしようとしているわけです。それを彼の魂が知る必要があったので、私は「息子さんにこう話してあげてください」とアドバイスをしました。

「お父さんもお母さんも、昔はあなたに対して嫌なことばかりしたね。あなたは体も痛めつけられて本当に痛かったし辛かったね。でもね、それはもう全部大昔に終わって、お父さんもお母さんも反省して優しくて良い大人になったんだよ。あなたのことを、とても愛しているし大切だから、叩かないしズルもしない。美味しいものは一緒に食べようね」と。

そして私はこう続けました。「この内容は、四歳の彼にはきっと理解できないでしょう。でも彼の魂がしっかりと聞いているので大丈夫ですよ」

それから一年ほど経って彼女から連絡があり、あのあと息子さんに両親が揃って話すと、「うん、うん」と神妙な面持ちで聞いていたそうです。その後も前世であったようなことを話す時がありましたが、その回数がどんどん減っていって五歳の誕生日を迎えた日からは、いっさい話さなくなったそうです。しかも本人は話したことを覚えていないし、前世のことも忘れてしまったようでした。

もう一つ印象的なことは、父親がしっかりと前世からのカルマを解消していることでした。前世では、息子に対して暴力的だったことを、光の世界で深く反省したのでしょう。今世は「子どもを叱ったことがないほど優しい父親」となっています。息子さんはそんな父親と、前世のストーリーを大きく変えて、今世では親子の関係をやり直していくのでしょう。

見覚えのある景色

その女性は、こう質問してきました。

「先日、旅行先で遊覧ヘリコプターに乗って観光を楽しんだのですが、色とりどりの美しい畑の上を飛んでいるときに、その景色をどこかで見た覚えがあるような不思議な気持ちになりました。それと同時に強い絶望感も感じたのです。なぜそのような気持ちになったのかさっぱりわかりませんでした。何か意味があるのでしょうか」

タロットカードを開いて占うと、彼女の前世での映像が出てきました。彼女はヨーロッパの農家の娘さんで、親の手伝いで一緒に畑で働いていました。その広大な畑にはいろいろな種類の作物が植えられてなだらかな丘になっています。刈り取りの時期になると、まるでパッチワークのような美しい眺めになります。その美しい眺めが一望できる場所があり、彼女はときどきその場所へ行き、そこから畑を眺めるのが大好きでした。草やぶが続く上り坂をひたすら歩いて行くと、視界が開けた瞬間にまるで絵葉書のような美しい光景が現れます。そこは彼女だけの、誰も知らない秘密の場所でもありました。

そして月日が経って彼女は年頃になり、親戚から紹介された男性と愛し合い、結婚。そして、夫の仕事で遠い街へと引っ越して行きました。夫は、仕事が忙しくても彼女の手伝いをするような優しい男性です。その後、女の子が二人生まれて、家事に育児にと勤しみ、彼女が子どもの頃から夢見ていた幸せな家庭を手に入れ、平和な日々が続いていきました。ところがある日を境に、彼女の人生が激変するのです。

それは、突然のことでした。彼女は夕食の準備を済ませて、子どもたちを連れてサーカスを見にいった夫の帰りを待っています。でも、待てども待てども三人は帰ってきません。そして、夜もふけた頃に、夫の馬車が強盗に襲われたという知らせが届いたのです。しかも、その馬車に乗っていた夫と幼い娘たちは、三人とも殺されてしまったのです。「行ってきます」と三人で笑顔で出かけて行ったのに、翌日には冷たい遺体となって、彼女の元に戻ってきたのでした。

彼女はその事件で、いっぺんに家族全員を失ってしまいます。悲しさで心は張り裂けそうでした。突然一人ぽっちになった彼女は立ち直れず、何日も床に伏していました。そして、あまりのショックで失語症になり、誰とも話せなくなってしまったのです。それからまもなく、そんな彼女を心配して田舎から両親が彼女を迎えに来ることになりました。両親が「田舎に帰ろう。また三人の暮らしに戻ろうね」と優しく彼女を抱きしめると、「うん」と頷《うなず》く彼女。それ以上の言葉を交わさなくても、深い愛情に満ちた両親の温かさが伝わってきました。そして、三人は馬車を走らせ故郷へと戻っていったのです。

田舎に戻ってからの彼女は、心の痛手を忘れるために朝から晩まで一心不乱に畑の仕事の手伝いや、家事に専念しました。そうすれば夜には疲れ切って、何も考えず涙せずに眠れるのです。彼女にとっては、その忙しさだけが、たった一つの救いでもありました。彼女は心の中で「これがいつまで続くの？　一生こんな苦しさが続いていくなんて耐えられない。私も三人と一緒に行って殺されればよかった」と思っています。

そんなある日、彼女は一人で美しい眺めのあの丘に向かいます。しかしそれは、景色を見に行くためではありません。美しい景色を見ながら、そこで命を絶とうと決めて向かっていました。どんなに頑張っても、夫と子どもたちのいない人生など考えられなかったのです。ポケットに毒薬を忍ばせて、草をかき分け、ひたすら丘を登って行きました。そして、丘の上に立って景色を見ながら毒薬を口に含もうとした、そのときです。美しいパッチワークのような畑にまばゆい夕日がさしてきたのです。そこを渡り鳥の群れが音を立てて飛んでいきます。彼女は「ああ、なんて綺麗なの」とその光景に心を打たれました。そしてその瞬間です。彼女の心にふっと「生きよう」という思いが溢れてきたのでした。「死んでしまった家族の分まで私が生きていこう」と、彼女は決めました。

むしり取られるように家族を亡くしたけれど、人生はそれで終わりではなかったのです。その後は、失語症も治って言葉が話せるようになり、父母の世話や、教会でのボランティアが生きがいになっていきました。そこには、彼女のおかげで温かさや幸せを感じる人たちがたくさんいました。彼女は、生きていれば失った分だけ得られることがあるということを知ったのでした。

そして、今世はその人生のやり直しに来ていました。

「驚くことばかりです。子どもが二人いるのですが、七歳と五歳の女の子です。夫はすごく優しくて、家事にも子育てにも協力的で幸せです。この家族はもしかしたら、私の前世での家族ですか？」

そうなんです。前世で彼女が家族を失った時、子どもたちは同じ年頃でした。ちょうど家族を失ったときと同じ頃に、前世を知ろうと魂が計画してきていたのですね。

さらに彼女が言いました。「それに実は、パッチワークをずっとやっていて、今は教室を開いて教えているのです。子どもの頃から興味があったのは、前世で生きる勇気を得たその光景が、今世までも心に残っていたからなのですね」

家族でちゃんと計画して約束して、今世に生まれ変わって来た彼女。きっと、家族四人で、前世では終わったそこからの続きを、今世で紡いでいくことにしているのでしょう。家族が一緒に、また同じ家族として生まれ変わるという奇跡。私は、そこに生まれ変わりの不思議さと希望を感じずにはいられませんでした。

海が苦手な女性の話

「夏の暑さは好きなんですが、海が苦手で怖いんです」

と言う女性の相談者のお話です。さっそく占ってみると、彼女の前世の映像が出てきました。

その女性は、インドの漁村に住んでいました。漁師である夫は、遠方に漁で出かけています。女性は、朝食をすませて、二人の娘を連れてアシュラム（僧院）でお祈りとヨガを済ませると、いつものように三人で浜に出て、夕食のための海藻や貝を採り始めます。彼女は内陸の町から南インドの海辺の村に嫁いで来ていたのですが、そこでの生活がとても好きでした。爽やかな海風と潮の香りが心地良くて、その日も、まず海岸から海に向かって大きく深呼吸をして、大好きな海の香りを吸い込みます。

しかし、その日は様子がいつもと違いました。浜辺で貝をカゴに入れていると、海の水がどんどん引いていくではありませんか。水がない砂地が、遥か向こうまで現れて、地上に残されたたくさんの魚が、あちらこちらで飛び跳ねています。彼女は、こんな光景を見たのは初めてでした。そこにいた村人たちと一緒に喜びの声をあげながら、沖の方向に向かって行きました。「今夜はご馳走《ちそう》よ」と子どもたちに話しながら、夢中になって魚をカゴに入れています。

ところが、しばらく潮干狩りのように魚取りを楽しんでいると、「ゴゥー」という大きな音が聞こえてきました。地鳴りです。彼女がはるか沖の方に目をやると、目を疑うような光景がそこにはありました。壁のような大きな波です。しばらく何が起きているのかわからずにそこにたたずんでいましたが、それが自分たちに向かって迫っているのだとわかると、反射的にカゴを投げ捨て、二人の姉妹を両手に抱えて浜辺に向かって走り出しました。でも、かなり沖のほうまで来ていたために、どんなに走っても岸には着けず、後ろを振り返ると十メートルほどもある波は、すぐそこまで迫って来ていたのです。

それは、インドでそれまで誰も経験したことがない自然災害の津波でした。三人は他の村人たちと共にその巨大な波に飲まれて死んでしまいます。彼女が、波に飲まれても最後まで二人の娘たちを腕から離さずに、一緒に息絶えてしまう姿には胸が詰まる思いがしました。

波に飲まれる寸前に、海側から見えた自分の家や白い浜辺が、彼女が最後に目にした光景でした。私に見えたその映像は、紛れもなく、彼女が愛してやまない「光り輝く太陽と真っ青な空に包まれた美しい南インド半島」だったのです。それは、まるで絵画のようでした。彼女は、この大好きな美しい光景を最後に見られたのですね。しかし、その光景も次の瞬間には波に飲まれてしまいます。そして、波が引いて静けさが戻った時には跡形もなく村ごと消滅してしまっていました。なんと悲惨な出来事でしょうか。彼女が暑いところが好きなのも、波が怖いのも、その前世を魂が忘れずにいたからなのです。理由がはっきりしたことで、彼女はスッキリとした笑顔を見せました。

そして今世では、その時の子どもたちと一緒に親子になると決めて来たようです。ところが、彼女には子どもは五歳の女の子が一人しかいないと言うのです。でも、タロットカードからのメッセージでは、「その時の二人の子どもたちとやり直す」とはっきり出てきていました。私が「もう一人、準備して待っているようですよ」と伝えると、彼女は、そのとき赤ちゃんを産む予定はなかったようで、「そうなんですか?」と不思議そうな顔をして帰っていきました。

それから八年の歳月が経ち、その女性が再び占いにやってきました。彼女は席につくなり「今年、子どもが生まれたんです。しかも女の子です」と言うではありませんか。占いの結果通り、もう一人の姉妹だった子が準備をして、タイミングを待って生まれてきていたのでした。

前世のやり直しをしに来たときに、子どもの性が変わっていたり、親子が逆になっていたり、母親が父親や祖母になっているということは、よくあることです。それなのに、三人は前世と同じ母娘で二人とも女の子。きっと彼女は、前世の時の関係のままでやり直したかったのですね。

なんて人生はうまくできているのでしょうか。

そのときに、インドで波に飲み込まれそうになりながらも、二人の子どもを抱えて必死に守ろうとした彼女の姿が再び目に浮かんできました。母親として守ってやれなかった無念さに、今世でやり直すことを願ったのですね。親子の絆の尊さと、母親の愛情の深さを感じたお話でした。

4 恋愛の物語

もう一度会いたい人

笑顔の素敵なその五十代の女性は、話し始めました。

「去年、スペインへ旅行に行ったのですが、観光中にスリにあってしまいました。財布も電話もなくし、家族に連絡が取れなくて、本当に困りました。そのとき、バルセロナの宿泊先で、フロントのスタッフの若い青年が彼の携帯電話を貸してくれてとても助かったのです。その彼とはその一度しか会っていないし、その時やり取りをしただけです。それなのに私は、その青年を好きになってしまったのです。

日本に戻ってきてからは、『もう一度会いたい。このまま終わるのは嫌だ』という気持ちがどんどん強くなりました。私は恋に夢中になるタイプではないし、そういう歳でもありません。それなのに、どうしてこんなに切ない気持ちになっているのでしょうか。自分でもびっくりしているのです。いったい私はどうなっているのでしょうか」

さっそく占い始めると、まさに前世で彼女は、スペインのバルセロナにいたことがわかりました。彼女とその青年は、前世では恋人同士だったようです。二人はお互いに愛し合い、幸せな時間を過ごしていました。しかし、彼女には夫もいて、青年とは不倫関係だったのです。そしてそのうち、彼女の不倫が夫に知られるところとなり、二人の関係はそこで終わりました。彼はそれを機に、遠く離れたアンダルシア地方へと移り住みました。

ところが彼女は、彼と別れても、幸せだった日々をどうしても忘れることができません。彼の優しい笑顔、柔らかな栗《くり》色の髪、甘い愛のささやき。その焼きついた思い出が、毎日のようにぐるぐると頭の中を駆け巡るのでした。数ヶ月が経ち、彼女は自分はどうしても彼を諦め切れないと確信して、夫との離婚を決意します。そして離婚後すぐに、アンダルシアの彼の住む町へと飛んで行きました。

彼に少しでも早く会いたいという思いで、彼女はひとときも休まずに探し回りました。しかし、いくら探せども彼は見つかりません。探し疲れ途方に暮れた頃に、彼は数日前にその町を去ったことを知るのでした。すべてを投げ捨ててアンダルシアまで来た自分が、哀《あわ》れで涙が止まりません。タイミングを外した自分に深く落ち込んでしまった彼女でしたが、それでもバルセロナには戻らずその海辺の町で暮らしていくことにしました。いつか戻って来るかもしれない彼を、そこでずっと待ち続けたのです。でもその後、彼が戻ってくることはありませんでした。何年も経つうちに彼女は、彼の顔も思い出せなくなっていきます。でも、「どうしてあの時すぐに離婚して、彼に付いていかなかったのだろうか」という後悔だけは、鮮やかに残っていったのでした。

一方、彼のほうはというと、彼女とは違い、別れた後はとてもさっぱりとしたものでした。あっさりと別れを受け入れ、新しい人生を歩んでいったのです。

彼の魂には、彼女との間にやり残したことは一つもありませんでした。つまり、今世での出会いは、強い心残りを持っていた彼女が引き寄せたものだったと言えます。バルセロナで彼と出会った瞬間に、彼女の魂が前世を思い出したのでしょう。出会って間もないのに「どうしても会いたい」「好きになってしまった」というのも、そのためでした。そして、前世では追って行ったのに彼がそこから消えていたことが、「このまま終わるのは嫌だ」という強い感情を引き出したようです。

さらに占っていくと、彼女がその前世からの宿題を片付けるには、彼に会いに行くことが必須事項だとわかりました。それを伝えると、彼女は「会いに行ってもいいのですね」と、心を決めたように帰っていきました。

そして翌年、再び彼女が私のところへやって来ました。

「バルセロナに行ってきました。会えると思うと、心臓がドキドキしてしまいました。親友と行ったのですが、宿のフロントに着くと、その親友から『どの人？』と聞かれました。でも、なぜか彼の顔も声も、はっきり思い出せなかったんですよ。こんなに会いたかったのに。『こんなに好きなのに、どういうことなの？』と思いました。しかも、フロントで彼の名前を告げると、なんとちょうど私たちがスペインに滞在するのと同じ期間中に、彼は休暇を取って不在だと言われたのです。彼に会うためだけにスペインまで行ったのに、結局、会えずに日本に戻ってきました」

彼女は彼のところへ大変な思いをして行ったのに、今世でもまた、彼はそこにはいなかったのです。二人の間に前世と同じようなことが起きていました。それでも彼女は、もう一度チャレンジしたいと言うので占いました。

「もう一度、会いに行っても良いとタロットカードに出ています。ただし、熱い情熱に任せて彼に向かうと、そこで縁は終わってしまうのでそれはやめましょう。『旅行のついでに寄った』ぐらいに軽くアプローチしてください。そうすれば縁がつながっていく可能性が大いにありますよ」

と私はリーディングどおりにお話ししました。

彼女はきっとまた、彼に会いにいくことでしょう。私は「ぜひ、今世で彼女の願いが叶いますように」とそっと天にお祈りしました。

このように今世で、海を越えてでも「出会う」計画をしてくることもあるのですね。それほど、彼女の前世での強い後悔がカルマとなって残っているのでしょう。どうなるかはわからなくても「もう一度、彼に会いに行く」というこの行動が、彼女のカルマの解消になるのだと、私は理解しました。

十四回目の結婚

その女性は「夫との離婚」を占いに来ていました。「とにかく、一緒にいるのがお互いに嫌になっているのです。**離婚をしようと思うのですが、何かが引っかかってどうしても実行できないのです。どうしてなのか知りたいのです**」という事でした。

さっそく占うと、前世でも夫婦だった二人の映像が見えました。それだけではありません。なんとそのお二人は、「出会っては恋に落ちて結婚して、そして離婚する」というパターンを、なんと十三回もの前世で繰り返してきていたのです。中には、周りからの大反対の中、駆け落ち状態で結婚した人生もありました。結婚して十年以上仲良しだったこともありました。でもどの人生も、最後は憎しみあって離婚するのです。そして、今世が十四回目のやり直しの人生でした。

その中でも二回の人生は、お互いに殺し合いまでしていました。一つはジプシーの時の前世で、夫が別の女性とベッドにいるのを見て、逆上した妻がそのベッドサイドにあるランプで夫を殴り殺しています。また、もう一つの人生では、妻の浮気を知った夫が、思い詰めて妻をナイフで刺し殺している映像が出てきました。

私がそう話すと、彼女が言いました。

「以前、寝室で言い合いになったことがあります。そのとき、ベッドの脇のランプが下に落ちたので、私がそれを拾おうとしたら、夫が部屋の隅に逃げて、震える声で『殺さないでくれ』と言ったことがあるんですよ。そのとき私は『何を大袈裟な』と取り合いませんでした」

そして「別の日には、ケンカの後に謝ろうと夫のところへ行くと、夫は丁度りんごをむいていたのですが、果物ナイフを持ったままで私の方向に向き直った瞬間に、私は彼から殺気を感じました。咄嗟《とっさ》に私は『私を殺す気？』と叫んでしまったことがあります。その時の感情は、前世でお互いに殺された瞬間を、魂が覚えていたからなのですね」と彼女が納得したように言いました。

今世は、せっかくやり直しをしに来ているのに、やはり人間は生まれた瞬間に、魂がすべてを忘れてしまいます。それに性格も思考回路も、前世と大きくは変わらないために、このようにカルマを解消できないまま、同じ出来事に同じ反応をして、同じ人生を繰り返していく人がたくさんいるのです。

彼女は続けて、

「では、今世も離婚したら、私はまた来世でこの夫に出会ってしまうのですか？　それは嫌です。どうしたらいいのでしょうか。もう片時も一緒には居たくありません。何か良い手段がありませんか」と、私に質問しました。

そこで、解決方法を占いました。すると「離婚するのではなく別居を始めると良い」という答えが出てきたのです。その後、このご夫婦は別居を始めました。彼女は別居をした瞬間からスッキリすると同時に、二人の間に長い間あったわだかまりが溶けていくような感覚を覚えたそうです。

この話には後日談があります。別居してからは、二人で食事に出かけたり相談相手になったりすることが多くなって、今では親友のような仲になっているということでした。別居が二人にとっての最適な距離感を作り出したようです。しっかりと、お二人の間のカルマが解消されたということでしょう。

夫婦ゲンカの原因

その相談者は、結婚三年目の女性でした。

「夫が自分勝手で、夫婦ゲンカが多くて困っています。私たちはこのまま、結婚生活を続けていけるのでしょうか？」という質問でした。

占うと、お二人は前世でも夫婦だったようです。子どもの数も、二人の年齢差も今世とまったく同じ。でも、ただ一つ違っていたことがありました。それは性別です。彼らは、前世とは性別が入れ替わって現世に生まれ変わってきていたのです。そして面白いのが、魂は生まれ変わっていても、そのときの性別の癖はかなり引き継いできていることでした。つまり、前世で夫だった彼女には「男性性」、前世で妻だった夫には「女性性」の特徴が、多く残っていたのです。

それを話すと、彼女には思い当たる節がたくさんあるようでした。「夫にはいつも、サバサバして大雑把《おおざっぱ》で女性らしさがないと言われています。私のほうも、夫のことを、女々しいし細かいし、料理好きで女みたいだって言ったことがあるんです」と彼女は言いました。話を聞くと、料理をさせても掃除をさせても、アイロンや縫い物まで夫のほうが、彼女よりも断然にうまくて、彼女はその度に自信をなくして落ち込むことが多かったようです。そのうち夫から「もうご飯は作らなくていいよ。僕がやるから」と言われてしまい、かなり傷ついたようです。

「でも彼の料理は、これがまた、何を作っても美味しいんですよ。悔しいから、絶対に『美味しい』とは言わないと決めたのですが、毎日美味しいものが出てきて、仕事から帰宅する時に『今日の夕食は何かな』なんて楽しみに帰る自分が情けなくなることもありました。それは前世で夫が妻だったからなんですね。それで私は夫だったのですから、家事は太刀打ちできないのは仕方がないことだったんですね」と彼女は納得したように言いました。

でも、今世で彼女たちの夫婦関係がうまくいかない理由は、それだけではありません。実は、前世で夫だった彼女は、今の夫以上に自分のやりたいようにやっていて、妻（今の夫）に対して支配的でした。妻に暴力を振るうことも何度もありました。そして、妻が何をやってもけなして、怒鳴ってばかりいたのです。そのために、妻（今の夫）は、彼女に対して怯えて過ごすような窮屈な人生を送り、辛くて泣いている日も多々ありました。今の夫にとっては、どう見ても幸せな人生とは言えない前世だったのです。

このお二人は、その前世のカルマの解消をするために、今世は逆の性を選んで生まれてきて、結婚したのでした。お互いの経験を共有するために、今世は役割を交換して新しい人生をやり直したことになります。

私は彼女に、「夫のことを『前世では私の妻で、私のせいで苦労させたんだ。だからおあいこだ』と思って、接してみてください」とアドバイスしました。

月日が流れ、彼女が数年後に再び占いに来ました。「あれから『夫は、前世は私の愛する妻だった』と思って接するようにしたら、不思議と腹も立たないし、優しくしてあげようという気持ちにさえなりました。台所に立っている夫がいじらしく思える瞬間もあって、不思議な気持ちでした。今も夫がご飯作り担当なのですが、私は毎日、素直に彼を褒めています。夫は『美味しい』と言って食べている私の顔が大好きだそうです。きっと、前世で彼は、夫である私にそう言って欲しかったんだと思いました。そして、いつの間にかケンカもなくなり、二人で同じ趣味も始めて一緒に過ごすことが多くなりました」

「私の魂が前世を思い出して、しっかりとやり直しを始めたのだと思います」と言った彼女の言葉がとても印象的でした。

国際結婚の暗示

結婚を占うと、ごくまれに「国際結婚」というカードが出るときがあります。たいていの場合、皆さん「思ってもいなかった」ことでびっくりします。でも、その何年後かに実際に国際結婚をした人が何人もいて、私自身も驚いた経験があります。その中でも印象的なお二人のお話をしたいと思います。

一人目は、失恋をしたばかりの女性。彼女は「その人を諦め切れなくて苦しい。私は、この先もう誰とも出会えないような気がするんです」と言いました。失恋をすると、絶望の中に取り残されたような気持ちになってしまうものです。人は、その失恋の痛手から、一生抜け出せそうにないとも思いがちで、片思いだとなおさらです。私は、彼女のこれからの恋愛を占ってみました。すると、素晴らしいカードが二枚も出てきました。それは、「ワールド」と「太陽」のカードでした。「この先、しっかりと運命的な出会いはあります。しかも、意外かもしれませんが、国際結婚の可能性がありますよ」と私が言いました。すると彼女が、「えっ？　私が外国人と結婚？」と、狐につままれたような顔をしたのを覚えています。

それから十年ほど経った頃でしょうか。彼女が再び訪れてきました。そのとき彼女は、可愛い赤ちゃんとご主人を連れてきたのです。そのご主人は、ドイツ人でした。国内で出会って、結婚と同時にドイツに渡り、そのときが初めての里帰りだったようです。「実は、十年前にジュディさんに言われたことをずっと忘れていたんです。でもドイツで暮らしていてふと思い出して、鳥肌が立ちました。私たちが出会ったのはその占いから何年も経ってからなのですが、出会うずっと前から予言されていたのだと思い出したのです」。十年も経って占いの結果が現れたのですね。

もう一人の女性も同じように「国際結婚」のカードが出ました。その女性は「えっ、じゃあ私、諦めなくてもいいんですか？」と弾む声で言ったのがとても印象的でした。

実は彼女には、大好きなK‐POPの〝推《お》し〟のメンバーがいて、そのアイドルに恋するほどのファンだったのです。占いの後は、「国際結婚」の四文字を心に唱えながら、そのグループの追っかけに韓国に行くようになったようです。彼女は、そのメンバーを目撃するために、メンバーの行きつけのカフェに通うようになりました。

そして、その店のマスターと段々と親しくなって交際が始まり、なんとその二年後には結婚したのです。子どもも生まれて、今では韓国で旦那さんの手伝いでカフェを切り盛りしています。「意中の人とは結ばれなかったけれど、それ以上の魅力を持った人と結婚できました。今となっては、この夫に出会うために韓国に来たのかと思うほどです」と彼女は話してくれました。

さらに「しかも、すごいことに夫は芸能界出身で、私の大ファンだったタレントと友だちなんです。だから、私まで毎週のようにそのメンバーたちに会えて、今ではみんなで一緒にキャンプにも行くような仲なんですよ。あの時にジュディさんに『国際結婚』と言われたおかげです。素敵な夫と推しのアイドルと両方を手に入れたような気持ちです」

何だかすごい話だと思いました。そして、このように「占いに出た通りの未来が訪れた」と喜ばれるたびに、私がその人の人生の登場人物になれたと思えて本当に嬉しいのです。

前世での結婚の約束

その女性の相談は、付き合っている彼との結婚のことでした。

「**出会ってからまだ数ヶ月なのに、結婚の話が急速に進んでいます。本当にこれでいいのか、不安なんです**」と彼女は言いました。さっそく占うと、前世での二人が出てきました。

舞台はハンガリーです。二人の関係は、結婚を控えた婚約者。どうやら、彼女は病気を患っているようです。歩くことができずに、車椅子に乗っているのが見えます。その車椅子を、男性が押しながら散歩をしています。子どもの頃からの病気で、地面に足をつけて歩いたことがなかった彼女。散歩をしている二人の会話が聞こえてきました。

「今度生まれ変わったら、自由にそこらじゅうを走り回りたいわ」「そして、私たちに子どもが生まれたら、子どもと鬼ごっこをするの。かけっこもいいわね」

次の映像では、二人が仲良く結婚式の準備を進めています。母親が結婚式に着たウエディングドレスにお直しを入れて、さらに素敵になったドレスができ上がってきていました。住む家も決まり、家具も揃えていよいよ来月が結婚式というところまできていました。それなのに、彼女の病気はどんどん悪くなっていきます。彼女がベッドから起き上がれない状態で、そばで看病している彼と一緒にウエディングケーキや花束の注文をしています。しかし彼女は、結婚を目前にして、あっけなく死んでしまったのでした。彼女が息を引き取る寸前、彼が彼女に約束をしています。「生まれ変わったら、また出会って今度は絶対に結婚しようね。そして、君は子どもたちと一緒に野原を駆け回るんだ。来世でも必ず君を見つけるからね」と彼は、泣き崩れています。その後、彼は一生を独身で通しました。

そこまで一気に話すと、彼女は驚いて言いました。

「鳥肌が立ちます。なぜなら、彼と初めて出会ったのは友だちの結婚式だったのですが、立食でワインを飲みながら食事をしていると、ツカツカと彼がやってきました。その次の瞬間、『ここに居たんだね』と、意味不明なことを言われたんです。そのときは、変な人だなって思いました。彼も、付き合うようになってから、あの時なぜそんなことを言ったのか、自分でもわからないと言いました。口をついて出てきた言葉だったそうです。でも、今日その意味がわかりました」

きっと、そこで彼女を見た瞬間に、彼の魂が前世での約束を思い出したのでしょう。なんてロマンチックな話でしょうか。出会った場面が結婚式場だったということも不思議なつながりを感じます。

それから「私、実は短距離走をやってきて記録も持っているんです。小さい頃からどこでも走っていたらしいのですが、その意味もわかりました」と言いました。

この女性、実は、オリンピックにも出場できるほどの俊足の持ち主で、結婚するまでスポーツの世界で活躍していました。前世で、歩けずに不自由だった彼女は、今世では足の速いスポーツ選手を選んで生まれてきていたのですね。きっと、魂は大満足でしょう。前世での二人の願いが叶っているだけではなく、彼女のもう一つの願いもかなったのですから。

彼女は「スピード結婚に戸惑いがあったのですが、魂のつながりを知ったのでなんの不安もありません」と、幸せそうな笑顔を見せました。きっと、二人が結婚して子どもが生まれたら、前世でやりたかった鬼ごっこや、かけっこを、思う存分楽しむことでしょう。

運命が起こす偶然

ある日、若い男性が占いに来ました。彼の相談は「**別れた女性と復縁できるでしょうか**」というものでした。

彼とその彼女は二年前に、ちょっとしたことから口論になり、そのまま別れてしまったということです。その後、他の女性とも交際をしましたが、元の彼女が忘れられずに、比べてしまってどの交際も長続きがしなかったと言います。彼は、その元カノに強い未練を残しているようでした。でも、占いの結果次第では、すっぱりと諦めて次へ進もうと私のところに来ていました。

さっそく占うと、「この女性は、あなたにとって運命の人なので、復縁しなければなりません」と出ました。

でも彼は、その二年前のケンカを思い出して自信がないのか、占いの結果を知っても、まだ迷っている様子でした。しかもカードでの彼の場所に「この男性は勇気が出ずに言えない」と出てきたのです。それに続く最終決定の場所には、「その結果、この男性は一生後悔する」というメッセージまで。

私は、彼に言いました。

「相手があっての恋愛ですから、それはあなたが復縁したいと言っても、彼女にはもう新しい恋人がいるかもしれないし、確かに断られることもあるでしょう。でも、それでも、あなたがここで勇気を出して行動するのと行動しないのとでは、あなたの後悔の仕方がまったく違ってきます。『言ったけれど、ダメだったから言わなければよかった』という後悔は、結果を見た後なので短くて後を引きません。でも『もしも、あのとき言っていたら、二人は一緒になっていたかもしれない』という後悔は結果を見ないままなので、いつまでも残ってしまうでしょう。それに、人生の『今』は未来から見たら引き戻せない『過去』になってしまうということも重要です。いいですか。ぐずぐずしていて未来に行ってからでは、過去には触ることすらできないのですよ。彼女との関係は『今、このとき』しか動かせないのです。その結果次第では、今後のあなたの人生に雲泥《うんでい》の差が出てきます。だから勇気を出して、どんな結果になっても動いてください」

まさに、そのときが彼の人生の分岐点なのだと確信して、私は熱く語りました。

その彼が帰った後に、次の相談者の女性が来ました。彼女の相談は「二年前に別れた彼と、復縁できるでしょうか」というもの。名前を見て、私はびっくりしました。なんとこの女性は、さきほどの男性の、まさにその元カノだったのです。

二年前に別れた男女が、偶然、前後で占いを予約していて、しかも同じことの相談で来ていたのです。この偶然に私は驚きすぎて、占う手が一瞬止まってしまいました。そのことを伝えて二人を結びつけたい衝動にかられましたが、私には、占い師としての守秘義務があるので、先に来ていた元カレのことはもちろん一言も言いませんでした。

落ち着きを取り戻し占い始めると、「この男性はあなたの運命のお相手です」と、彼のときと同じカードが出てきたのです。ふたたび歯痒《はがゆ》い思いをしながらも、そこはグッと抑えてこう言いました。「彼も復縁を望んでいるはずなので、ぜひあなたのほうから連絡して会ってください。そして、あなたの今の気持ちを素直に伝えてください。きっと彼も素直な気持ちを言ってくると思いますよ」

その後、運命は彼らをしっかりとつなぐ、あり得ない偶然を起こします。占いが終わり、玄関で靴を履いて彼女が出ようとしたその瞬間です。「ピンポーン」と玄関のチャイムがなり、ドアを開けると、「すみませんジュディさん、忘れ物をして戻ってきました」とそこには、元彼が立っているではありませんか。……一瞬何が起きたのかわからないほどでした。彼ら二人ともあっけに取られてポカンとしていましたが、しばらくすると気を取り戻し一緒に帰って行ったのでした。

その帰りに二人は、あり得ない度重なる偶然を「運命の導き」だと理解して、復縁しました。そして、数年後には結婚することになったのです。その後三人の子どもたちにも恵まれ、仲良く幸せな人生を共に歩んでいます。何年も経ってから、彼から「あの時にジュディさんの言ってくれた言葉が僕の座右の銘となっています。どんな場面でも迷った時は、後悔しないために勇気を出して行動することにしています」とお手紙をいただきました。

もう十年以上も前の話ですが、二人の運命の分岐点に立ち会わせてもらったあの瞬間は、今でも忘れられません。とても不思議な出来事でした。お二人は「運命の赤い糸」でしっかりと結ばれていたのですね。

恋愛の沼から抜け出した女性

五年ほど前だったでしょうか。相談に来たその女性は、疲れ切った顔で言いました。

「好きな人がいるのですが、彼にはすでに婚約している女性がいて、結婚式を控えています。でも、私たちはお互いに惹かれ合って、恋人のような関係なのです。私は、彼が結婚を破棄して私と一緒になってくれると思っていました。それなのに突然、彼から『彼女を悲しませたくないから、もう会わない』と言われたのです。こんなに人を好きになったのは初めてだし、絶対に彼を失いたくない。私はいったいどうすればいいのでしょうか」

彼女は、初めからその彼に結婚を約束をしている人がいることは知っていました。それでも好きになっていく気持ちを止められずに、積極的に彼にアプローチをかけていったそうです。すると、彼も彼女と同じで、自分の気持ちを止められずに二人の関係は始まりました。

さっそく、カードを開いてリーディングを始めると、イタリアでの彼女の前世の映像が出てきました。その彼も一緒にいます。二人は、今回と同じようなシチュエーションで、同じようなタイミングで、お互いに惹かれ合っていったようです。そして前世では、どうしても彼と一緒になりたかった彼女は、恐るべき行動に出ます。彼の婚約者に会いに行って彼との関係を暴露してしまうのです。まるで韓国ドラマです。さらに、ありもしない彼の他の女性関係まで作り上げて、二人を破局させようとしました。しかし、彼女の思惑ははずれてしまいます。婚約者は彼のことを心から愛していたので、すべての話を受け入れて、彼を許してあげるのです。

それでも彼女は、簡単には引き下がりません。彼が婚約者の元に戻らないようにともくろみを立てて、今度は彼に、婚約者の作り話を吹き込みました。他の男性と恋愛関係にあるかのように嘘を重ねて、仕組んでいったのです。それを聞いて婚約者に裏切られたと思った彼は、とうとう婚約を破棄して彼女と付き合い始めました。

しかしその恋愛は、幸せな結末にはなりませんでした。なぜなら彼は、別れてから初めて、婚約者だった女性を心から愛している自分に気がつくのです。それでも気の弱い彼は、彼女と別れて婚約者と元のサヤに戻ることはできません。それどころか、彼女の妊娠を機に結婚してしまいます。そのようにスタートした結婚生活なので、うまくいくわけがありません。力ずくで物にした夫だったのに、彼の気持ちはすでに冷め切っていました。そして一生、夫の気持ちが彼女に寄り添うことはなく、彼女は心にぽっかりと穴が空いたような気持ちで満たされないまま、形だけの夫婦を続けていく人生でした。

そんな彼女は、結婚してからいつも考えていました。「夫がもし、あのまま婚約者と結婚していたら、そこには夫の幸せがあったのかもしれない。婚約者の女性も、彼のことを許すほどの愛情と引き換えに、彼に愛されて幸せな一生を送ったに違いない」と。

彼女はそのように、自分が取った行動に罪悪感を持ち続けていました。そういうわけで今世は、二人とも前世では選べなかったもう一つの人生を選ぼうと思って転生してきたのでしょう。でも魂がすっかり前世を忘れているので、また同じような状況が起きて、同じような感情になっていたのです。

そこまで一気に話すと、彼女は泣き崩れてしまいました。この占いの結果は、彼のことしか見えていない彼女にとって、あまりに残酷なものでした。受け入れられないのは当然です。でも、そこには悲劇だけではなく、希望の光も見えていました。それは、彼との関係を終わることができた先にある未来です。

「あなたは前世で、本当に幸せな家庭を手に入れたいと願っていました。それが実現できる理想の男性と、今の関係が切れた先に出会えるでしょう」と私は彼女に告げました。でも、彼女の絶望感のほうが大きくて、それを聞いても「本当にそんな出会いがこれからあるのか、まったく考えられないし自信がありません」と言って、肩を落として帰っていきました。

そしてその五年後、再びその彼女が占いに来たのです。

「実はあのとき、ジュディさんのお話は心の中にスッと入ってきていました。なぜならちょうどあの占いの前の日に、私は前世と同じような行動を起こそうとしていたのです。婚約者の彼女に会いに行って、彼との仲をぶちまけるつもりでした。おまけにあることないことを言って、二人を別れさせようとまで思い詰めていたのです。でも、勇気が出なかった。ですからジュデイさんから、前世でもまったく同じことをしていたと言われたことで、妙に腑《ふ》に落ちました。占いの後、家に着く頃には嵐の海が静かになるように、心が嘘みたいに穏やかになっていたのです。きっと魂が、忘れていた前世を思い出したのだと思います。そして、彼からの別れ話をしっかりと受け止めて、彼に『さようなら』が言えました」

その時に、心の深い部分から「これで今世は、彼と婚約者を救えたんだ」という思いが込み上げてきたそうです。その後、彼女は新しいスタートを切り、出会いに対しても積極的になれたようです。しばらく経ってから、彼女は友だちの紹介である男性と知り合いました。その男性はとても優しくて誠実な人で、二年ほどの交際を経て二人はめでたく結婚しました。彼女は占いどおりの素敵な出会いを果たしたのですね。今、一人目の赤ちゃんがお腹にいるということでした。

「私は今、とても幸せです」と彼女は笑顔を見せてくれました。

今世は夫婦、前世は？

結婚して十年めというその女性は、夫のことで相談に来ていました。

「夫と、うまくいかないんです。このままだと離婚になるかもしれません。どうすればいいのでしょうか」と話し始めました。

「結婚した頃は、とてもうまくいっていました。ところが五年前に長男が生まれた頃から、何だか雲行きが怪しくなってきて、三年前に次男が生まれてからはお互いにイライラしたり、ちょっとしたことでケンカになったりすることが多くなりました。先日なんて、言い合いになった最後には、夫は私に勝てないと思ったのか、涙ぐんで私を睨《にら》みつけてきたのです。私からすると、夫の人格が変わってしまったと思うほどです」

私はさっそくカードを開いてリーディングを始めました。すると、中世のヨーロッパの田舎の風景とともに、彼女の前世の映像が出てきました。夫婦で立っていますが、どうも、彼女のそばにいるご主人は今の夫ではありません。二人は、帰宅の遅い三人の子どもたちを待っているようです。その次の瞬間、「ただいまー」と、彼女の子どもたちが次々にドアを開けて部屋に入ってきました。一人目と二人目は、今世での息子たちです。そして、最後に入ってきた子どもを見て驚きました。なんと、その子どもが今世での夫だったのです。

彼女と夫は、前世では夫婦ではなく親子だったのです。そのときの長男が夫で、次男と三男が今世の息子たちという構成です。

子どもたちは時間を忘れて水たまりに入って遊んできたようで泥だらけです。それを見た母親である彼女は、長男を怒鳴りつけています。「おまえがちゃんと面倒を見なくちゃいけないのに、もうほんとに頼りにならない子だね。長男なんだから、もっとしっかりしなさい」と、長男の頭をゴツンと叩いています。下の二人には何のおとがめもなく、頭をなでながらニコニコとおやつを出しているのに、長男に対しては無視です。

彼は、下を向いて泣きながらおやつを食べ始めます。すると「なにメソメソ泣いてんのよ、これくらいのことで。男のくせに、しっかりしなさい」と、また母親に怒鳴られています。彼は、下の兄弟二人とたいして歳も変わらないのに、長男という理由だけで違う扱いを受けているようです。

彼の心の声が聞こえてきました。

「お母さん、お母さん、もっと僕にも優しくして。僕の頭もなでて」

彼女と夫は、親子だったこの前世のやり直しを、今世で夫婦としてやっていたのです。しかも二人の子どもは、前世での子どもたちです。それで理由がわかりました。結婚してからも二人は仲の良い夫婦だったのに、子どもが生まれるごとに彼の魂が忘れていた前世を思い出したのでしょう。そのため、彼女が母として普通に息子たちを可愛がっているだけでも、前世の長男だった彼の魂は「自分をないがしろにしている」と感じてしまうのです。

また、彼女のほうも、前世での長男に対しての感情を思い出して、ついイライラが出たのでしょう。彼はさらにその態度が面白くなくて腹が立ち、人格が変わったように涙ぐんで睨みつけてきたのです。

そこまで話してから、私は彼女に言いました。

「今後、あなたが夫とうまくやっていくには、その前世のやり直しをする必要があります。これからは夫のことを、前世で自分が辛く当たった長男だと思って、可愛がっていくしかないでしょう。下の二人にやってあげることは、夫にも長男だと思って同じことをやってあげるか、言ってあげるかしてくださいね」

私のその言葉を聞いて、彼女は最初、啞然《あぜん》としていました。でもしばらくして、こう言いました。

「実は、思い当たることばかりです。私が子どもたちに何かをしてあげると、必ず夫が『俺には？』って言うんです。私の『しっかりしてよ』という言葉にも異常に反応して、ものすごく怒るんです。それも、前世のときに私に言われたことを夫の魂が思い出すのですね。これから頑張ってみます。七歳ぐらいの長男だと思って、褒めたりハグしたりしてあげてみます。『本当は大人の男のくせに』と思うとシャクだけど」と笑っていました。

そして数ヶ月後、彼女から連絡がありました。それは「嘘みたいに今はうまくいっています。褒めたりハグをしたりということだけで、こんなに夫が変わるなんて驚きました」という、嬉しい知らせでした。こういう形でカルマを解消することもあるのだと、私は改めて「転生のシステム」の面白さを感じました。

前世からの約束

「結婚した夫はとても優しいし、何でもやってくれるので感謝もしていて、なんの不満もありません。でも、『愛しているのか』と言われると、答えに詰まってしまいます。なぜ結婚したのかもよくわからなくて、モヤモヤすることがたまにあるのです。今思うと、交際中にまったく結婚は頭になかったのに、彼からの熱心なプロポーズに心を動かされて、つい受けてしまったという感じでした。自分の神経質な性格から考えると『おいおい、それはないでしょう』とつっこみたくなるほどのスピード結婚だったのです。今さらですが、私は本当にこの夫でよかったのでしょうか」と、相談に来た女性は言いました。

さっそく二人の相性を占ってみると、イギリスで二人が一緒にいた前世の映像が見えました。とても美しい庭園のテーブルで、二人でアフタヌーンティーを楽しんでいます。彼女は上流家庭に嫁いでいる貴婦人で、彼は学生で彼女よりも十歳年下。彼は、彼女の一人息子の家庭教師のようです。家庭教師の時間が終わり、庭先で息子が遊ぶ様子を眺めながら、二人でお茶を飲んでいる場面でした。

彼女の夫は政治家で、仕事やお客さんの接待で忙しくて、なかなか夫婦の時間を取ることができません。たまに家で一緒にくつろげるかと思っても、妻を置いて狩りに出かけてしまいます。そんな夫だったために彼女は、寂しい思いをすることが多かったようです。ちょうどその日も、夫が狩りに出かけている時間を持て余し、息子の家庭教師の彼を誘って、庭園でくつろいでいたところでした。彼は、若くエネルギッシュで魅力的な青年です。

彼女の寂しさもあって、お互いに惹かれ合い不倫関係になっていくのは、もはや時間の問題でした。いけないこととはわかっていても、求め合う気持ちを抑えることなどできるはずもなく、秘密の関係を何年も続けていくことになります。そうしているうちに、彼女の息子も大きくなり、進学のために大学の寮に入ることになりました。そのため、彼は家庭教師を辞めることになります。その最後の日が近づいてきたある日、彼女は家庭に立ち戻ることを決断して、彼に別れを告げるのでした。

そして次に、ある場面が鮮やかに出てきました。霧雨のような雨が降っている紫陽花畑《あじさいばたけ》がワイドに映り、雨と紫陽花のコントラストで、まるで薄紫のベールがかかっているように見えます。それは、今にも妖精が現れてきそうな、神秘的で美しい光景です。その光景の一角を見ると、二人が紫陽花の花の陰で雨宿りをしています。

どうやら彼女は、すでに彼への気持ちは吹っ切れていて、未練はまったくない様子です。でも彼のほうは、彼女のことが大好きで、別れたくないからとボロボロ泣いているのです。きっと、彼にとっては生まれて初めての大恋愛だったのでしょう。どうすることもできない彼女への気持ちを、涙が表現していました。彼の切ない感情がリアルに伝わってきます。

泣きながら彼が彼女に聞くのでした。「今度生まれ変わったら、僕と結婚してくれますか？」

そこで彼女は、冗談まじりで笑いながら「そうね。いいわよ」と答えるのが見えました。

そこまでを彼女に話すと「私と夫の間には、前世でそんなドラマがあったのですね。胸が切ないです。そんなふうに彼を切り捨てて、傷つけてしまった前世が二人にあったなんて」

そして、今世でその約束が果たされたのでした。彼の強い気持ちがそうさせたのでしょう。口約束だとしても、彼女が言った「いいわよ」が時空を超えて実現してしまったようなのです。

彼女はこの話を理解して、静かにこう言いました。「でも、なぜか私にはわかるのです。私は、そのとき彼を愛していたけれど、自分の家庭と息子を選んだのだと思います。そして口約束を私も信じて、今世に生まれてきたのだと思うのです。だから、夫からのプロポーズをすんなりと受け入れたのだと、理解しました」

5　あの世の物語

亡くなった人と夢で会う

私には九十一歳になる父がいます。その父に起きた、不思議な話をしましょう。

私の母が亡くなって、三年近くが経ちました。亡くなる何年も前から認知症が進んでいた母は、生前は施設で生活していました。父はその施設に毎日通い、母と手をつないで一緒の時間を過ごすのが日課になっていました。父は施設のスタッフとは顔馴染みになり、冗談で「今日も出勤ですか？」と冷やかされるほどだったようです。それほど母への愛情が深かったので、母が亡くなった後は、可哀想なくらい落ち込んでしまい、悲しくて寂しくてやる気がなくなっていきました。

そんな父を励まそうと私は毎日電話をかけてあげていたのですが、父は「母ちゃんがいなくて寂しくて仕方がない」と言うのです。私では代わりは務まりません。やはり母にしか埋められない寂しさを抱いている父でした。

その父に、ある時驚くようなことが起きました。「最近、母ちゃんが毎晩必ず夢に出てくるようになったんだよ」と嬉しそうに言うのです。詳しく聞いてみると、夢の中で母はいつの間にか父の側にいて、生きていた時のようにおしゃべりをします。一緒にご飯を作ったり隣で並んで食べたり、テレビを見たり散歩をしたり、母が歌を歌ってくれることも。父は夢の中で、生前と変わらぬ姿の母と、幸せな時間を毎晩過ごしていると言うのです。毎朝目が覚めると、その多幸感がリアルに残っていて、満たされた気持ちで一日を始められるそうです。

私は「亡くなった身内が夢にさえ出てきてくれない」と嘆く人をたくさん知っています。それなのに、父の場合は、夢に出てくるどころか、毎日毎日まるで母が生きて一緒に生活をしているようだと言うではありませんか。しかも、それがなんとおよそ三ヶ月も続いたのです。そして今でも、たまに夢に出てきて一緒に過ごすようです。

母が、父の「寂しい」という気持ちに応えて、光の世界から出張して来ていたのでしょう。毎日、母を見舞いに来ていた父へのお返しに、父が一番喜ぶプレゼントとして会いに来てくれたのです。

それからの父は、どんどん元気に明るく変化していきました。今は、テレビドラマやスポーツ番組を見るのが楽しみで、毎日ウォーキングに出かけ、自分の作る料理を美味しく食べて、充実した一人暮らしをエンジョイしています。「会いたいな」と言えば、必ず夢に出て来てくれる母がいるから、ちっとも寂しくないのです。なんて幸せな九十一歳でしょう。そして、何と不思議な「夫婦の愛」の力なのでしょうか。父は、母が他界して三年が経った今も、毎日のように朝昼晩と母の仏壇への食事のお供えを欠かしません。

死んだ後、次に生まれ変わるまでは光の世界にとどまるのが決まりです。それなのに、生前からお茶目な母は、ユニークな方法で今世に通ってきてくれたのでした。

亡くなった母からのメッセージ

占いを始めてから何年か経ったときに、死んだ人のことを聞きに来た女性がいました。それまでは、そういう人が来ても「霊媒師ではないので、それはお答えできないんですよ」と言って断っていたのですが、そのときばかりはなぜか「死んだ人からのメッセージを占えるかもしれない」と直感で感じたのです。

彼女は、生前あまり仲良くなかったお母さんが亡くなっていて、亡くなる前にも大ゲンカをしたそうです。そして、その後仲直りをしないままに、突然脳梗塞で亡くなったということでした。彼女は、本当はお母さんのことが大好きだったと、泣いて頼んできたのが印象的でした。

そこで、いつものようにカードを開き占い始めると、いつものリーディングのときとは違う方向からメッセージが来ているのがわかりました。なんと、そのお母さんが、直接私にメッセージを送って来たのです。それは、「怒ってないよ。許してるよ」というメッセージでした。それに加えて、「あなたが小学校のとき、私は行っていたんだよ」という言葉も。私は訳がわからないままに、彼女にそのまま伝えました。

すると、彼女には思い当たることがあったようです。「えっ?」と驚いた顔で話してくれました。

「小学四年生の時に、参観日に私が発表する日がありました。そのとき、絶対に見に来ると母は約束しました。でも、待っていたのに、発表の時に母はいませんでした。『お母さんの嘘つき』と思った私は、その時から口もあまりきかなくなり、母との仲が少しずつ悪くなっていったのです」

私は、その話を聞いて、さらに続けました。「あの時、約束どおり参観日に行っていたと、お母さんが言っています。パートが休めなかったので、途中で抜けて行ったから、本当に十分ぐらいしかいられなくて。あなたに対してその間『こっちを見て』って願ったんだけど、あなたは教室の後ろをその間だけ振り返らなかったのよ。でも、私は確かに、あのとき行ってたのよ、って言っています」

彼女はその時初めて、自分の勘違いに気付いたようです。「お母さんは来ていなかった。約束を守らなかった」とずっと思っていたけれど、実はそうではなかったのだと。彼女は、号泣していました。でも、占いが終わると、子どもの頃からの誤解が解けたので、明るい顔で帰っていきました。母娘の誤解が解けることに、私の占いが役に立つことがわかって、私まで涙したのを覚えています。

それからは、亡くなった人のことも占うようになりました。どの時も「こう言っています」と、私が話し出すと、口癖や言い方までも亡くなった本人そっくりに私が話すらしく、みんな驚きます。とても不思議なことですが、これは霊媒ではありません。死んだ人からのメッセージを、受け取っているだけなんですよ。

また、亡くなった人たちのメッセージを聞いているうちに、その亡くなった人たちには共通の望みがあることも知りました。それはなんだと思いますか？

「私のことを忘れないで」ってみんな言うんです。必ず。

亡くなった人に導かれる相談者

たまに、霊が相談者を導いて、私の占いに連れてくることがあります。そういうときは、その霊も一緒に入室してくるのですぐにわかります。でも、怖れる必要はありません。なぜなら、うちに入って来ることができる霊は良いものばかりだからです。

実は、私の家の玄関には、邪悪な霊や憑き物が入れないように結界を張っているのです。そのためにこういうことがありました。うちの玄関のドアは中央の部分がすりガラスになっているので、向こう側の人影が見えます。ある相談者が訪れた時に、そこに映る人影は三人なのに実際入ってくる人は一人でした。つまり、この二つの人影は邪悪な霊なので入って来れないわけです。そして、相談者が帰るときまでその霊たちは外で待っていました。玄関を開けて帰る時にまた一緒にくっついていったのでした。

ある女性の質問の内容は、夫婦関係についてでした。そして、占おうとしたときです。私の占い部屋には、相談者の背後に荷物置き用に椅子が置いてあるのですが、そこにちょこんと年配の女性の霊が座っているのがわかりました。占いが始まると、その霊も頷《うなず》きながら聞いています。占いが終わると、その女性が「実は先日、亡くなった母が夢に出てきて『ジュディさんに会いに行きなさい』と言ったので、来たんですよ」と言いました。私は「そうでしたか。それでお母さんの霊がついてきたんですね。ずっと後ろに座って聞いていましたよ」と伝えると、彼女は驚いていましたが嬉しそうでした。

そしてその女性が帰って、私がキッチンでティーカップを洗っていると、私の右後ろに先ほどのお母さんの霊が立っているではありませんか。「娘が大変お世話になりました」とお辞儀をしました。「いいえ、どういたしまして」と、私も後ろに向き直ってお辞儀をすると、もう一度深々と頭を下げてす〜っと消えていったのです。母親の霊が、娘が悩んでいた夫婦問題に心を痛めて、私に解決を託して娘を導いてきたのでしょう。

またあるときは、三年前に亡くなった娘さんがご両親を導いてきたことがありました。その時は、娘さんの霊は両親の隣に並んでちょこんと座って話を聞いていました。私から見ると、実在する人よりも薄めの映像ですぐに霊だとわかるのですが、お二人には見えません。そして、お二人からの質問は「娘が病気で死んでから三年も経つというのに、悲しみに明け暮れる日々を過ごしています。娘が向こうの世界で幸せなのか、私たちに言いたいことはないのか知りたいのです」というものでした。それを聞いて、私は娘さんが一緒に来ている理由が分かったような気がしました。

さっそく占い始めました。カードを開くと、そこに、目の前に座っている娘さんからのメッセージが映し出されました。「娘さんは、光の世界で病気もなく体も軽くなって毎日楽しく過ごしていますよ。ただお願いが一つあるようです。『二人とも私が死んで三年も経っているのに、毎日落ち込んで喪から明けてくれなくて困っちゃってるのよ。何度もここに戻らなきゃいけないから大変。もう寂しがらないで私を成仏させてちょうだい。二人で仲良く人生を楽しんでちょうだい』と言っていますよ」と私は伝えました。その言い方が生前の娘さんにそっくりだったようで、二人は涙を流し感激して、そして理解してくれました。娘さんはそれを伝えたくて私のところへお二人と一緒に来ていたのです。

私は、除霊師でもなく霊能者でもないので、正直言って部屋の中に霊のお客様が来るのは、少し怖いしなかなか慣れません。でもこのように、亡くなった人が私を頼りにして、愛する家族を導いてきてくれるというのは、本当に嬉しいことです。

六人の守護霊に守られる

ある七十代の女性が、娘に連れ添ってもらって占いに来ました。その女性は、二十年ほど前からいくつもの病気を患っているのですが、何度も奇跡のような体験をして、治っていると言います。最悪の診断が出ていても、最終的には急回復し軽症の結果に変わって、医者も驚く状況になるというのです。

それを最初に経験したのは、末期の胃がんと診断されて、胃の切除手術をしたときです。手術の直後に検査をすると、それが、治療もいらないレベルのステージ1になっていたそうです。たとえ術後とは言っても、その数値はありえないそうです。「末期」からいきなり「初期」のレベルにまで下がったのですから、一瞬、病院も大慌てだったに違いありません。「医療の奇跡」が起こったのです。それからというもの、死に至ってもおかしくないような大きな病気に何度もかかっているにもかかわらず、検査結果が最悪から軽症に変わったり、後遺症がまったくなく短期間で完治したりと、関係者に驚かれる経験を何度もしていたのでした。

彼女の質問は「ここ何年か、私の後ろにはっきりと人の気配を感じるようになったのです。私は実際、何かに守られているのでしょうか？　私のその感覚は間違いないのでしょうか。そして、その存在が何なのか知りたいのです」というものでした。

さっそく占ってみると、彼女がヨーロッパのチェコにいた前世の映像が出てきました。彼女は修道女で、修道院の施設で看護師として活動していました。とても温かい心を持っていて、病人に寄り添うその姿は、まるでマザーテレサのようなたたずまいです。彼女が、死にゆく人を優しく見届けている姿が見えます。相手の手を握ってお祈りをしたり、懺悔《ざんげ》を聞いたり、お願いを聞いたりしています。その人が亡くなるその瞬間には、美しい声で讃美歌を歌って見送りをしています。そのようにして、彼女はその人生でたくさんの人の心を癒したのでした。

そして、そのとき看取りをした中でも、特に彼女に感謝していた人たちが六人いることがわかりました。どうやらその人たちの魂が全員で、守護霊として今世の彼女を守っているようなのです。六人もの魂に守られるとは、なんてすごいことでしょうか。

そこまで話すと、驚いたように彼女が娘さんと顔を見合わせて言いました。

「私は以前、施設で長く介護の仕事をしていたのですが、そのときにちょうど六人の方を看取ったのです。ジュディさんが六人と言ったので、鳥肌が立ちました」

そうなのです。実は、今世のその六人の方たちは、前世で彼女が看取った六人なのです。今世も同じ関係で生まれてきていました。人生の終わりには、また彼女に看取ってもらう計画で来ていたのです。そして、自分たちが死んだ後は「彼女を守る」という共通の計画で動いています。どうも今世、彼女のほうは、五十代から数々の大病を患うことは魂の計画のうちのようです。六人の魂がそれを知っていて、その病気から、彼女を救うという使命を持っているようでした。

その人たちが一人亡くなるごとに、タイムラグを生じながら、一人ずつ彼女の守り人となっていきました。そのために、最初の頃はあまり感じなかった守り人の存在が、一人増えるにつれて気配も大きくなり、六人全員が彼女の守護霊になってからははっきりと感じるようになったのです。

それを知ると、彼女は目を潤ませながら「なんてありがたいことでしょうか。では、安心してその六人にお任せして良いんですね」と納得した様子で帰っていきました。もしかしたら、世の中で起きる「奇跡」と言われる出来事は、この女性のように前世での関わりを感謝した魂が起こしていることが多いのかもしれませんね。「守護霊となって人生を超えて恩返しをする」素晴らしい不思議な話でした。

6　不思議の物語

オオカミに育てられた子ども

二十代のその男性は言いました。

「僕は、グレートピレニーズという大型犬を飼っています。僕は人間と話をするのはとても苦手で疲れるのですが、その犬といると心が休まるし、心が通じていると実感できます。もしかして僕の前世は、動物なのではないでしょうか」

さっそく占ってみると、山の中で森の動物たちと一緒に暮らしている、彼の前世が見えました。遥か遠くに火山が見えていろんな動物がいます。彼が生活しているその場所は、人間が入り込んだことのないジャングルです。

次に見えてきた映像は、少し時間が遡《さかのぼ》って、彼が赤ん坊の時です。彼は、両親に抱かれて汽車に乗っています。旅行の途中なのでしょう。汽車が山あいを走り抜けていきます。そして、山奥に差し掛かったときです。線路がはずれ、彼らの乗っている列車に大きな事故が起きたのです。その衝撃で、彼は両親と共に車外に投げ出されて、両親はそこで死んでしまうのでした。

赤ん坊の彼は、弾みで崖《がけ》から転がり落ちて、うっそうと生えているいくつかの木にバウンドしながら落ちて、草むらに着地しました。体が軽かったおかげで、奇跡的に助かったのです。そして、しばらく経った頃に、そこにオオカミが現れて、なんと、その赤ん坊をくわえて森に連れて帰るのです。そこから、彼のジャングルでの生活が始まりました。赤ん坊の彼は、他のオオカミの子どもたちと一緒に育てられていったのです。私はその映像を見て、にわかには信じられない気持ちでした。普通ならオオカミの餌になってしまうところを、オオカミに育てられていくなどということがあるのでしょうか。

彼は、他の赤ちゃんオオカミたちと並んで、お母さんオオカミのおっぱいを、ごくごくと美味しそうに飲んでいます。歩けるようになると、兄弟たちと追っかけっこをしたり、じゃれあったりしています。狩りの時にはお母さんの背中に乗せてもらって、しっかりと首につかまり一緒にジャングルを駆け回っています。寝る時には、お母さんのふところに一番先に入って眠りにつくのです。オオカミはそんな彼をぺろぺろと、優しく舐《な》めてあげています。彼はそのように、お母さんに大切に育てられました。自分が他の兄弟とまったく違う体型をしているのに、そんなことは疑問にも思わず毎日動物たちとじゃれあったり、狩りをしたりして過ごしています。髪の毛も伸び放題で、服も着ていません。それに、彼の口から出てくる言葉は、人間のものではなく、動物の言葉を覚えてしゃべっているのです。

しかし、オオカミの住む環境は、人間にとってはあまりに過酷だったために、彼は長くは生きられませんでした。なんと、十歳という若さでその命を閉じてしまうのです。彼の前世は、そのようにして誰にも知られずに、森の中でひっそりと終わったのでした。

あまりにも奇想天外な前世の映像に、私は彼に話すのを一瞬ためらってしまったほどです。でも、落ち着いて一つ一つその情景を話しました。すると彼は、グッと涙が込み上げてきたようです。

「僕には、そのオオカミがお母さんのように僕を愛していてくれていたことがよくわかります。とても温かく、そして、あらゆる敵から僕を守ってくれたのです。なんと言ったらいいのかわかりませんが、そのときの僕は、ちゃんと本当の家族だと思って、愛情に包まれていたんだと思います」

彼は続けます。「僕は、今飼っている犬の横でくっついて寝るのが習慣で、犬のけもの臭さが大好きで、一番落ち着くんです。こんなこと、とても変なことなので、誰にも話していませんでした。でも、ジュディさんの話を聞いてよくわかりました。そういう前世を生きたので、魂が覚えていたのですね」

そうなのです。忘れていても、魂が覚えていて体が反応することはよくある事なのです。きっと、彼の魂がお母さんオオカミの温かいお腹の匂いを思い出していたのでしょう。

さらに彼の話を聞いていくと、もう一つのことがわかりました。実は、彼は今世でも交通事故でご両親を亡くしていたのです。自分を誰よりも理解してくれていた両親を失った彼は、なかなか立ち直れませんでした。そんな彼を慰《なぐさ》めようと、親戚のおじさんが連れてきたのが、一匹のグレートピレニーズだったそうです。彼は、それまで犬を飼ったこともなかったのに、すぐに仲良しになりました。そして、両親を失ったという喪失感がかなり薄らいだというのです。

実は、それにはわけがありました。そのグレートピレニーズこそが、なんと前世のお母さんオオカミの魂の生まれ変わりだったのです。今世も両親が亡くなった後で出会うとは、前世とタイミングまで同じなのですね。彼は、二度もお母さんオオカミの魂に救われたのです。素敵なお話ですね。

神隠し

何年も前のことです。私は一人で、家で昼食をとっていました。すると突然、一メートルほど前の空間が割れたのです。割れたというよりも、その部分が破れたという言い方のほうが近いかもしれません。そして、その破れた部分から「ゴゥー！」という地鳴りのような音と共に、たくさんの星が輝く夜空のような景色が見えたのです。

それはよく見ると夜空ではなく「宇宙」でした。聞こえてきたその音は「宇宙音」。突然目の前で起きた怪奇現象に、私は面食らってしまいました。何が起きたのか、瞬時には判断できないまま、その裂け目に手が届きそうだったので、思わず箸を持ったまま手を伸ばしました。すると、触れそうになった途端にそれは閉じてしまったのです。

　あり得ない出来事に、しばらくぼーっとしていました。後でわかったのは、それは紛れもなく「時空の裂け目」だということでした。ですから、手をもう少し伸ばしていたらその裂け目に引っ張り込まれて、戻って来られなかったかもしれないと、背筋が凍るような経験をしたのでした。

　実は私は、子どもの頃にも、これと似たような経験をしたことがあります。小学生の時の話です。通学路の近道の途中に、一軒のとても古い家がありました。その家の庭には井戸があり、その井戸の周りには、何とも言えない気味の悪い雰囲気が漂っていたので、怖くてその前を通る時はいつもダッシュで駆け抜けていました。

　ある時、近道をするために、その古い家の前をくぐり抜けようとすると、井戸から生ぬるい風が吹いてくるので横目で見ました。すると、井戸のバケツがかけてある木枠の中と外の景色が、ずれているではありませんか。私はギョッとして、よく見ようと井戸に近寄りました。目をこすって凝らしてこわごわと見てみると、明らかに木枠の内側はまったく別物の景色なのです。

　小学生でも、物理的にそんなことはあり得ないのがわかるので、私は手に汗がにじんで来て後ずさりを始めました。すると、その古井戸の木枠の内側の景色から黒い煙のようなものが出てきて「おいで、おいで」と手招きをしているように見えたのです。私は恐ろしくなって転びそうになりながら逃げたのを覚えています。それからはその近道を通ったことは一度もありませんでした。あれも実は、あの井戸に異空間への入り口があったのだと、ずっと後に大人になってから理解しました。もしそこに近づいて腕を伸ばそうものなら、異空間に引きずり込まれていたに違いないと思いました。そうなれば、この世から突然消えてしまって居なくなるわけですから、きっと周りからは「神隠しにあった」と言われていたでしょう。

占いに来る人の中にも、私と酷似した体験をしている人が何人もいます。ということは、口に出してはいなくても、経験している人がたくさんいるのかもしれません。あまりにも非日常的な出来事なので自分の勘違い、見間違いで片付けている人も多いのでしょう。

皆さんは、現実的な日常の中で、非日常的なことを経験した後に「あれって何だったんだろう」とモヤモヤしたことはありませんか？　子どもの頃に体験したことが、大人になってから「それはあり得ない」と背筋が凍るような思いをしたことはありませんか？　それは、もしかしたら、私と同じようにサイキックな体験をしたのかもしれませんよ。

拷問で亡くなった前世

その男性は、会社で管理職についている人でした。

「人間関係で、浅い関係の相手だと冗談を言い合ったり、おおらかな気持ちで付き合ったりできるのですが、親しくなっていくにつれ、相手との間に壁を作ってしまいます。相手のことが信用できなくて、ちょっとしたことで疑いの気持ちが出てきて、攻撃的になってしまうのです。そのために、子どもの頃から親しい友だちはいませんでした。親しくなろうと努力したこともあったのですが、どうも苦しくなってきて、僕のほうから離れていくというパターンを繰り返してきました。なぜそんな気持ちになるのでしょうか？」ということでした。

さっそく占ってみると、十四世紀頃のスペインで、魔術師として活動している彼の前世の映像が出てきました。彼は、初めの頃はそこの地主である領主に仕えて、作物の実り具合や、戦争の結果などを占う仕事をしていたようです。でもそのうち、さらに大きな権力を持つ領主に目を掛けられて、その領主の元に仕えるようになります。そこで彼は、敵のリーダーを呪う術をかけたり、魔術で戦争を有利にしていったりと次々と結果を出していきました。そのため、領主からの信頼が厚く、ときには軍の参謀らに対して、彼が自ら采配を振ることもあったほどです。でも、それが面白くないと感じている領主の側近たちもいました。彼らは、自分たちよりも可愛がられている彼に嫉妬し、その態度は冷たいものでした。

その頃から彼は、ストレス解消にもなるからと、小さい頃から興味があった「降霊術」を始めるようになります。そして、この分野でも結果を出していくのです。名前を伏せてこっそりとやっていたにもかかわらず、彼の降霊術の噂は、だんだんと口コミで広がっていきました。

彼が降霊術をする場面を見て、私は本当にびっくりしました。まず、暗い部屋で何人かであぐらをかいて輪になって、音のような歌のような声を出し始めます。それが部屋中にこだまして全員が陶酔状態になっていきます。そこにある何本かのたいまつの炎が、風もないのにいっせいにひと回り大きく燃え上がりました。その次に、彼が呪文を唱えながら霊を降ろすという儀式を始めます。すると、空中から黒い煙のようなものが降りてきて輪の中央に浮かんできました。とても不気味です。それが彼の呪文と共に、次第にはっきりと、ホログラムのように人間の形が現れてくるではありませんか。まさに、霊を降ろしている瞬間です。集っている全員が「おー」と感動の声をあげています。見ている私まで声をあげそうになりました。そして、彼の口を使ってその現れた女性の霊が話し始めるという映像でした。

そのうち、降霊術をやっていることがお城でも知られるようになり、短期間で出世していった彼のことを疎ましく思っている者たちで陰謀が企てられます。それは、彼の「降霊術」を「悪魔の儀式」として告発して異端者審議（魔女裁判のようなもの）にかけるというものです。彼はこの裁判で「悪魔の使い」として有罪になってしまいます。その後、残酷な拷問の末に死んでしまうのでした。中世のヨーロッパでは、このように陰謀からの冤罪《えんざい》で処刑されることはよくあったようです。いつの世にも妬《ねた》みやそねみ、ひがみから人を不幸にしたり、排除したりしようとする人間はいるものなんですね。

でも、彼の心を打ち砕いたのはそのことだけではありませんでした。実はそのとき、異端者審議に自分を差し出したのは、なんと、その日まで心を許し親しくしていた友人たちだったのです。彼らは裏で大金をもらって、嘘の証言をしたのでした。それを知った彼は絶望的な気持ちになるとともに、恨みと悔しさで胸が張り裂けそうになりました。前世でそのように親友たちに裏切られたことを魂が覚えていたために、親しくなりかけると、攻撃的になったり苦しい気持ちになってしまったのでしょう。

この話をすると、彼から「どんな拷問だったのですか?」と聞かれました。見てみると、いろいろな拷問にかけられていたようです。死に至った時のものは特にひどいもので、真っ赤に焼けた鉄の棒をお腹に突き当てていくというものでした。まだ息があるというのに、さらにその焼けた傷口から、オルゴールの音楽が流れる糸巻きで腸を引っ張り出していくのです。誰がそんな残酷な拷問を考えたのでしょう。オルゴールから流れる音楽が、さらにおぞましさを倍増させます。私は恐ろしすぎる映像に、思わず目を背けてしまいました。

そこまで話を聞いていた彼が、「驚いたな。ジュディさん、見てください」と言って、おもむろに立ち上がり上着をめくってみせました。すると、なんとあの拷問の棒と同じ大きさのあざが、お腹の同じ場所にあるではありませんか。それは、生まれた時からあったものだということでした。魂は忘れていても、死に至ったその時の傷跡を今世の身体に残して生まれてきたのですね。

前世で人生の絶頂を感じて生きている途中に、他の者たちのせいで拷問にかけられ人生の幕を閉じてしまうとは、いったいどれほどの悔しさだったでしょうか。今世の彼はそのやり直しで来ているのです。

彼は、自分の前世の物語を知ったことですっかりカルマの解消ができたようです。その後は、人間関係が苦しくなることも、相手に対して壁を作ることもなくなったと喜んでいました。とても怖い不思議な話でした。

すべてが計画通り、貧乏からの脱出

十五年前、ある青年が私のところへ相談に来ました。

「小さい頃に親が離婚して母子家庭で育ち、ずっと貧乏な生活を送っていました。そんな中、母ががんを患い、家計を助けるためにアルバイトに明け暮れる高校生活を送りました。その後、母は亡くなって僕は一人ぼっちになり、大学進学も諦めて会社勤めをしたのですが、会社が倒産。それからは、定職に就けずに三つのアルバイトを掛け持ちでやって食いつないでいる状態です。この先の人生が本当に心配です。僕はどうなっていくのでしょうか?」という質問でした。

占うと、彼のアジアでの前世が出てきました。彼はとても裕福な家庭に生まれ、長男として周りから大切に育てられていました。贅沢な暮らしで、欲しい物は何でも手に入れられる生活。小さい頃から経営に必要な教育を受けさせられ、大人になると、父親が経営する事業を継いで社長となります。それからは結婚をして、子どもも生まれて、順風満帆な人生を送っているように見えました。

ところが、彼の人生はそこから急変してしまいます。戦争が始まったり経済界の混乱が起きたりして、彼の会社が倒産してしまうのです。彼の人生は急落し、莫大《ばくだい》な借金だけが残り、途方に暮れた彼はお酒に溺れていきます。小さい頃から学んできたのは経営の理論だけで、経営者としての実践的な経験がゼロに近かったために、ピンチが起きた時のメンタル面の打たれ強さを持っていなかったのでしょう。アル中になって荒れる彼に呆《あき》れて、家族は彼の元から去って行ってしまい、生活はさらにすさんでいきました。そして最後は、泥酔状態で水たまりにはまり窒息して死んでしまうという、悲惨なものでした。

彼は今世、その人生のやり直しをしに来ていました。前世を悔いた彼は光の世界で、今度の人生は「前半に不幸を持ってきて、後半に幸せを手に入れる」という計画をして来たようです。一生の中の幸せや不幸の量は前世と同じ量に設定して、前後させるというユニークな生き方を計画して来たのです。さらに今世は、つまずいても土を払って立ち上がり歩き始められるメンタルを鍛えることも、計画に入れました。「先に学んで、後で豊かさを享受する」という人生です。

そこまでを彼に話すと「**ほんとですか？　僕はこれから成功していっても良いのですか？　頑張ったら報われる人生になるということですか？**」と目を輝かせて帰って行きました。その後、彼から音沙汰はなく、「あの男性はどうなったのかな」と時々思い起こすことがありました。ですから、十五年後に彼が再び占いに来たときは、私も少し緊張してしまいました。

彼はあの占いの後、どういう人生を送っていたのかを話してくれました。お金を貯めて、コンピュータの専門学校を卒業。そして、語学を学びアメリカに渡ったそうです。そこで持っている資格を活かしてIT企業に勤めて、プログラミングやシステムエンジニアとしてのキャリアを積み、十年後に独立して起業したのです。その後、事業が大きく伸びて、さらに会社を拡大したところでした。今回は日本企業との契約を結ぶために来日しているということです。二日後にはアメリカに戻るということで、私のところに報告とお礼を兼ねて訪れてくれたのでした。

帰り際に彼は「実は今日、妻と子どもたちを連れてきています」と、紹介してくれました。金髪のアメリカ人の奥さんと、透き通るような青い目をした可愛い娘さん二人が、車から降りて玄関に来た時は本当にびっくりしました。奥さんはとても美しい女性で、まるでファッション雑誌から抜け出てきたようでした。家族を持つことの大切さを知っている彼は「家庭優先で働いていています」と笑顔で言いました。

十五年経って成功したことで、彼の過去の辛い経験はすべて意味付けが変わっていました。そういう辛い過去があったからこそ諦めずに成功できたと、彼は涙ぐんで言いました。彼は自分の前世を知ることで、見事にカルマの解消をやってのけたのでした。

前世は猫だった？

あなたの前世は、人間だと思いますか？　動物かも……なんて感じたことはありますか？

私は、今までいろんな人の前世を見てきました。その上で、人間は人間にしか生まれ変わらないし、動物は動物に生まれ変わる仕組みになっていると認識していました。ところが、ある女性の前世を見た時に、その常識が大きく覆《くつがえ》されたのです。

その二十代の女性は「とても変な話なので、誰にも言ったことがないのですが、どうしても聞きたいことがあります。**動物が人間に生まれ変わることはありますか？**」と質問してきました。

私は「それはありませんね」と即答しました。

ところが彼女は「でも、**小さい頃から不思議なことがたくさんあって、私は自分の前世が猫だったんじゃないかと、真剣に思うのです。ぜひ私の前世を教えてください**」と言うのです。

私は彼女を安心させるために、さっそくカードを開いて占い始めました。ところが、彼女の前世の映像を見た途端に、私は驚きすぎて椅子から滑り落ちそうになりました。なぜなら、そこに映し出された彼女が、紛れもなく黒い猫の姿だったからです。

そこから、いくつか見えてきた前世の、そのすべてが猫でした。毛並みや色、性別はさまざまですが、彼女はこれまでずっと猫として人生を送ってきていたのです。そしてなんと、今回の人生で初めて人間に生まれ変わってきていました。

　彼女は言います。

「親から聞いたのですが、赤ちゃんの時から私は猫みたいなことばかりしていたようです。ミルクを飲むときも、哺乳瓶からはうまく飲めなかったのでお皿に入れたら、上手に舐めて飲んだそうです。言葉も、二歳ぐらいまで『ミャーミャー』としか言わなかったんです。それで初めは両親も心配していたのですが、猫を三匹飼っていたので、その真似をしているのだろうと思って済ませたと言っていました」

　ところが、それだけでは終わりませんでした。彼女が物心つく頃から、猫に関わる不思議なことがどんどん起きたのです。たとえば、親と散歩に出かけると、近所の猫たちがどこからかゾロゾロと集まってきました。そして、その猫たちは彼女の後をついて歩いていきます。また、幼稚園で男の子とケンカになったときには、彼女が猫のように爪と歯をむき出して「シャー！」と威《い》嚇《かく》して、相手に噛みついて問題になったことも。

　実はそのようなことが、彼女が大人になった今もずっと続いていました。先日も、夜に駅から家に向かう途中で猫が何匹も後ろからついてきたそうです。その直後、前方から酔っ払いの男性が絡んできました。すると、その猫たちがいっせいに男性に噛み付いて撃退したと言うのです。その様子を見て、彼女は「これはただ事ではない」と感じて、私のところに来る決断をしたということでした。彼女はその時、猫たちが、夜道を歩く自分の危険を察して後ろについてきて、ボディガードのように身を守ってくれたのだと思いました。それと同時に、でも、なぜそのように自分を守ってくれるのか、疑問だったそうです。

この答えは前世にありました。彼女はどの前世でも、いつもリーダー的な存在の猫だったのです。しかも、人間よりも霊性の高い部分を持っている猫で、何度も仲間を危機から救ったり、守ったりしていました。今世に生まれ変わってもそのようなボス的な気高いオーラを、彼女の魂が放っているので、猫たちが、動物的勘で無意識に従っていたのでしょう。

彼女は、その後の何回目かの人生で、人間に飼われるようになると、さらに知恵が付いていきます。人間の言っている言葉を理解して行動したり、人間に分かるように危険を知らせたりして、多くの人を助けるような人生を送りました。「その辺の人間よりも、ずっと賢いボス猫」として町で有名になったこともありました。そのような転生を百回以上繰り返すうちに、彼女の魂は「人間になりたい」という強い願いを持ち始めます。そして、前回の人生が終わった時にその願いが叶えられたのでした。これは、彼女の魂レベルが人生のくり返しの中で成長して、今世に来る前に一般的な人間のレベルを超えた瞬間でもありました。

そこまで話すと、彼女は「あー、そうなんですね。やっぱりそうなんですね。私の前世が猫だったために、同じ習性を残しているから、やることなすこと猫にそっくりなんですね」と笑いました。

「実は私、すごいロングスリーパーで一日に十時間ぐらい寝てしまうんです。それに、高いところが好きだったり、毎日爪を磨いたり。それから、歯磨きは大嫌いだし、どんなに叱られても食事の最後はお皿を舐めたくなるのです。それに、小さい頃から『ふみふみ』と言いながら寝る前に布団の上で足踏みをするのが日課で、大人になった今でもそれをしないと布団に入れません。また、ずっと前から、何でもクンクンと匂いを嗅いでは、その後ポカンと口を開く癖がありました。これは『フレーメン反応』と呼ばれる猫の独特な生理現象だということを最近知りました。そのように、私が自然にとっている行動のすべてが、うちの猫たちにそっくりなんです」と、彼女は心にしまっていたことを一気に話し始めました。

そんな彼女を、行儀が悪いと叱ったりせずに、微笑ましく思っていつも優しく守ってくれていた両親。彼らこそが、まさに前世で猫である彼女を愛してやまない飼い主でした。前世で母親は、「今度生まれてくる時は、私たちの子どもとして生まれて来てね」と、猫である彼女の頭を撫でながらよく口にしていました。ですから彼女は人間の第一回目に、この両親を選んでスタートさせたのでしょう。

占いが終わると、彼女は今までずっと抱えていたモヤモヤがすっかり晴れたように、愛らしい笑顔を見せてくれました。そして最後に不思議なことが起きます。彼女が帰ろうと玄関のドアを開けると、玄関の外のポーチに、いつの間にか隣近所の猫が三匹座っていたのです。彼らはまるで、家臣として彼女を待っていたかのように、しっぽを振りながらついていきました。その時の彼女の後ろ姿は、それこそ、人生を達観したかような気高く優雅なボス猫を彷彿とさせました。

私は今回の体験から、「地球上には、まれに人間と同じレベルの思考力や能力を持っているような、霊性の高い動物が存在している。もし、その種類の動物が願えば、人間に生まれ変わっていくことがある」ということを、初めて知りました。

悪魔との契約

その女性はうつ病に悩んでいました。「**私はこれまでに、うつ病で暴れてしまい四回も入退院をくり返しているんです。私のこの状態はこの先よくなるのでしょうか？**」という相談でした。

さっそく健康面を占うと、前世のカードが出てきました。ということは、どうも彼女のうつ状態はストレスや他の病気からくるものではなく、前世に起きたことに関係がありそうです。

私は彼女の瞳を見つめました。たいていの場合は占い始めると、すぐに前世の映像が出てくるのですが、今回の女性のように、前世を表すカードが出てきているのに、私に映像が見えてこないときがあります。その場合は、相手の瞳を見せてもらうのです。瞳をじーっと見ていると、相手の前世の記憶が自動的に私の目を通してインストールされるような感じです。その時の私の目には、相手の前世が映画の予告編のようにフラッシュで出てきます。

彼女の前世は、中世のイギリスで上流家庭の一人娘でした。見えてきたのは、彼女が五歳の時の映像です。古い大きな家の外観が遠目で出てきました。その上をたくさんのコウモリが飛んでいて、とても不吉な感じです。そこから、家の中に映像が変わりました。大きなテーブルで朝食が済み、両親が出かけていくのを見計らって、少女は広い家で探検ごっこを始めました。お手伝いさんが見ていないことを確かめてから、一人でこっそりと薄暗い階段を降りて地下室に入り込みます。そこは骨董品がいっぱいで、探検にはもってこいの場所でした。少女はオルゴールを鳴らしたり、古い人形で遊んでいるうちに、自分が入れるような大きなフタ付きの木箱を見つけます。そこの中に入ってしばらく遊んでいると、突然、バタンとフタが閉まりカチッと鍵がかかってしまいました。

真っ暗な箱の中でいくら泣いても、上の階までは声が届くはずもありません。怖くて泣き続けていると、デビルが現れ少女の母親に化けて優しく話しかけてきます。それが次の瞬間には化け物に変わるのです。それを何回も繰り返して、少女を恐怖のどん底に突き落とすのでした。そうして少女が疲れ切った頃に「どうしたの？　悲しいの？　そんなに外に出してほしいかい？」とデビルが甘く囁《ささや》きました。「約束が守れるんだったら今すぐ出してあげるよ。これからもずーっと私とお友だちでいられるかい？」

そこで少女は、外に出してもらう約束で悪魔と契約を結んでしまうのです。小さくてまだ何もわからない女の子なのに、その契約は「悪魔に魂を売る」という恐ろしいものでした。そんなことはつゆ知らず、少女は箱から出て階段を上がると、心配して探していた両親の前に出ていきました。誰にも言わない約束だったので、秘密にして普段の生活に戻ります。でも実は、少女はすでにそこからデビルに取り憑かれた可哀想で稀有《けう》な人生を歩んでいくことになるのです。

彼女が十代になった頃には、医者から「重度の躁《そう》うつ病」と診断されて、その病気と共に一生を過ごしていきました。突然興奮して、人に暴言を吐いたり襲いかかっていくので、普通の社会生活ができず、一生のほとんどを精神病院の中で過ごすことになります。

そして、その人生が終わり、今世は日本に生まれ変わってきていたのでした。次に、私に見えた映像は、さらに恐ろしいものでした。なんと、デビルが時空の裂け目から現れて、生まれたばかりの彼女の中に入っていく場面です。デビルからするとタイムラグはまったくなくて、彼らは四次元の空間を通って、一瞬で前世から今世へと自由自在に行き来できるようなのです。デビルは中世から、ドア一枚を開けて簡単に今世に来ていました。

そうして彼女は、取り憑かれていたために、うつ状態になったり治ったりを繰り返しながら現在に至っていたのでした。そこまでを話すと、

「私は、物心ついた頃から、家の中で見えない誰かといつも話していたみたいです。それに、塞ぎ込んだりヒステリックになるときは、自分の体を誰かが使ってやっているような感覚が常にありました。それがデビルの仕業だとしたら、すべて腑《ふ》に落ちることばかりです」と彼女は言いま

した。

その後、私は中世の精神世界に詳しい友人から「悪魔との契約の解除の仕方」を教えてもらい、彼女に伝えました。それは「今、この瞬間に私○○○は中世のイギリスで、五歳の時にデビルと交わした契約を一切破棄します」と本人が言うだけなのです。何百年も取り憑いてきた悪魔が、そんな簡単な方法で去っていくものなのか。そのときの彼女の不安げな表情が印象的でした。

それから三年が経って、彼女がまたやって来ました。「三年前、ジュディさんの家から出た途端に、頭の中のモヤモヤが取れて生まれて初めてのスッキリ感を経験しました。いつの間にか、うつ病も治ったみたいです」と嬉しそうに話していました。

彼女は二つの人生に渡って持ち続けてきたデビルとの契約を、しっかりと破棄できたのですね。

神社の神様

その女性は、不思議な夢を見たと、話してくれました。

「私は夢の中で、バス停を探していました。すると、目の前に神社が現れ、見上げると長い階段と鳥居が見えてきました。眼下には、港とたくさんの船も見えます。でも、階段と鳥居の場所だけに雨が降っていて水浸しだったし、バスに乗り遅れると思って、私は神社には行きませんでした」

彼女は夢から覚めて、何気にネットで「神社・雨」と調べると、京都のある神社が出てきたそうです。彼女はその翌月、その神社に行ってみました。すると、そこは夢に出て来た神社にそっくりで、しかも丘の下には実際に港と船の風景がありました。その瞬間、夢で自分が見た神社はここに違いないと確信したそうです。そして、明らかにその神社に呼ばれて来たという不思議な感覚になったと言うのです。「でも、どうして、行ったこともないその神社なのか知りたいのです」と彼女は言いました。

さっそく占ってみると、彼女の前世の映像が出て来ました。神社の鳥居の前に、なだらかな石の階段が長く続いていて、両側に赤い灯籠がずっと並んでいます。彼女は、自分の子どもの病気を治す祈願をするために、毎日裸足でその神社の階段を駆け上ることを、百日間も続けていました。その神社は願い事を叶えてくれるという評判の神社だったからです。彼女は、足の裏が血豆だらけになっても、雨でずぶ濡《ぬ》れになっても、息子のために必死で毎日毎日階段を駆け上がり願をかけたのです。でも願いは届かず、息子は、はかなく死んでしまうのでした。

それからは、彼女は願いを叶えてくれなかった神に対して、心を閉ざしたままで人生を送りました。でも実は、叶わなかったのには理由があったのです。それは、その神社は「縁結び」や「縁切り」の願いを専門に叶える神社だったために、病気の子どもの命を救うことには力が及ばなかったようなのです。そして今世、前世と同じ年齢になっていた彼女の夢に神社が現れました。その後、彼女がその神社に実際に行ったことで、前世からのご利益を今世で授かる儀式が済んだようです。天はその時には救えなかった息子を、今世の息子としてすでに授けてくれていました。

そこまで話すと「息子が生まれてから、なぜか、この子は早死にするのではないかとずっと心配していました。それは前世のことを私の魂が覚えていたからなのですね」と彼女は言いました。

今世でのご利益は、その神社の神様の得意分野である「縁結び」の形で授けられたようです。前世では、彼女が心を閉ざしたために、受け取れなかったご利益が今世まで据え置きになっていたのでしょうか。ちなみに、今世での彼女は小さい頃から神社が大好きでよく神社に行っていたそうです。きっと、離婚した彼女にこの先、神社の神様が素敵な出会いを用意してくれているのでしょうね。こんな形の前世のカルマの解消もあるのだと、魂の不思議さを感じました。

災害を暗示するメッセージ

十年以上前の話です。相談に来たその女性は、もうすぐ留学のためにニュージーランドへ行くことが決まっているということで、留学生活について占いに来ていました。私は、彼女にたくさんのはなむけのメッセージをリーディングできると思っていました。それまでも、「占いの結果」を励ましやお守りとして海外に旅立つ人は何人もいたので、私もウキウキとした気持ちで占い始めました。

ところが出てきたのは「タワー」と「死神」のカード。これは災害や地震、事故を表すカードと「死に関わるような」という意味のカードです。私は、どんなふうに彼女に伝えればいいのか戸惑い、一瞬フリーズしてしまいました。でも、どうリーディングしても不吉な意味しか拾えません。カードに出てきた結果が、いくら彼女の出鼻をくじくようなことになったとしても、包み隠さずに伝えなければならないと、このとき強く感じたのを覚えています。

「**このままニュージーランドに行くと、災害や事故で死ぬような目に遭遇するという暗示が出ています。目前で大変だとは思いますが、留学を中止にするか、他の国に変更してください**」と、私は彼女の目を見つめながら言いました。

彼女にとってはまさかの占いの結果で、動揺しているのがはっきりとわかりました。でも、動揺するのは当たり前のことです。何年も前から準備してきて、いよいよ来月には日本を発つという時に、そんな重大なことをここで決めるなんて、できるはずがありません。彼女が肩を落として帰る姿が、本当に可哀想でした。せっかく励ましてもらおうと思って来たのに、帰る時にはきっと、占いに来たことを後悔していたことでしょう。

それから数ヶ月が過ぎた頃でした。テレビで、ニュージーランドのクライストチャーチで大地震が起きたというニュースが流れたのです。街の中心にある英語学校のビルが潰れてしまい、多くの日本人留学生が犠牲になるという痛ましい災害でした。私はそのニュースを見て、強い胸騒ぎを覚えました。そのクライストチャーチに彼女がいたのではないかと、恐ろしくて体が震えてきました。

タロットカードは怖いほど当たります。それは知っています。でもそのときだけは「どうぞ神様、カードが当たっていませんように。私のリーディングミスでありますように」と、手を合わせてお祈りしたのでした。

その数日後に、なんとその彼女から電話がかかってきました。彼女は生きていたのです。電話から聞こえる彼女の声を聞いた瞬間、私は嬉しくて泣いてしまいました。実は彼女はあの後、何日も悩んだ結果、なんと私のアドバイス通りに行き先を変更したというのです。その電話は、留学先のオーストラリアからの国際電話でした。

「ジュデイさんにどうしてもお礼が言いたくて連絡しました。オーストラリアに来て一ヶ月目に、クライストチャーチで地震が起きたというニュースを見ながら、私は恐ろしくて震えていました。なぜなら、私の変更前の留学先はクライストチャーチで、しかも倒壊したビルの中の学校の予定だったのです。あのまま変更しなかったら、私は確実に死んでいました」

嘘のような本当の話です。

少年に寄せるイルカの思い

相談に来たその男性は、過去に国家公務員として政府関係の仕事をしていました。占いに来る三年前のある朝、突然思い立って、水族館のスタッフに転職して働き始めたということでした。

周りからは、その職種の違いに「いったい彼になにが起こったんだ」と噂されたほどでした。

男性は、水族館で働くうちにイルカの調教師になりたいと強く思うようになり、実際に調教師になりました。ある日、イルカたちに餌をあげていると、「ねぇ、ねぇ」と話しかけてくる声を感じたそうです。振り返ると、そこには一匹のイルカがいて、嬉しそうに彼に話しかけてくるというのです。

「嵐が来たときはびっくりしたよね」とか「あのおじいさんはどうしたの？」「また一緒になれたね」みたいなことが、ちゃんと言葉として聞こえるというのです。

初めて聞いた時は、自分の幻聴だと思い聞こえてくる言葉をスルーしていましたが、毎日のように、そのイルカが話しかけてくるので、とうとうある日、他のスタッフに「聞こえる？」と聞いてみました。すると、そのイルカの声は自分にしか聞こえていないということがわかりました。周りにはイルカの鳴き声にしか聞こえないようです。そこで彼は「**なぜ、そのイルカが自分にだけ話しかけてくるのか、なぜこんなことが起きているのか、そのイルカと自分の関係を知りたいのです**」という相談をしに来たのでした。

占うと、彼の前世の映像が出てきました。タヒチの島で、漁師の祖父と二人暮らしで、自然の中で生活していた少年の姿です。目が醒めるようなエメラルドグリーンの海で、一匹のイルカに乗って泳いでいます。その時のイルカが、今世のイルカと同じ魂なのです。

前世での彼は、小さな頃からこのイルカとは仲が良くて、幼馴染みのように育ちました。毎日、海で一緒に泳いでいるうちに、彼はイルカの言語を理解して、イルカと会話ができるようになっていました。

そんなある日、彼らに突然別れが訪れます。大きな嵐が来て、船をつなぎ止めようと海に出た祖父が、そのまま大波にさらわれて帰らぬ人となってしまいました。そして少年は身寄りの人に連れられ、その土地を離れていきます。その後、少年はその場所を訪ねることもなく、イルカともそれが一生の別れになってしまうのでした。

面白いことに、実は「今世でもう一度会いたい」と強く願ったのは、彼ではなくイルカのほうだったのです。少年は新しい土地に移り、友だちもできて、いつの間にかイルカのことは思い出になっていました。でもこのイルカにとっては違ったのです。ある日突然、兄弟のように慕っていた大好きな友だちが目の前から消えて、寂しくて寂しくてたまりませんでした。少年がいなくなった後も、「もう一度会いたい。帰ってきて。僕を置いて行かないで」と鳴いてばかりいたのです。何年も何十年経っても、少年がいなくなったことが理解できずに、一生、少年を待ち続けていました。

そこまで話すと、彼は「小さい頃からイルカの夢を見ることが何度もありました。夢の中のイルカは僕と一緒にいることがとても嬉しそうでした。僕は前世で経験したことを夢で見ていたのですね。

水族館で、イルカの世話をするようになってから、そのイルカは僕に嬉しそうにまとわりついてきました。それは他のスタッフも驚くほどでした。そのとき、僕が懐かしいような、やっと会えたようなそんな気持ちになったのも、魂が前世のことを覚えていたからなのですね」と言いました。

イルカはとても賢い動物として知られています。言語こそ獲得していませんが、とくにコミュニケーション能力に優れ、人間よりも高い知能をもっていると考える学者もいます。しかも人間に近い感情を持ち、人間を癒す力も強いとも言われていて、イルカと泳ぐ癒し療法があるくらいです。ですから、このイルカも人間と同様に魂が前世を覚えていて、感情の波の中で強く願う力を持っていたということなのでしょう。

それにしても、人間のほうではなく、動物であるイルカの願いから今世の再会を果たし、そしてカルマを解消しようとするとは、なんと不思議なことでしょう。私は、生まれ変わりの神秘さを感じずにはいられませんでした。

天使の絵

私の占い部屋には、ある一枚の天使の絵が飾ってあります。その絵は、天使界との入り口になっていると言われている絵です。占いに来てくれた人には最後に手をかざしてもらうのですが、手をかざした瞬間に波動を感じる人も多くて、特別な「気」を出している不思議な絵です。

手をかざすと「暖かい」「冷たい」「空気に押される」「ピリピリする」と、人それぞれで感じ方も違うようです。たまに、天使の絵からの気に押されるのか後ろにググッとのけぞる人もいるほどです。私も、夜に占い部屋に入っていくとその絵だけがボワーっと明るく見えたり、揺らいで見えることも数回ありました。そんな「天使の絵」にまつわる不思議な話が、この二十年の間には、本当にたくさんありました。ここでは、その中でもベスト3のお話をしますね。

一つ目は、その女性が部屋に入って椅子に座った途端に起きました。壁にかかっている天使の絵を見て声をあげました。

「えっ！　この絵って何ですか？　シャボン玉みたいなたくさんの光が、その絵から、ふわふわとひっきりなしに出てるんですけど」と、驚いて言いました。

どうも、たくさんのオーブがこの絵から流れてきていたようです。オーブとはスピリチュアル的な意味で「魂のエネルギー」と言われるものです。ほとんどは写真や動画にシャボン玉のような形で映り込むことが多く、実際に見えることは少ないと言われていますが、彼女は、天使の絵から飛んでくるオーブを肉眼で捉えていました。そして、そのたくさんの光の玉が、占い部屋に絶え間なくふりそそいでいると言うのです。そのとき私は天使からの祝福を感じて嬉しくなりました。

二つ目は、その何年か前に旦那さんを病気で亡くされた女性が手をかざしたときです。彼女が突然ポロポロと泣き出したのです。

「びっくりしました。手をかざした瞬間にこの天使の絵から、忘れかけていた夫の香りがしてきたのです。懐かしい夫の香りがどんどん私を包み込んでいきます。いったい何が起きているのでしょうか。ありがとう。ありがとう」

と言いながら、彼女はしばらくの間その絵の前から動くことができませんでした。きっと「天使の絵」を通して、亡くなった旦那さんが会いに来てくれたのですね。

三つ目は、私も一緒に経験した不思議体験です。それは、ある女性が天使の絵に手をかざしたときの一瞬の出来事でした。どこからも風など吹いていないのに、なんと、彼女の長い髪の毛が風に吹かれてなびいたのです。二～三秒だったでしょうか。間違いなくその風は、絵から吹いていました。

彼女は私のほうを見て、「今、確かに風が吹きましたよね」と驚いて言いました。「ええ、目撃しました」と私は答えました。私たちはあまりにも驚きすぎて、二人で手を握り合ってよろめいてしまったほどです。

私は、「本当に、天使の絵の向こう側には時空を超えて、天使界が存在しているのかもしれない」とワクワクしたのを覚えています。占い部屋にひっそりとかけてあるのですが、奇跡的なことを何度も起こしてくれている不思議な天使の絵です。

第2部

誕生日と血液型で
明らかになる、
あなたの前世パターン

1 あなたの前世を知る「前世テスト」

私はこれまでにたくさんの人の前世を見てきて、ある法則に気づきました。その法則に基づいて独自に編み出したこの前世テストを受けることで、あなたの今の人生に大きな影響を与えている前世の一つがわかります。

重要なのは、「何をカルマにして生まれてきているのか」ということです。前世の人生を終えて光の世界に行き、次はどんな人生にしようと計画をしてきたのか。何をやり直したいと思ったのか。もう一度経験したいと強く望んだことはなんなのか。それを知ることで、あなたの人生で進むべき方向のヒントが見えることでしょう。

①誕生日と血液型から、あなたが受ける「前世テスト」を調べる

あなたの前世の一つ（前世パターン）を明らかにするために、まず、あなたが受ける「前世テスト」を明らかにします。

あなたがどの「前世テスト」を受けるかは、次ページで、あなたの誕生日ナンバーと血液型ナンバーを調べ、「前世テスト」ナンバーを割り出していきます。

誕生日ナンバー
＋
血液型ナンバー
⇓
あなたが受ける「前世テスト」のナンバー

②「前世テスト」の結果から、あなたの「前世パターン」を知る

あなたが行う「前世テスト」のナンバーがわかったら、該当する「前世テスト」を受けてください。そのテスト結果によって、あなたの前世パターンがあきらかになります。各前世パターンの解説は２３３ページ以降にまとめられていますので、そちらを読んでください。

あなたの「前世テスト」
⇓
判定
⇓
96の前世パターンの中のあなたの前世パターン

あなたが受ける「前世テスト」を調べる

あなたが行う「前世テスト」は、下の「誕生日ナンバー」と「血液型ナンバー」を足したナンバーの前世テストとなります。

誕生日ナンバー

誕生日	数字
3月21日～4月19日	5
4月20日～5月20日	7
5月21日～6月21日	10
6月22日～7月22日	11
7月23日～8月22日	9
8月23日～9月22日	40
9月23日～10月23日	3
10月24日～11月22日	8
11月23日～12月21日	31
12月21日～1月19日	1
1月20日～2月18日	12
2月19日～3月20日	2

血液型ナンバー

A型	27
B型	2
O型	15
AB型	42

例）
10月22日生まれ
→誕生日ナンバー　3
血液型A型
→血液型ナンバー　27
テストナンバーは
　3＋27＝30
→前世テスト30を受ける

誕生日ナンバー ＋ 血液型ナンバー ⇒ あなたが受ける前世テストのナンバー

P185～232の中からあなたのナンバーの「前世テスト」を受けてください。その結果から、あなたの「前世パターン」がわかるので、P233～の該当ページの解説を読んでください。

前世 TEST 3

下の質問に当てはまるものは「Yes」、そうでないものは「No」をチェックしてください。

・読書が好き	Yes♡・No★
・手先が器用である	Yes★・No♡
・貴族のような生活に憧れる	Yes♡・No★
・職人肌だ	Yes★・No♡
・縛られるのが大嫌い	Yes♡・No★
・つい贅沢しすぎることがある	Yes♡・No★
・仕事が好き	Yes★・No♡
・痛みに弱い	Yes♡・No★
・大人数での共同生活が好き	Yes★・No♡
・子どもと遊ぶのが上手ではない	Yes♡・No★
・友達は少ないほうだ	Yes♡・No★
・気の知れた仲間がいる	Yes★・No♡
・お芝居を見るのが好き	Yes♡・No★
・神社や寺が好き	Yes★・No♡
・建築関係の仕事についている	Yes★・No♡

あなたがチェックした答えの、★と♡の数をかぞえてください。

★のほうが多かった人…前世パターン91「日本の宮大工」（324ページ）へ

♡のほうが多かった人…前世パターン92「ヨーロッパの貴族の娘2」（325ページ）へ

前世 TEST 4

下の質問に当てはまるものは「Yes」、そうでないものは「No」をチェックしてください。

・引っ越しが好き	Yes♡・No★
・人を楽しませるのが好き	Yes★・No♡
・インディアンの格好や装飾品に興味がある	Yes♡・No★
・温泉が好き	Yes★・No♡
・人と人が戦うということが何よりイヤ	Yes♡・No★
・リーダー気質である	Yes♡・No★
・スイスの景色が好き	Yes★・No♡
・相手を「敵か味方」で分けるところがある	Yes♡・No★
・人を癒したい	Yes★・No♡
・家族が大好き。家族に癒される	Yes♡・No★
・タバコを吸う。またはタバコを吸っていた	Yes♡・No★
・介護や看護の仕事をしている	Yes★・No♡
・家族を「守らなければ」という責任感が強い	Yes♡・No★
・人の人生の話を聞くのが好き	Yes★・No♡
・特に老人に対して優しい気持ちになる	Yes★・No♡

あなたがチェックした答えの、★と♡の数をかぞえてください。

★のほうが多かった人…前世パターン60「スイスで介護士」
（293ページ）へ

♡のほうが多かった人…前世パターン59「アメリカの先住民 2」
（292ページ）へ

前世 TEST 5

下の質問に当てはまるものは「Yes」、そうでないものは「No」をチェックしてください。

・人が喜ぶことをしたい	Yes♡・No★
・四季の移ろいに風情を感じる	Yes★・No♡
・兄弟姉妹とうまくいっていない	Yes♡・No★
・日本が大好きである	Yes★・No♡
・飲食関係の仕事をしている	Yes♡・No★
・人のために頑張れる	Yes♡・No★
・寒いのが苦手である	Yes★・No♡
・心が広いと言われる	Yes♡・No★
・魚や釣りが好き	Yes★・No♡
・年下に慕われるタイプ	Yes♡・No★
・思ったことは行動にうつすタイプ	Yes♡・No★
・陽気な雰囲気が好きである	Yes★・No♡
・特別扱いされることが多い	Yes♡・No★
・親との関係が濃い	Yes★・No♡
・サウナが好き	Yes★・No♡

あなたがチェックした答えの、★と♡の数をかぞえてください。

★のほうが多かった人…前世パターン71「北欧で漁師」（304ページ）へ

♡のほうが多かった人…前世パターン72「江戸時代の米問屋」（305ページ）へ

前世 TEST 7

下の質問に当てはまるものは「Yes」、そうでないものは「No」をチェックしてください。

・山より海派	Yes♡・No★
・素敵な食器や陶器を見つけるとつい欲しくなる	Yes★・No♡
・自由を愛する	Yes♡・No★
・あなたを慕う弟子や後輩のいる人生に憧れる（すでにいる）	Yes★・No♡
・周りを盛り上げるのが得意	Yes♡・No★
・旅が好き	Yes♡・No★
・家族をなによりも大切にすべきだと思う	Yes★・No♡
・冬より夏が好き	Yes♡・No★
・無口なほうである	Yes★・No♡
・一人の時間を楽しめる	Yes♡・No★
・明るい性格である	Yes♡・No★
・大人数の生活に抵抗がない	Yes★・No♡
・子育てに縛られたくないという思いが強い	Yes♡・No★
・ものづくりが好きである	Yes★・No♡
・親の仕事を継いでいる（継ぎたい）	Yes★・No♡

あなたがチェックした答えの、★と♡の数をかぞえてください。

★のほうが多かった人…前世パターン45「中国の陶芸家」（278ページ）へ

♡のほうが多かった人…前世パターン46「南の島で漁師の妻」（279ページ）へ

前世 TEST 9

下の質問に当てはまるものは「Yes」、そうでないものは「No」をチェックしてください。

・家事にストレスを感じる	Yes♡・No★
・医療関係の仕事に就いている	Yes★・No♡
・人やルールに縛られるのが大嫌い	Yes♡・No★
・仕事一筋である	Yes★・No♡
・親との関係はあまり良くない	Yes♡・No★
・お金をたくさん稼ぎたい	Yes♡・No★
・人助けをしたいという思いがある	Yes★・No♡
・人と関わるのが嫌になるときがある	Yes♡・No★
・田舎暮らしを好む	Yes★・No♡
・自由に憧れる	Yes♡・No★
・なにごとも中途半端になりがち	Yes♡・No★
・自分の仕事に誇りを持っている	Yes★・No♡
・やりたいことがたくさんある	Yes♡・No★
・決めたことはやりとげたい	Yes★・No♡
・リーダー気質である	Yes★・No♡

あなたがチェックした答えの、★と♡の数をかぞえてください。

★のほうが多かった人…前世パターン49「ヨーロッパで看護師」（282ページ）へ

♡のほうが多かった人…前世パターン50「エジプトでの人生」（283ページ）へ

前世 TEST 10

下の質問に当てはまるものは「Yes」、そうでないものは「No」をチェックしてください。

・家族と離れて暮らすのは不安だ	Yes♡・No★
・日本の歴史に興味がある	Yes★・No♡
・海賊の話を聞くとわくわくする	Yes♡・No★
・人生にたしなみや教養は重要である	Yes★・No♡
・秘密が多いタイプである	Yes♡・No★
・派手な生活よりも、つましい生活を好む	Yes♡・No★
・お茶が好き	Yes★・No♡
・どうしようもない無力感を覚えるときがある	Yes♡・No★
・友達とお茶会を開くことがある	Yes★・No♡
・家族でくつろぐ時間が好き	Yes♡・No★
・スリルのある生活は選びたくない	Yes♡・No★
・日本の文化を大切にしたい	Yes★・No♡
・船や海が好きである	Yes♡・No★
・毎日が同じ繰り返しの生活は嫌だ	Yes★・No♡
・異性の幼馴染みがいる	Yes★・No♡

あなたがチェックした答えの、★と♡の数をかぞえてください。

★のほうが多かった人…前世パターン24「日本の朝廷貴族」（257ページ）へ

♡のほうが多かった人…前世パターン23「カリブ海の海賊」（256ページ）へ

前世 TEST 11

下の質問に当てはまるものは「Yes」、そうでないものは「No」をチェックしてください。

・誰かのために頑張りすぎて自分のことがおろそかになるときがある	Yes♡・No★
・姉さん気質だ	Yes♡・No★
・人間関係に苦戦している	Yes★・No♡
・夜空の星を見上げると寂しくなる	Yes★・No♡
・お金をたくさん稼ぎたい	Yes♡・No★
・のんびりするよりも慌ただしい毎日になりがち	Yes♡・No★
・子どもの頃から、自分は人と何かが違っていると感じていた	Yes★・No♡
・自分のために時間とお金を使える人生に憧れる	Yes♡・No★
・人の気持ちがよくわからなくなるときがある	Yes★・No♡
・細かい作業が好き	Yes♡・No★
・パートナーとの会話が少ない	Yes♡・No★
・新しいテクノロジーに惹かれる	Yes★・No♡
・面倒見が良い	Yes♡・No★
・変わっていると言われたことがある	Yes★・No♡
・周りと足並みを合わせるのはストレスだ	Yes★・No♡

あなたがチェックした答えの、★と♡の数をかぞえてください。

★のほうが多かった人…前世パターン3「魂のレベルをあげるための宇宙からの転生」（236ページ）へ

♡のほうが多かった人…前世パターン4「江戸の髪結」（237ページ）へ

前世 TEST 12

下の質問に当てはまるものは「Yes」、そうでないものは「No」をチェックしてください。

・読書が好き	Yes♡・No★
・アウトドアが好き	Yes★・No♡
・子どもは少なくていい	Yes♡・No★
・旅人のような生き方に惹かれる	Yes★・No♡
・釣りが趣味	Yes♡・No★
・ついスケジュールを詰め込みがち	Yes♡・No★
・家族での時間を大切にしたい	Yes★・No♡
・山よりも海が好き	Yes♡・No★
・結婚願望がある	Yes★・No♡
・男女差別に嫌悪感を感じる	Yes♡・No★
・子育ては大変なイメージがある	Yes♡・No★
・旅行が好き	Yes★・No♡
・自分ひとりの時間を大切にしたい	Yes♡・No★
・安定した職業に就いている（就きたい）	Yes★・No♡
・自由人だと言われたことがある	Yes★・No♡

あなたがチェックした答えの、★と♡の数をかぞえてください。

★のほうが多かった人…前世パターン11「ニュージーランドで旅人」（244ページ）へ

♡のほうが多かった人…前世パターン12「スペインの海辺の村で漁師の妻」（245ページ）へ

前世 TEST 13

下の質問に当てはまるものは「Yes」、そうでないものは「No」をチェックしてください。

・寺や神社が好き	Yes♡・No★
・チーズが好き	Yes★・No♡
・家族は多いほうがいい	Yes♡・No★
・まだ起きていないことをつい心配しすぎる	Yes★・No♡
・末っ子気質である	Yes♡・No★
・人生で進路を大きく変更したことがある	Yes♡・No★
・忙しい生活を送っている	Yes★・No♡
・京都に縁を感じる	Yes♡・No★
・家族や仕事に縛られた生活を送っていると感じる	Yes★・No♡
・平凡な幸せを求めるタイプだ	Yes♡・No★
・節約は得意だ	Yes♡・No★
・地域や学校の仕事などをつい引き受けてしまう	Yes★・No♡
・夫婦で長生きして老後を楽しむのが夢	Yes♡・No★
・自由な時間がないとストレスを感じる	Yes★・No♡
・さみしがりやである	Yes★・No♡

あなたがチェックした答えの、★と♡の数をかぞえてください。

★のほうが多かった人…前世パターン9「ヨーロッパでチーズ職人」（242ページ）へ

♡のほうが多かった人…前世パターン10「日本の尼僧」（243ページ）へ

前世 TEST 14

下の質問に当てはまるものは「Yes」、そうでないものは「No」をチェックしてください。

・人の気持ちが理解できないことがある	Yes♡・No★
・ブッダに強く惹かれる	Yes★・No♡
・精神性が高いほうだと思う	Yes♡・No★
・制約の多い人生は嫌だ	Yes★・No♡
・人生で多くの経験がしたい	Yes♡・No★
・夜空を見上げると「どこかに帰りたい」気持ちになることがある	Yes♡・No★
・一つのことを長く続けていけるタイプ	Yes★・No♡
・宇宙人やUFOの話が好き	Yes♡・No★
・好きなことはとことん勉強する	Yes★・No♡
・最新のものが好き	Yes♡・No★
・変わっていると言われたことがある	Yes♡・No★
・エキサイティングな人生より、静かな人生を選びたい	Yes★・No♡
・得た情報をどんどん生かしていきたい	Yes♡・No★
・寺や神社が好き	Yes★・No♡
・人に何かを教えるのが得意	Yes★・No♡

あなたがチェックした答えの、★と♡の数をかぞえてください。

★のほうが多かった人…前世パターン62「アジアで僧侶」
（295ページ）へ

♡のほうが多かった人…前世パターン61「宇宙からの転生２」
（294ページ）へ

前世 TEST 16

下の質問に当てはまるものは「Yes」、そうでないものは「No」をチェックしてください。

・貧乏な家庭に育った	Yes♡・No★
・戦争や殺し合いに強い嫌悪感を感じる	Yes★・No♡
・面倒見が良い	Yes♡・No★
・親の反対を押し切ってでも自分のやりたいことは貫きたい	Yes★・No♡
・勉強が好き	Yes♡・No★
・マッサージをしてあげるのが上手	Yes♡・No★
・子どもの頃、戦いごっこが好きだった	Yes★・No♡
・手に力がある	Yes♡・No★
・トラウマに悩まされている	Yes★・No♡
・ペットを飼っている	Yes♡・No★
・人との出会いを大切にしている	Yes♡・No★
・追いかけられるのがこわい	Yes★・No♡
・苦しくても文句言わずに頑張るタイプ	Yes♡・No★
・家族はなによりも大切だ	Yes★・No♡
・人の意見を素直に聞けない	Yes★・No♡

あなたがチェックした答えの、★と♡の数をかぞえてください。

★のほうが多かった人…前世パターン77「ロシアで兵士」（310ページ）へ

♡のほうが多かった人…前世パターン78「アジアでマッサージ師」（311ページ）へ

前世 TEST 17

下の質問に当てはまるものは「Yes」、そうでないものは「No」をチェックしてください。

・何よりも家族を大切にしたい	Yes♡・No★
・ハワイが好き	Yes★・No♡
・孤独が怖い	Yes♡・No★
・霊感や直感が強い	Yes★・No♡
・手先が器用である	Yes♡・No★
・絵を描くのが得意	Yes♡・No★
・自給自足の暮らしに憧れる	Yes★・No♡
・家族と離れると不安になる	Yes♡・No★
・キャンプやアウトドアが好き	Yes★・No♡
・争いを好まない	Yes♡・No★
・夕暮れの風景が好き	Yes♡・No★
・大人数での生活が好き	Yes★・No♡
・戦争のシーンがある映画などが苦手	Yes♡・No★
・お酒が好き	Yes★・No♡
・大自然が好き	Yes★・No♡

あなたがチェックした答えの、★と♡の数をかぞえてください。

★のほうが多かった人…前世パターン2「ハワイの先住民」（235ページ）へ

♡のほうが多かった人…前世パターン1「ドイツ軍の男性」（234ページ）へ

前世 TEST 18

下の質問に当てはまるものは「Yes」、そうでないものは「No」をチェックしてください。

・社会貢献がしたい	Yes♡・No★
・パンが好き	Yes★・No♡
・家族の幸せを大切にしたい	Yes♡・No★
・塞ぎ込んでしまうところがある	Yes★・No♡
・釣りが好き	Yes♡・No★
・リーダー気質である	Yes♡・No★
・手先が器用である	Yes★・No♡
・同じ仕事を長く続けている	Yes♡・No★
・食にこだわるタイプ	Yes★・No♡
・子どもに教えることが得意	Yes♡・No★
・人望が厚い	Yes♡・No★
・考え方が堅い	Yes★・No♡
・人のために何かしてあげるのが好き	Yes♡・No★
・新しいことにチャレンジしたい	Yes★・No♡
・なかなか人に自分のことを話せない	Yes★・No♡

あなたがチェックした答えの、★と♡の数をかぞえてください。

★のほうが多かった人…前世パターン33「ドイツでパン屋さん」（266ページ）へ

♡のほうが多かった人…前世パターン34「アメリカで田舎暮らし」（267ページ）へ

前世 TEST 20

下の質問に当てはまるものは「Yes」、そうでないものは「No」をチェックしてください。

・人生でどうしてもやりたいこと（夢）がある	Yes♡・No★
・チャレンジ精神があるほうだ	Yes★・No♡
・クラシック音楽が好き	Yes♡・No★
・漠然とした「お金持ちになりたい」という思いがある	Yes★・No♡
・歳の差のあるパートナーがいる	Yes♡・No★
・言葉で気持ちを伝えるのが得意ではない	Yes♡・No★
・家族への感謝の念が強い	Yes★・No♡
・人におもてなしをするのが好き	Yes♡・No★
・アメリカに憧れがある	Yes★・No♡
・自分の人生は自分で勝ち取っていくものだ	Yes♡・No★
・何事もよく考えてから決めたい	Yes♡・No★
・成功願望が強い	Yes★・No♡
・つい簡単に答えを出して失敗しやすい	Yes♡・No★
・何かを成し遂げるには地道な努力が必要だと感じる	Yes★・No♡
・とても信用している友人がいる	Yes★・No♡

あなたがチェックした答えの、★と♡の数をかぞえてください。

★のほうが多かった人…前世パターン5「アメリカで金を掘り当てた男性」（238ページ）へ

♡のほうが多かった人…前世パターン6「ヨーロッパで教育者の妻」（239ページ）へ

前世 TEST 22

下の質問に当てはまるものは「Yes」、そうでないものは「No」をチェックしてください。

・縛られるのが大嫌い	Yes♡・No★
・親孝行には力を入れている（入れたい）	Yes★・No♡
・決められた道には進みたくない	Yes♡・No★
・田舎から都会に出て生活している	Yes★・No♡
・リーダー気質である	Yes♡・No★
・インドに縁を感じる	Yes♡・No★
・芸術的センスがある	Yes★・No♡
・染め物に惹かれる	Yes♡・No★
・迷ってなかなか決められない	Yes★・No♡
・平凡な幸せを求める	Yes♡・No★
・家業がある	Yes♡・No★
・絵を描くのが好き	Yes★・No♡
・手先が器用	Yes♡・No★
・夢中になると周りが見えなくなる	Yes★・No♡
・自分の人生に親の存在はとても大きい	Yes★・No♡

あなたがチェックした答えの、★と♡の数をかぞえてください。

★のほうが多かった人…前世パターン63「ヨーロッパの画家」
（296ページ）へ

♡のほうが多かった人…前世パターン64「インドで染め物職人」
（297ページ）へ

前世 TEST 23

下の質問に当てはまるものは「Yes」、そうでないものは「No」をチェックしてください。

・家業を継いでいる	Yes♡・No★
・アロマが好き	Yes★・No♡
・船が好き	Yes♡・No★
・親との関係がうまくいっていない	Yes★・No♡
・経営者タイプである	Yes♡・No★
・仕事に夢中になりすぎるところがある	Yes♡・No★
・実家から遠く離れて暮らしている	Yes★・No♡
・冒険のストーリーが好き	Yes♡・No★
・反抗期が強かった	Yes★・No♡
・旅行が好き	Yes♡・No★
・仕事よりも家族を優先したい	Yes♡・No★
・畑仕事が好き	Yes★・No♡
・老後の孤独が怖くなることがある	Yes♡・No★
・匂いに敏感である	Yes★・No♡
・ハーブが好き	Yes★・No♡

あなたがチェックした答えの、★と♡の数をかぞえてください。

★のほうが多かった人…前世パターン74「中世ヨーロッパでアロマ作り」（307ページ）へ

♡のほうが多かった人…前世パターン73「中国の貿易商人」（306ページ）へ

前世 TEST 24

下の質問に当てはまるものは「Yes」、そうでないものは「No」をチェックしてください。

・ペットを飼っている	Yes♡・No★
・リーダー気質である	Yes★・No♡
・子育てには力を入れたい	Yes♡・No★
・兄弟思いである	Yes★・No♡
・恋愛と結婚は別だと思う	Yes♡・No★
・年上の異性に縁がある	Yes♡・No★
・大人数での暮らしが好き	Yes★・No♡
・仕事が好き	Yes♡・No★
・自分一人の時間を大切にしている	Yes★・No♡
・親の考えには従うほうだと思う	Yes♡・No★
・大金持ちになりたいとは思わない	Yes♡・No★
・やりたことは我慢せずにやりぬく	Yes★・No♡
・ついぜいたくしすぎてしまう	Yes♡・No★
・自分だけでやる趣味を持っている	Yes★・No♡
・転居が多い	Yes★・No♡

あなたがチェックした答えの、★と♡の数をかぞえてください。

★のほうが多かった人…前世パターン75「モンゴルの遊牧民」
（308ページ）へ

♡のほうが多かった人…前世パターン76「ヨーロッパ貴族の娘1」
（309ページ）へ

前世 TEST 25

下の質問に当てはまるものは「Yes」、そうでないものは「No」をチェックしてください。

・世の中に奉仕したい	Yes♡・No★
・職人的な仕事に就いている	Yes★・No♡
・1日のルーティーンを決めている	Yes♡・No★
・子どもが好き	Yes★・No♡
・世間の喧騒から逃げたくなるときがある	Yes♡・No★
・人の役に立ちたい	Yes♡・No★
・結婚願望が強い	Yes★・No♡
・教会が好き	Yes♡・No★
・子どもは人生に不可欠だ	Yes★・No♡
・リーダーを任されることが多い	Yes♡・No★
・共同生活は苦手ではない	Yes♡・No★
・ガラス細工に惹かれる	Yes★・No♡
・庭仕事が好き	Yes♡・No★
・芸術が好き	Yes★・No♡
・手先が器用	Yes★・No♡

あなたがチェックした答えの、★と♡の数をかぞえてください。

★のほうが多かった人…前世パターン21「イタリアでガラス工芸の職人」（254ページ）へ

♡のほうが多かった人…前世パターン22「ヨーロッパで修道女」（255ページ）へ

前世 TEST 26

下の質問に当てはまるものは「Yes」、そうでないものは「No」をチェックしてください。

・自分の問題に人を巻き込みがち	Yes♡・No★
・コーヒーよりも紅茶が好き	Yes★・No♡
・にぎやかな場所が好き	Yes♡・No★
・どんなことでも自分の可能性を試したい	Yes★・No♡
・ファッションが好き	Yes♡・No★
・結婚は向いていないと思う	Yes♡・No★
・外の世界に飛び出したい	Yes★・No♡
・深く考えずに物事を決めてしまうところがある	Yes♡・No★
・閉鎖的な人生が何より嫌だ	Yes★・No♡
・結婚は人生の大切なターニングポイントだと思う	Yes♡・No★
・センスが良いと言われる	Yes♡・No★
・知らないことを知るのが好き	Yes★・No♡
・革製品が好き	Yes♡・No★
・堅い考え方の親のもとで育った	Yes★・No♡
・自由を求める	Yes★・No♡

あなたがチェックした答えの、★と♡の数をかぞえてください。

★のほうが多かった人…前世パターン31「アジアで紅茶農家」（264ページ）へ

♡のほうが多かった人…前世パターン32「ヨーロッパで革職人」（265ページ）へ

前世 TEST 27

下の質問に当てはまるものは「Yes」、そうでないものは「No」をチェックしてください。

・宗教に興味がある	Yes♡・No★
・船が好き	Yes★・No♡
・子どもに厳しくしすぎる	Yes♡・No★
・きっちりと正確に仕事をするタイプ	Yes★・No♡
・親との関係がうまくいっていない	Yes♡・No★
・なかなか人に素直になれない	Yes♡・No★
・船舶の免許を持っている	Yes★・No♡
・聖書が好き	Yes♡・No★
・人生に無駄なことは何一つない	Yes★・No♡
・自分が一番正しいと思ってしまいがち	Yes♡・No★
・支配的になってしまうところがある	Yes♡・No★
・人生で多くの体験をしたい	Yes★・No♡
・孤独な老後にならないかと不安を感じるときがある	Yes♡・No★
・手先が器用である	Yes★・No♡
・決まるまでは時間がかかるが決まると早い	Yes★・No♡

あなたがチェックした答えの、★と♡の数をかぞえてください。

★のほうが多かった人…前世パターン66「ヨーロッパで船乗り」
（299ページ）へ

♡のほうが多かった人…前世パターン65「ヨーロッパでクリスチャン」
（298ページ）へ

前世 TEST 28

下の質問に当てはまるものは「Yes」、そうでないものは「No」をチェックしてください。

・チベットに興味がある	Yes♡・No★
・窮地に追い込まれたらどんなことでも頑張れるタイプ	Yes★・No♡
・修行してみたい	Yes♡・No★
・家事や仕事が忙しくても、文句言わずに頑張れる	Yes★・No♡
・人生は苦しんだ先に幸せがある	Yes♡・No★
・家族でのイベントを大切にしている	Yes♡・No★
・根暗なほうだと思う	Yes★・No♡
・つい自分に厳しくしすぎるときがある	Yes♡・No★
・小さなことにこだわってしまう	Yes★・No♡
・勉強が好き	Yes♡・No★
・恋愛や結婚にはあまり興味がない	Yes♡・No★
・輝く人生に憧れる	Yes★・No♡
・酒やタバコにはまることがない	Yes♡・No★
・人と話すのは苦手	Yes★・No♡
・仕事とプライベートははっきり分けたい	Yes★・No♡

あなたがチェックした答えの、★と♡の数をかぞえてください。

★のほうが多かった人…前世パターン84「南米で魚市場店」
（317ページ）へ

♡のほうが多かった人…前世パターン83「チベットの僧侶」
（316ページ）へ

前世 TEST 29

下の質問に当てはまるものは「Yes」、そうでないものは「No」をチェックしてください。

・忙しく動き回るタイプ	Yes♡・No★
・絨毯（じゅうたん）が好き	Yes★・No♡
・医療関係の仕事についている	Yes♡・No★
・手先が器用である	Yes★・No♡
・研究するのが好き	Yes♡・No★
・両親に対する感謝の気持ちを持っている	Yes♡・No★
・一つのことを集中して続けられる	Yes★・No♡
・お金を使うことにはあまり興味がない	Yes♡・No★
・恋愛よりも仕事を優先しがち	Yes★・No♡
・優しいと言われる	Yes♡・No★
・頼まれると断れない	Yes♡・No★
・布を染めたり織ったりするのに興味がある	Yes★・No♡
・虫や生き物が好き	Yes♡・No★
・職人気質である	Yes★・No♡
・周りに流されないタイプ	Yes★・No♡

あなたがチェックした答えの、★と♡の数をかぞえてください。

★のほうが多かった人…前世パターン68「ペルシャ絨毯《じゅうたん》職人の女性」
（301ページ）へ

♡のほうが多かった人…前世パターン67「江戸時代の町医者」
（300ページ）へ

前世 TEST 30

下の質問に当てはまるものは「Yes」、そうでないものは「No」をチェックしてください。

・おまじないや占いが好き	Yes♡・No★
・親との関係がうまくいかない	Yes★・No♡
・全てがうまくいっていると、幸せは長く続かないような不安を感じる	Yes♡・No★
・頑固な性格である	Yes★・No♡
・嫉妬されることが多い	Yes♡・No★
・占いのやり方を調べたり勉強したりしたことがある	Yes♡・No★
・親の敷いたレールを走る人生は嫌だ	Yes★・No♡
・家族での幸せを大切にしている	Yes♡・No★
・馬や乗馬が好き	Yes★・No♡
・邪気から身を守るグッズを持っている	Yes♡・No★
・仕事とプライベートのバランスを大切にしている	Yes♡・No★
・理屈っぽいところがある	Yes★・No♡
・燃える炎が嫌い、または怖い	Yes♡・No★
・剣術や弓術に興味がある	Yes★・No♡
・理想の家庭があるので結婚相手には慎重	Yes★・No♡

あなたがチェックした答えの、★と♡の数をかぞえてください。

★のほうが多かった人…前世パターン96「ヨーロッパの騎士」
（329ページ）へ

♡のほうが多かった人…前世パターン95「ヨーロッパで占い師」
（328ページ）へ

前世 TEST 32

下の質問に当てはまるものは「Yes」、そうでないものは「No」をチェックしてください。

・人との付き合い方に難しさを感じる	Yes♡・No★
・明るい性格だと言われる	Yes★・No♡
・つい見栄を張ってしまう	Yes♡・No★
・子どもが好き	Yes★・No♡
・ペットを飼っている	Yes♡・No★
・困っている人を見ると放っておけない	Yes♡・No★
・暇よりも、忙しくしているほうが落ち着く	Yes★・No♡
・上から物言いをしてしまいがち	Yes♡・No★
・結婚した後も仕事は続けている(続けていきたい)	Yes★・No♡
・ふと孤独を感じるときがある	Yes♡・No★
・生まれた環境は恵まれていると思う	Yes♡・No★
・人に何かを教えるのが得意	Yes★・No♡
・人付き合いが好き	Yes♡・No★
・間違っていることは指摘するタイプ	Yes★・No♡
・親思いなほうである	Yes★・No♡

あなたがチェックした答えの、★と♡の数をかぞえてください。

★のほうが多かった人…前世パターン88「アメリカの教育者」（321ページ）へ

♡のほうが多かった人…前世パターン87「ヨーロッパのブルジョア」（320ページ）へ

前世 TEST 33

下の質問に当てはまるものは「Yes」、そうでないものは「No」をチェックしてください。

・手先が器用である	Yes♡・No★
・神社が好き	Yes★・No♡
・家具が好き	Yes♡・No★
・霊感や直感が強い	Yes★・No♡
・頑固な性格だ	Yes♡・No★
・木工が得意である	Yes♡・No★
・占いやおまじないが好き	Yes★・No♡
・周りに相談しないで決めるタイプ	Yes♡・No★
・自分はラッキーだと思う	Yes★・No♡
・職人気質なところがある	Yes♡・No★
・家族とうまくわかりあえない	Yes♡・No★
・仕事にはやりがいが重要だ	Yes★・No♡
・親の仕事を継いでいる	Yes♡・No★
・人に決められる人生は嫌だ	Yes★・No♡
・歌や踊りが好き	Yes★・No♡

あなたがチェックした答えの、★と♡の数をかぞえてください。

★のほうが多かった人…前世パターン56「日本で巫女」(289ページ)へ

♡のほうが多かった人…前世パターン55「北欧で木工職人」(288ページ)へ

前世 TEST 34

下の質問に当てはまるものは「Yes」、そうでないものは「No」をチェックしてください。

・成功願望がある	Yes♡・No★
・計画を立てるのが好き	Yes★・No♡
・努力は嫌いではない	Yes♡・No★
・子どもはたくさん欲しい	Yes★・No♡
・稼いだお金は社会に還元したい	Yes♡・No★
・あまり落ち込まない質《たち》だ	Yes♡・No★
・子どもが好き	Yes★・No♡
・チャレンジ精神旺盛である	Yes♡・No★
・マイペースである	Yes★・No♡
・数字に強い	Yes♡・No★
・ポジティブ思考である	Yes♡・No★
・教育系の学校へ通っていた（通っている）	Yes★・No♡
・人からよく思われたい	Yes♡・No★
・人に何かを教えるのが好き	Yes★・No♡
・アウトドアが好き	Yes★・No♡

あなたがチェックした答えの、★と♡の数をかぞえてください。

★のほうが多かった人…前世パターン48「ヨーロッパで教師」
（281ページ）へ

♡のほうが多かった人…前世パターン47「アメリカで成功者」
（280ページ）へ

前世 TEST 35

下の質問に当てはまるものは「Yes」、そうでないものは「No」をチェックしてください。

・アメリカの歴史に興味がある	Yes♡・No★
・差別に大きな嫌悪感を感じる	Yes★・No♡
・争いごとが嫌い	Yes♡・No★
・薬に関係する仕事をしている	Yes★・No♡
・ハーブが好き	Yes♡・No★
・すべてを一人で背負いがち	Yes♡・No★
・勉強ができるほうだ	Yes★・No♡
・生涯添い遂げられるパートナーが欲しい(いる)	Yes♡・No★
・同郷の人に強い仲間意識を感じる	Yes★・No♡
・大人数での生活が嫌ではない	Yes♡・No★
・ナチュラルな生活が好き	Yes♡・No★
・警戒心が強い	Yes★・No♡
・けんかに強い	Yes♡・No★
・のびのびと暮らすのが理想	Yes★・No♡
・旅行が好き	Yes★・No♡

あなたがチェックした答えの、★と♡の数をかぞえてください。

★のほうが多かった人…前世パターン26「ドイツでユダヤ人の薬屋」（259ページ）へ

♡のほうが多かった人…前世パターン25「アメリカの先住民 1」（258ページ）へ

前世 TEST 36

下の質問に当てはまるものは「Yes」、そうでないものは「No」をチェックしてください。

・諦めが早い	Yes♡・No★
・子どもは少ないほうがいい（いなくてもいい）	Yes★・No♡
・心配性なところがある	Yes♡・No★
・家事が得意	Yes★・No♡
・臆病なところがある	Yes♡・No★
・悪い妄想に取り憑《つ》かれてしまいがち	Yes♡・No★
・農業にかかわりがある	Yes★・No♡
・忘れられない人がいる	Yes♡・No★
・大人数での生活が苦手ではない	Yes★・No♡
・親と同じ仕事をしている	Yes♡・No★
・旅が好き	Yes♡・No★
・忙しい中でも効率を考えて動ける	Yes★・No♡
・思い込みが激しい	Yes♡・No★
・ゆったりとした生活に憧れる	Yes★・No♡
・好きなことをする時間を大切にしている	Yes★・No♡

あなたがチェックした答えの、★と♡の数をかぞえてください。

★のほうが多かった人…前世パターン13「日本で農家の妻」（246ページ）へ

♡のほうが多かった人…前世パターン14「トルコでオイル商人」（247ページ）へ

前世 TEST 37

下の質問に当てはまるものは「Yes」、そうでないものは「No」をチェックしてください。

・フレンドリーな性格	Yes♡・No★
・美味しい海産物には目がない	Yes★・No♡
・リーダー気質である	Yes♡・No★
・差別に大きな嫌悪感を感じる	Yes★・No♡
・経営者タイプである	Yes♡・No★
・何歳になってもチャレンジを続けたい	Yes♡・No★
・食にはこだわりがあるほうだ	Yes★・No♡
・叶えたい夢がある	Yes♡・No★
・身分違いの恋を乗り越えるストーリーが好き	Yes★・No♡
・にぎやかな家庭を作りたい	Yes♡・No★
・ワインが好き	Yes♡・No★
・恋愛には障壁がつきものだ	Yes★・No♡
・農業に興味がある（関わっている）	Yes♡・No★
・甘え上手である	Yes★・No♡
・高価な物を身につけると気分が上がる	Yes★・No♡

あなたがチェックした答えの、★と♡の数をかぞえてください。

★のほうが多かった人…前世パターン57「古代ローマの貴族」（290ページ）へ

♡のほうが多かった人…前世パターン58「南米でコーヒー豆農家」（291ページ）へ

前世 TEST 38

下の質問に当てはまるものは「Yes」、そうでないものは「No」をチェックしてください。

・海外旅行が好き	Yes♡・No★
・親の顔色を気にする	Yes★・No♡
・自分ひとりの時間を大切にしている	Yes♡・No★
・経営者タイプである	Yes★・No♡
・子どもは少なくていい（いなくてもいい）	Yes♡・No★
・大家族がいる	Yes♡・No★
・褒められて伸びるタイプだ	Yes★・No♡
・料理が好き	Yes♡・No★
・子育ては、厳しくよりも優しくしたい	Yes★・No♡
・忙しいのは苦手	Yes♡・No★
・趣味がたくさんある	Yes♡・No★
・親との関係に問題を抱えている	Yes★・No♡
・家事が得意	Yes♡・No★
・温かい家庭を持つのが夢のひとつ	Yes★・No♡
・人に振り回されてしまいがち	Yes★・No♡

あなたがチェックした答えの、★と♡の数をかぞえてください。

★のほうが多かった人…前世パターン28「北アフリカの貿易商人」（261ページ）へ

♡のほうが多かった人…前世パターン27「アジアの主婦」（260ページ）へ

前世 TEST 39

下の質問に当てはまるものは「Yes」、そうでないものは「No」をチェックしてください。

・子どもが好き	Yes♡・No★
・音楽が大好き	Yes★・No♡
・大声を出すことはほとんどない	Yes♡・No★
・楽器を弾ける	Yes★・No♡
・大家族がいる	Yes♡・No★
・レモンが好き	Yes♡・No★
・自分の才能を信じている	Yes★・No♡
・アイディアを出すのが得意	Yes♡・No★
・舞台の上の仕事に憧れる	Yes★・No♡
・子育てにはこだわりがある	Yes♡・No★
・家族のために頑張るタイプ	Yes♡・No★
・夢を追う人生にしたい	Yes★・No♡
・明るい性格である	Yes♡・No★
・アメリカが好き	Yes★・No♡
・ジャズミュージックが好き	Yes★・No♡

あなたがチェックした答えの、★と♡の数をかぞえてください。

★のほうが多かった人…前世パターン51「ニューヨークでミュージシャン」（284ページ）へ

♡のほうが多かった人…前世パターン52「イタリアのレモン農家の妻」（285ページ）へ

前世 TEST 42

下の質問に当てはまるものは「Yes」、そうでないものは「No」をチェックしてください。

・香水が好きである	Yes♡・No★
・真面目なタイプである	Yes★・No♡
・花が好きである	Yes♡・No★
・戦争ものの映画などは苦手である	Yes★・No♡
・家族が大好き	Yes♡・No★
・完璧主義である	Yes♡・No★
・平和主義	Yes★・No♡
・体調不良を理由に仕事を辞めたことがある	Yes♡・No★
・のんびりと過ごす時間が大切	Yes★・No♡
・バツイチである	Yes♡・No★
・何でも頑張りすぎるところがある	Yes♡・No★
・同じ仕事を長く続けている	Yes★・No♡
・ガーデニングが趣味	Yes♡・No★
・家族のためなら自分を犠牲にしてしまいがち	Yes★・No♡
・手先が器用である	Yes★・No♡

あなたがチェックした答えの、★と♡の数をかぞえてください。

★のほうが多かった人…前世パターン17「古代ローマで兵士」（250ページ）へ

♡のほうが多かった人…前世パターン18「フランスで香水作り」（251ページ）へ

前世 TEST 43

下の質問に当てはまるものは「Yes」、そうでないものは「No」をチェックしてください。

・畑仕事が好き	Yes♡・No★
・感情的になりがち	Yes★・No♡
・最新の情報には柔軟に対応できる	Yes♡・No★
・恋愛に苦労している	Yes★・No♡
・経営者タイプである	Yes♡・No★
・家族の絆が強い	Yes♡・No★
・人生で深く傷つくことがあった	Yes★・No♡
・人生はいろいろあってこそ、楽しめる	Yes♡・No★
・ついつい我慢してしまう	Yes★・No♡
・オランダに興味がある	Yes♡・No★
・風車を見ると懐かしい気持ちになる	Yes♡・No★
・時間を無駄にするのがこわい	Yes★・No♡
・大家族がいる	Yes♡・No★
・ひとりぼっちが苦手	Yes★・No♡
・人の重荷になりたくないという思いが強い	Yes★・No♡

あなたがチェックした答えの、★と♡の数をかぞえてください。

★のほうが多かった人…前世パターン90「中国商人の妻」
（323ページ）へ

♡のほうが多かった人…前世パターン89「オランダで農家」
（322ページ）へ

前世 TEST 44

下の質問に当てはまるものは「Yes」、そうでないものは「No」をチェックしてください。

・お金の計算が好き	Yes♡・No★
・教会の雰囲気が好き	Yes★・No♡
・簡単には諦めないタイプ	Yes♡・No★
・親孝行は人生において重要だ	Yes★・No♡
・どんな苦境も乗り越えようと頑張る	Yes♡・No★
・家族で過ごすのんびりとした時間が好き	Yes♡・No★
・子どもが好き	Yes★・No♡
・金融関係に勤めている	Yes♡・No★
・バチカンに行ってみたい（行ったことがある）	Yes★・No♡
・老後は田舎暮らしをしたい	Yes♡・No★
・部下からの信頼が厚い	Yes♡・No★
・人生に起きる数々のドラマが楽しみ	Yes★・No♡
・仕事には真面目に取り組む	Yes♡・No★
・神に祈る癖がある	Yes★・No♡
・親の願いを叶えてあげたい	Yes★・No♡

あなたがチェックした答えの、★と♡の数をかぞえてください。

★のほうが多かった人…前世パターン54「中世ヨーロッパで神父」（287ページ）へ

♡のほうが多かった人…前世パターン53「イギリスで銀行員」（286ページ）へ

前世 TEST 45

下の質問に当てはまるものは「Yes」、そうでないものは「No」をチェックしてください。

・計算が得意	Yes♡・No★
・手先が器用である	Yes★・No♡
・ハワイが好き	Yes♡・No★
・仕事には正確さを求めるタイプ	Yes★・No♡
・経営者タイプである	Yes♡・No★
・豪邸に憧れる	Yes♡・No★
・技術職についている	Yes★・No♡
・正義感が強い	Yes♡・No★
・親と同じ仕事をしている	Yes★・No♡
・アイディアが豊富なタイプ	Yes♡・No★
・人の嘘やごまかしが許せない	Yes♡・No★
・家族と一緒に行動することが多い	Yes★・No♡
・喧嘩になると、相手を追い詰めてしまう	Yes♡・No★
・建築関係の仕事をしている	Yes★・No♡
・レンガ造りの建物を見ると懐かしく感じることがある	Yes★・No♡

あなたがチェックした答えの、★と♡の数をかぞえてください。

★のほうが多かった人…前世パターン42「ロシアのレンガ職人」（275ページ）へ

♡のほうが多かった人…前世パターン41「ハワイでパイナップル農家の妻」（274ページ）へ

前世 TEST 46

下の質問に当てはまるものは「Yes」、そうでないものは「No」をチェックしてください。

・仲の良い兄弟や姉妹がいる	Yes♡・No★
・親との関係がうまくいっていない	Yes★・No♡
・明るい性格である	Yes♡・No★
・長男長女である	Yes★・No♡
・飲食関係の仕事をしている（していた）	Yes♡・No★
・家族の絆が強い	Yes♡・No★
・なかなか親に素直になれない	Yes★・No♡
・温泉が好き	Yes♡・No★
・感情的になりがち	Yes★・No♡
・接客業が得意である	Yes♡・No★
・長生きをしたい	Yes♡・No★
・畑仕事が得意である	Yes★・No♡
・時代劇の雰囲気が好き	Yes♡・No★
・恋愛が得意ではない	Yes★・No♡
・親に縛られていると感じることがある	Yes★・No♡

あなたがチェックした答えの、★と♡の数をかぞえてください。

★のほうが多かった人…前世パターン29「中世のロシアで農家」（262ページ）へ

♡のほうが多かった人…前世パターン30「江戸時代の居酒屋の娘」（263ページ）へ

前世 TEST 47

下の質問に当てはまるものは「Yes」、そうでないものは「No」をチェックしてください。

・語学が得意	Yes♡・No★
・数字に強い	Yes★・No♡
・結婚願望がある	Yes♡・No★
・つい深酒してしまう	Yes★・No♡
・仕事に打ち込み過ぎてしまうところがある	Yes♡・No★
・インドに惹かれる	Yes♡・No★
・ウイスキーが好き	Yes★・No♡
・収入は多いほうだと思う	Yes♡・No★
・経営者タイプである	Yes★・No♡
・勉強が好き	Yes♡・No★
・恋愛には不器用	Yes♡・No★
・仕事は真面目に頑張るタイプ	Yes★・No♡
・親孝行は当たり前	Yes♡・No★
・お酒が苦手である（弱い）	Yes★・No♡
・家族と一緒に仕事をしている	Yes★・No♡

あなたがチェックした答えの、★と♡の数をかぞえてください。

★のほうが多かった人…前世パターン43「アイルランドでウイスキー製造」（276ページ）へ

♡のほうが多かった人…前世パターン44「インドでガイド」（277ページ）へ

前世 TEST 49

下の質問に当てはまるものは「Yes」、そうでないものは「No」をチェックしてください。

・自分のこだわりの生活スタイルがある	Yes♡・No★
・勉強が好きである	Yes★・No♡
・ヨガが好きである	Yes♡・No★
・自分の仕事に誇りを持っている	Yes★・No♡
・海より川が好き	Yes♡・No★
・修行に興味がある	Yes♡・No★
・楽器を演奏できる	Yes★・No♡
・瞑想するのが好きである	Yes♡・No★
・自信家なほうだ	Yes★・No♡
・人付き合いを大切にしている	Yes♡・No★
・家族愛が強い	Yes♡・No★
・医療関係の仕事に就いている	Yes★・No♡
・悟ったところがある（と、言われたことがある）	Yes♡・No★
・人助けをしたいと思う	Yes★・No♡
・なにかを研究するのが好き	Yes★・No♡

あなたがチェックした答えの、★と♡の数をかぞえてください。

★のほうが多かった人…前世パターン8「ヨーロッパで研究職」（241ページ）へ

♡のほうが多かった人…前世パターン7「インドでヨガをしていた男性」（240ページ）へ

前世 TEST 50

下の質問に当てはまるものは「Yes」、そうでないものは「No」をチェックしてください。

・若い頃から働いている	Yes♡・No★
・宗教に興味がある	Yes★・No♡
・兄弟姉妹が多い	Yes♡・No★
・感謝の気持ちをうまく表現できない	Yes★・No♡
・面倒見がいい	Yes♡・No★
・同じ場所で長く勤めている	Yes♡・No★
・家族よりも友達を優先させることが多い	Yes★・No♡
・リーダー気質である	Yes♡・No★
・お金遣いが荒いほうだ	Yes★・No♡
・勉強が好き	Yes♡・No★
・家族のために自分を犠牲にしてしまうときがある	Yes♡・No★
・男は外に出て働き、女は家を守るべきだ	Yes★・No♡
・人間関係に恵まれていると感じる	Yes♡・No★
・結婚願望がある	Yes★・No♡
・人のアドバイスを素直に聞けない	Yes★・No♡

あなたがチェックした答えの、★と♡の数をかぞえてください。

★のほうが多かった人…前世パターン93「インドネシアでの人生」（326ページ）へ

♡のほうが多かった人…前世パターン94「アイルランドからカナダへ移住」（327ページ）へ

前世 TEST 51

下の質問に当てはまるものは「Yes」、そうでないものは「No」をチェックしてください。

・商売の計画を立てるのが好き	Yes♡・No★
・寺や神社が好き	Yes★・No♡
・経営者タイプである	Yes♡・No★
・親との関係がうまくいっていない	Yes★・No♡
・子どものと関係がうまくいっていない	Yes♡・No★
・子育てにおいて感情的になりがち	Yes♡・No★
・親孝行には力を入れている（入れたい）	Yes★・No♡
・その時その時で気持ちが変わりやすい	Yes♡・No★
・早くに実家を出ている	Yes★・No♡
・野心家である	Yes♡・No★
・家庭よりも仕事を優先しがち	Yes♡・No★
・信じる力が強い	Yes★・No♡
・仕事で成果を出すために努力するタイプ	Yes♡・No★
・やると決めたことは最後まで貫きたい	Yes★・No♡
・家業とは違う道に進んでいる	Yes★・No♡

あなたがチェックした答えの、★と♡の数をかぞえてください。

★のほうが多かった人…前世パターン79「日本で宗教家」（312ページ）へ

♡のほうが多かった人…前世パターン80「イタリアでオリーブ農家の妻」（313ページ）へ

前世 TEST 52

下の質問に当てはまるものは「Yes」、そうでないものは「No」をチェックしてください。

・医療関係の仕事に就いている	Yes♡・No★
・絵を描くのが好き	Yes★・No♡
・嫉妬を買いやすいタイプだ	Yes♡・No★
・自由を求める	Yes★・No♡
・困っている人がいると放っておけない。	Yes♡・No★
・男女差別や人種差別に嫌悪感を感じる	Yes♡・No★
・建築やデザインに関係する仕事に就いている	Yes★・No♡
・アーユルヴェーダに興味がある	Yes♡・No★
・好きな時に、好きなことを、好きなようにやりたい	Yes★・No♡
・ボランティアにかかわりたい	Yes♡・No★
・結婚願望がある	Yes♡・No★
・好きなことを仕事にしている	Yes★・No♡
・家族はなによりも大切にしたい	Yes♡・No★
・親と進路のことで揉めたことがある	Yes★・No♡
・自分の進みたい道がはっきりしている	Yes★・No♡

あなたがチェックした答えの、★と♡の数をかぞえてください。

★のほうが多かった人…前世パターン15「アメリカで建築家」（248ページ）へ

♡のほうが多かった人…前世パターン16「インドで看護師」（249ページ）へ

前世 TEST 53

下の質問に当てはまるものは「Yes」、そうでないものは「No」をチェックしてください。

・健康第一だという考えの持ち主	Yes♡・No★
・計算が得意	Yes★・No♡
・趣味は人生にとって重要だ	Yes♡・No★
・老後はゆっくりと旅行をしたい	Yes★・No♡
・飲食に関係する仕事に就いている	Yes♡・No★
・陶芸に興味がある	Yes♡・No★
・ピラミッドが好き	Yes★・No♡
・目的のための貯金ができる	Yes♡・No★
・周りからクールだと言われることがある	Yes★・No♡
・人に尽くしすぎるところがある	Yes♡・No★
・家族で力を合わせることは大切	Yes♡・No★
・人に厳しく言い過ぎて後悔することがある	Yes★・No♡
・悲しいことがあるとなかなか立ち直れない	Yes♡・No★
・子どもは、しっかりしつけるべきだ	Yes★・No♡
・基本的に周りの人に優しく接する	Yes★・No♡

あなたがチェックした答えの、★と♡の数をかぞえてください。

★のほうが多かった人…前世パターン38「エジプトでピラミッド建設」（271ページ）へ

♡のほうが多かった人…前世パターン37「ロシアでレストラン経営」（270ページ）へ

前世 TEST 54

下の質問に当てはまるものは「Yes」、そうでないものは「No」をチェックしてください。

・政治に興味がある	Yes♡・No★
・親元から早いうちに離れている	Yes★・No♡
・ローマ時代の映画が好き	Yes♡・No★
・馬が好き	Yes★・No♡
・堅い雰囲気は嫌いじゃない	Yes♡・No★
・パートナーに対してクールな態度をとってしまいがち	Yes♡・No★
・専門職についている	Yes★・No♡
・死について考えることがある	Yes♡・No★
・決めたら弱音を吐かずに最後までやり続ける	Yes★・No♡
・今という瞬間を大切にして生きたい	Yes♡・No★
・正義感が強い	Yes♡・No★
・ピンチなときこそチャンスだと捉えて頑張る	Yes★・No♡
・間違っている人や物事を見ると許せない	Yes♡・No★
・親の教えは大切にしたい	Yes★・No♡
・考え方を柔軟に変えられる	Yes★・No♡

あなたがチェックした答えの、★と♡の数をかぞえてください。

★のほうが多かった人…前世パターン40「中国で装蹄師」
（273ページ）へ

♡のほうが多かった人…前世パターン39「ローマで政治家」
（272ページ）へ

前世 TEST 55

下の質問に当てはまるものは「Yes」、そうでないものは「No」をチェックしてください。

・時代劇が好き	Yes♡・No★
・会社に所属せず、フリーランスや経営者として働きたい	Yes★・No♡
・子どもとは友達のように付き合いたい	Yes♡・No★
・動物が好き	Yes★・No♡
・古い考え方をするところがある	Yes♡・No★
・自由に憧れる	Yes♡・No★
・性差別に嫌悪感を感じる	Yes★・No♡
・親とうまくいっていない	Yes♡・No★
・異性にも同性にもモテるほうだ	Yes★・No♡
・頑固なところがある	Yes♡・No★
・日本らしい趣味を持っている	Yes♡・No★
・未練がましくないほうだ	Yes★・No♡
・人と親しくなるのに時間がかかる	Yes♡・No★
・資格が必要な仕事をしている	Yes★・No♡
・やると決めたらやり通すタイプ	Yes★・No♡

あなたがチェックした答えの、★と♡の数をかぞえてください。

★のほうが多かった人…前世パターン70「ヨーロッパで犬の美容師」
（303ページ）へ

♡のほうが多かった人…前世パターン69「江戸時代の武士」
（302ページ）へ

前世 TEST 58

下の質問に当てはまるものは「Yes」、そうでないものは「No」をチェックしてください。

・陽気なタイプ	Yes♡・No★
・小さい頃から、周りとは上手く馴染めないところがある	Yes★・No♡
・文章を書くのが好き	Yes♡・No★
・夜空を見上げると切ない気持ちになることがある	Yes★・No♡
・自分のやりたいことを中心に生きていきたい	Yes♡・No★
・人を楽しませるのが好き	Yes♡・No★
・宇宙の絵や写真を見るのが好き	Yes★・No♡
・サーカスやジャグリングに興味を惹かれる	Yes♡・No★
・人とうまく話せないときがある	Yes★・No♡
・好きなことを仕事にしたい	Yes♡・No★
・楽器を弾ける	Yes♡・No★
・地球とは違う星に行ってみたいと思うことがある	Yes★・No♡
・親のことが大好き	Yes♡・No★
・周りから変わっていると言われることが多い	Yes★・No♡
・ふと、「自分はどこからきたのだろう」と思うことがある	Yes★・No♡

あなたがチェックした答えの、★と♡の数をかぞえてください。

★のほうが多かった人…前世パターン85「宇宙からの転生３」
（318ページ）へ

♡のほうが多かった人…前世パターン86「中世ヨーロッパの劇作家」
（319ページ）へ

前世 TEST 67

下の質問に当てはまるものは「Yes」、そうでないものは「No」をチェックしてください。

・人の体を治療する仕事に就いている	Yes♡・No★
・田舎が好きである	Yes★・No♡
・仕事にやりがいを感じている	Yes♡・No★
・自然災害に大きな恐怖を感じる	Yes★・No♡
・人より収入は高いほうだ	Yes♡・No★
・組織に縛られたくない	Yes♡・No★
・自然に触れるのが好き	Yes★・No♡
・仕事を選ぶ上で重要視しているのは労働条件である	Yes♡・No★
・着飾るのは苦手である	Yes★・No♡
・自由を求める	Yes♡・No★
・仕事上の人間関係はうまくいくことが多い	Yes♡・No★
・忙しく働くのが好きである	Yes★・No♡
・恋愛と結婚は別である	Yes♡・No★
・家族の時間を大切にしている	Yes★・No♡
・シンプルな生活が好き	Yes★・No♡

あなたがチェックした答えの、★と♡の数をかぞえてください。

★のほうが多かった人…前世パターン36「日本の山村で生活」（269ページ）へ

♡のほうが多かった人…前世パターン35「タイの治療師」（268ページ）へ

前世 TEST 73

下の質問に当てはまるものは「Yes」、そうでないものは「No」をチェックしてください。

・頭が良いほうだ	Yes♡・No★
・ダンスが好き	Yes★・No♡
・親孝行は人生において重要だ	Yes♡・No★
・派手な服装や装飾品に惹かれる	Yes★・No♡
・チャンスがあったらものにしたい	Yes♡・No★
・成功哲学が好き	Yes♡・No★
・仕事よりも家庭を大切にする	Yes★・No♡
・経営者タイプである	Yes♡・No★
・自分の才能を磨きたい	Yes★・No♡
・派手な生活が好き	Yes♡・No★
・アメリカが好き	Yes♡・No★
・インドの文化に興味がある	Yes★・No♡
・貧乏な家庭に育った	Yes♡・No★
・芸や技術を学ぶことが好き	Yes★・No♡
・家族が大好き	Yes★・No♡

あなたがチェックした答えの、★と♡の数をかぞえてください。

★のほうが多かった人…前世パターン20「インドで古典舞踊家」（253ページ）へ

♡のほうが多かった人…前世パターン19「アメリカでホテル経営」（252ページ）へ

前世 TEST 82

下の質問に当てはまるものは「Yes」、そうでないものは「No」をチェックしてください。

・人と関わるのが好きだ	Yes♡・No★
・歌が得意である	Yes★・No♡
・動物が好き	Yes♡・No★
・オペラが好き	Yes★・No♡
・教会が好き	Yes♡・No★
・目の前の幸せを大切にしている	Yes♡・No★
・夢中になれるものを探している	Yes★・No♡
・人間関係に悩むことが多い	Yes♡・No★
・自分の好きなことを中心に生きていきたい	Yes★・No♡
・大自然に触れるとホッとする	Yes♡・No★
・ニュージーランドが好き	Yes♡・No★
・周りの考え方に影響されない	Yes★・No♡
・仕事に真面目に打ち込むタイプである	Yes♡・No★
・楽器を弾ける	Yes★・No♡
・自由人だと言われたことがある	Yes★・No♡

あなたがチェックした答えの、★と♡の数をかぞえてください。

★のほうが多かった人…前世パターン82「ヨーロッパでオペラ歌手」（315ページ）へ

♡のほうが多かった人…前世パターン81「ニュージーランドで羊飼い」（314ページ）へ

2　96の前世パターン

誕生日と血液型、そしてそこから導き出される「前世テスト」によって明らかとなる「96の前世パターン」を紹介します。

私たちは、一つだけではなく、いくつもの前世を持っています。本書の「前世テスト」で導かれた「前世パターン」は、あなたの今世に関係の深い一つの物語といえるでしょう。

自分自身をこの物語に投影して読んでみてください。あなたの魂の目的は何かを思い出して、カルマを解消するヒントがきっと見えてくるでしょう。

【前世パターン1】

ドイツ軍の男性

あなたは、中世のヨーロッパでドイツ軍の兵士として戦地で戦っていた前世があるようです。そのときのあなたはとても大きな体をした男性で、心も勇ましく、どの戦いでも立派に勝ち抜き、生き抜いていきました。戦地では外で寝泊まりすることも多く、その際の技術に関しては、かなり洗練されていたようです。そんな生活の中でも、絵を描くのが趣味だったあなたは、戦地にも鉛筆と紙を持っていき、綺麗な夕焼けを見つけては絵を書き溜めていました。そして1年に1度、家で待っている、両親や愛する妻と子どもたちのところへ帰り、その絵を家族に見せるのがなによりも楽しみでした。

帰省したときには、賑やかな家族に迎えられて幸せな時間を過ごします。しかし、会えなかった1年間でどんどん成長していく子どもたちを見ていると、その空白の時間が恨めしかったし、年老いていく両親や1年に1度しか触れ合えない妻のことを思うと、「こんなに輝いていている家族との時間を、いったい一生の中でどれだけ持てるのか」と考えてしまうのでした。そのたびに、家族と離れて戦争で殺し合いをしている自分がつくづくバカらしくなります。家族で過ごした後はいつも戦場に戻りたくなくて、暗く憂鬱な気持ちになるのでした。

そして、あなたが40代の前半だった頃に事件が起きます。それは、来週には1年ぶりに家族の元に帰るというときのことです。なんと、家族の住んでいる街が突然の空爆にあい、あなたの家も爆破されて家族全員が死んでしまうのです。あなたはその空爆で、1度に家族を全員失ってしまうのでした。そのときあなたは戦地にいて、そばにいてあげられなかった上に、十分に弔うこともできず大変悔やみました。そしてその数年後、あなたも敵軍に不意をつかれて殺されてしまうことになります。

あなたの魂は光の世界に行くと、来世ではどんなことがあっても家族と離れないと決め、戦いのない人生を選択したいと強く願ったのでした。戦争のつらさと苦しさを目の当たりにしてきたために、争いを避ける人生を選択してきているのでしょう。綺麗な風景（特に夕陽）を見ると、なぜか寂しい気持ちを思い出すかもしれません。

【前世パターン２】

ハワイの先住民

あなたは、昔のハワイで先住民として生きていたことがあるようです。そのときは女性でした。火山を見上げるような土地の集落で、家族と一緒に暮らしていました。そこは、ほとんどが自給自足での生活です。男性は狩りや釣りで獲物をとり、女性は畑で野菜を、山で山菜を採ってそれを料理して食べていたのです。料理もバナナの皮で肉や魚を包む蒸し焼きや、タロ芋の煮物など、工夫を凝らして生活をしていました。

あなたは、幼馴染みの男性と結婚して子どもが５人生まれました。何年も子育てに専念して家庭を守っていきます。あなたの両親と夫の両親も兄弟の家族も近くに住んでいたので、住む家は別々でしたが、食事は全員で一緒に集って食べることにしていました。ですから、食事のときは賑やかで、まるでパーティのようです。子どもたちが寝ると大人の時間が始まり、月明かりの中でお酒を飲みながらほろ酔い加減でリラックスタイムを過ごします。

また、集落では祭事ごとも多く、お祈りや儀式をして、踊りを踊って神にご馳走を捧げたりします。あなたはそのときに、雨乞いや豊作を願い神に捧げる踊りを踊る役割でした。そして夜に、天からのメッセージを占うのもあなたの役割でした。占うときには不思議なことに急に風が吹いてたいまつの火が揺れるとか、月の光がスポットライトのようにあなたを照らすようなことがあるので、集落の人たちもあなたに不思議な力が宿っていると感じていたようです。実際、あなたには霊感があり、天とつながることができていたようです。

子どもたちは、どんどん成長して大人になっていきました。そして、結婚して子どもが生まれて、あなたと夫は年老いて、生活の手段を子どもたちにバトンタッチしていきます。そして、あなたたち夫婦は２人で夕日を眺めながらお茶を飲んだり、孫たちを連れて海まで散歩に出かけたりと、ハワイの大自然の中でゆっくりと流れていく時間を楽しんで晩年を過ごしていくのでした。

そして、人生を閉じて光の世界へ。あなたは次の人生の計画を立てます。「今回の人生は、大自然の中で、ゆったりと生きる人生だった。今度は、にぎやかなところで自分の仕事を持って自立した生き方をしよう」とあなたは思いました。

【前世パターン3】

魂のレベルをあげるための宇宙からの転生

あなたは、この地球に宇宙の別の星から転生してきたようです。そのため小さい頃から、ものごとに対しての感じ方や考え方が、周りの人と自分は違うと感じることも多かったのではないでしょうか。周りに合わせていくことに大きなストレスを感じるのは、あなたの魂が宇宙出身者だったからなのです。

地球に来る前にあなたが住んでいた星は、この地球に比べて文化もテクノロジーもはるかに進んでいたようです。あなたの星の星人たちには嫉妬心や競争心というものがなく、お互いに公平に、皆で幸せに暮らしていこうと協力し合っていました。あなたはその星で、何不自由なく快適な暮らしをしていました。自分に与えられている仕事に生きがいを感じていたし、家族と幸せに日々の生活を満喫していたようです。

その星では、他の星の調査や研究が進められていました。地球はその星とは比べものにならないほど、人生における逆境が多いために、「魂が大きく変化できる星」として評価されていました。星の中枢部門では、地球で生まれ変わりたいと希望する者たちを選んで地球に送りこみます。戻ってきてからその体験を、自分たちの星の発展に役立てようという目的がありました。「地球留学」のような感覚です。

あなたはその星人の中でも好奇心や向上心も強いほうで、地球へ転生する魂として選ばれました。そして他の仲間たちと、期待に胸膨らませて地球にやって来たのです。この地球で何回か生まれ変わったら、元の星に帰っていく予定です。

ただ、まったく違う生命体に生まれ変わったので、大変なこともいっぱいです。それに、地球のシステムでは、転生の度に記憶が消えるので、あなたは生まれ変わるたびに、周りと違う理由や人と合わせられない理由がわからずに悩んでしまいました。また、あなたは「地球留学」の目的もすっかり忘れているので、魂が故郷の星を思い出すと、夜空の星を見上げて「帰りたーい」と無意識に叫ぶこともありました。

でも、苦しむことはありません。なぜなら、あと何回か自分で計画した回数の人生を済ませると、自分の星に自動的に戻る計画になっているのですから。戻ってから「あれもやれば良かった、これもやれば良かった」と後悔が残らないように、残された時間を存分に楽しむつもりで、この星に滞在していってくださいね。

【前世パターン4】

江戸の髪結《かみゆい》

あなたは、江戸時代末期に江戸に女性として生まれ、髪結を生業としていたことがあるようです。お店は持たずに、遊郭や女性客の家に道具を持って髪を結いに行っていました。その時代はあなたのような女性の髪結は、収入も良く、憧れの職業でもあったようです。

あなたには両親と年の離れた3人の弟がいましたが、父親が病いに伏してからは、あなたの稼ぎで家族を養っていました。とは言っても、まだ20歳そこそこの娘が5人の生活を見るなんて簡単なことではありません。あなたは朝から晩まで仕事道具を持って江戸の町中を駆け回っていたのです。そうやって頑張っているうちに10年の月日が経ち、弟たちも青年になり、それぞれが仕事を持ち、両親を支えることができるようになったので、あなたはやっとその生活から解放されます。

そして、かねてから付き合っていた男性と結婚します。男の子が2人生まれ、育児のために仕事を休んでいたのですが、夫が失業して次が見つからないために、あなたは夫に子どもを預けて仕事を始めるのでした。その頃から、夫との間に不穏な空気が漂い始めます。夫は、稼げるあなたを当てにして、仕事を探しもせずに家でお酒を飲みながら子どもの面倒を見るようになっていきました。そして、長屋で同じような居残り夫たちとギャンブルにのめり込んでいったのです。いつの世も、女性が自立することにはこのような問題が起きやすいのですね。

そんなダメ男でも、あなたは夫に対して情が残っているので別れられません。いつもケンカの絶えない親を見ていたあなたの息子たちは常に心を痛めていたようです。その子たちが大人になり結婚して家を出ていく時に、母親であるあなたを引き取ろうとします。ところがあなたはそれを断り、夫と一生を添い遂げたのでした。

そして、人生を閉じて、光の世界で次の人生の計画を立てました。あなたは「今度は、誰かのために働き続ける人生はやめよう。自分のために時間とお金を使いたいし、自由な心で生きていきたい」、そして「稼げるのに残らない」という「お金のカルマ」も解消したいと思いました。

【前世パターン5】

アメリカで金を掘り当てた男性

あなたは小さい頃から、おおらかでチャレンジ精神のある男の子でした。父親が早くに死んでしまったために、いつも働き詰めなのにお金の苦労が絶えない母親を見ていて思いました。「大人になったら、お金持ちになってお母さんを楽にさせたい」

その思いは、大人になるまで続きますが、なかなかお金持ちになるようなチャンスは到来しません。あなたはそのとき、金物屋で仕事を得て店員として働いていました。ある日、ツルハシやザルを買う客が増え始めたので、その理由をお客に尋ねます。すると、どうも近くの渓谷の川で金が獲れるらしいのです。兼ねてから一攫千金を狙っていたあなたは「これだ」と思い、意を決し道具を持ってその場所に出かけました。歴史上、この金の採掘を機にアメリカにゴールドラッシュ時代が到来します。その第一陣として行動したあなたは、見事に金を掘り当て、大金持ちとなったのです。

その後は会社を起こしたり投資をしたり、もちろん、母親には大きな家とお金をプレゼントしました。あなた自身も、お金持ちの仲間になって悠々自適な生活が続いていきます。でも、とても残念なことに、あなたは一攫千金で手に入れたお金を有効には使えませんでした。ゼロからの叩き上げで成功したのとは違い、経営や投資の経験がまったくなかったために、あれだけあった大金は、騙されたり、失敗したりでみるみるうちになくなっていったのでした。

時が過ぎて普通の生活に戻り、前に勤めていた金物屋を譲り受けて生計を立てていく毎日となりました。20代に手に入れた大金のことは、あなたの中では良い思い出となり、子どもや孫に語り継がれていきました。

光の世界で、あなたはいろいろと反省したようです。「今度は一攫千金ではなく、地道に働いて経験を積んで、仕事で成功していきたい」と思いました。そしてもう一つ、自分が失敗したのちも何も変わらずに愛で包んでくれた家族や友だちに助けられた人生だということに気づいたのです。その人たちに恩返しをしたいと思って、今世でも近くに生まれてきているようですよ。

【前世パターン6】

ヨーロッパで教育者の妻

あなたは、ヨーロッパで大学の教授の妻として生きたことがあります。独身の頃は、ピアノの教師をやっていました。好きな仕事だったので、結婚してからも続けたかったのですが、子どもが３人生まれた頃には、家庭との両立の難しさを感じるようになりました。そして、目の前の忙しさに疲れてしまい「いつか、時間ができたらやれるわ」と、あっさりと仕事をやめて専業主婦に。その時のあなたはこのように、何かを決める時に物事を浅く見てしまうところがありました。そのために、人生の分岐点で、熟考せずにすぐに答えを出した場面がいくつかあったようです。

夫は、大学で授業をする時間以外にも、研究室にいることが多い人でした。そのため、家族で過ごす時間はほとんどなく、夫婦２人で過ごすことはまったくと言っていいほどありませんでした。夫が15歳も年上ということもあり、本音がなかなか伝わらない上に、お互いに言葉が足りないタイプ。そのため、あまり分かり合えている夫婦ではなかったようです。それでもあなたは夫を尊敬していたし、夫は、家のことを頑張ってくれているあなたに感謝していました。ですからあなたは、夫の仕事関係の人をディナーに招いたり、夫のパーティに出席するときは「夫に恥をかかせてはいけない」と万全の状態で、しっかりとしたマナーとおもてなしを欠かさなかったので、評判の良い妻でした。また、夫の立場を考えて、子どもたちにもしっかりとした教育を受けさせたことで、３人とも立派な教育者となって独立していきました。

そのようにして、やっとあなたに自由な時間ができた頃には、若い頃のピアノの仕事に対する意欲はすっかり薄れてしまい、復活することはありませんでした。そして老後は、夫との朝の散歩、午後は飼い犬との散歩。たまにピアノを弾いたり、本を読んだりと静かな人生を送っていきました。

光の世界であなたは思いました。「家族のために生きて、それが報われた素晴らしい人生だった。でも、やりたいことを続けるために努力したかというと、答えはNo。自分自身の人生を考えて工夫したかというと、それも答えはNo」。それから「今度生まれ変わるときには、もっと自分の人生に深く向き合って、その都度よく考えられる人になりたい。今度は簡単に諦めずに、家庭も好きなことも両方ともに手に入れられるよう工夫しよう」と思いました。さらに、パートナーにはもっと会話を通して気持ちを表現していきたいとも思いました。

【前世パターン7】

インドでヨガをしていた男性

あなたは、インドで男性だったことがあるようです。とても貧乏な家に育ち、子どもの頃から働きに出されていました。ある時、市場で働いていると、そこに足を組んだり片手を上げたり片足立ちをしたりして、何時間も動かずにいる人を見かけます。仕事もせずに一日中じっとしているその人たちが「自由人」に見えて、とても興味を持ち憧れました。それがヨガだと知ったあなたは、さっそくヨガを教えているアシュラム（僧院）に通い、ヨガをマスターします。そして、ヨガのポーズで瞑想をするのが大好きになりました。それからは、一生を通してヨガを実践していくようになります。

大人になり、ヨガの修行者になろうと思ったこともありましたが、それはもう人間の域を超えた行のように思えて、そこまではできないと思い断念します。あなたは穀物を扱うお店を開きそれで収入を得ながら、そのかたわらで、毎週のようにアシュラムに通いヨガを実践していきました。また、年に何回かはお店を閉めてインダス川のほとりで寝泊まりしながら、川の中でのヨガを何日も続けて実践していくのがあなたの楽しみであり、生き甲斐もあったのです。

結婚して子どももいましたが、このスタイルは一生変えずに生きていきました。あなたは子どもたちが大きくなる頃に、ヨガに誘おうとしました。でも子どもたちは、あなたの経営しているお店には大きな興味を示しましたが、ヨガにはまったく興味がなかったようです。子どもたちにとっては、自分たちが小さなときから、父親は遠い存在だったのです。家族をそっちのけでヨガに懸命なあなたのことが、あまり好きではなかったようです。

光の世界で、あなたはあることに気がつきました。それは、前世で自分のやりたいことだけをやり続けて、人とのかかわりを避けていたということです。自分には友達もいなかったし、家族にさえ無関心だった。そんな自分は、家族から見ると「身勝手な夫、父親」だったに違いないということに、死んでから初めて気づいたのです。そんなあなたは「今度は積極的に周りとかかわり、家庭を持ったら家族に目を向ける人生にしたい」と計画してきました。そして、大好きなヨガは軽い趣味の範囲内で収めようと思いました。

【前世パターン8】

ヨーロッパで研究職

あなたは、ヨーロッパで女性として生きたことがあります。医学の道に進み、ずっと研究の仕事をしていました。その時代はまだまだ、女性が医者や研究者になるのは難しい時代でした。それでも父親が医者で、あなた自身も頭が良くてどんどん学力を伸ばしたので、その道が開けていったのでした。父親と同じ医師の道を選ぶつもりでしたが、大学で研究を続けるうちに、病気を治療することよりも「病気を治すものを作りたい」という気持ちのほうが大きくなり、本格的に研究の道に入ります。

その後、あなたは独身時代、大学の研究室に入り浸る生活が続きました。そして、結婚を機に薬品会社の研究所に転職します。夫は大学教授で稼ぎがあるので、子どもができたらあなたに専業主婦になってほしいと望んでいました。でもあなたは仕事に対する情熱が強く、研究職を捨てることはできませんでした。2人の女の子を出産した後、あなたは仕事に復帰します。夫との「夕方には家にいて子育てをしっかりする」という約束を守りながら、仕事を続けていったのでした。

その約束のおかげで、母親の愛情をしっかりともらえた子どもたちは、すくすくと素直に育っていきました。成人すると2人とも、尊敬する母親と同じ医学の道に進んで行きました。そして2人は、女性医師としてたくさんの患者を助けていくことになります。これはあなたにとっては、この上なく嬉しいことでした。

また、家族には共通の楽しみがありました。それは家族で一緒に楽器を演奏することです。あなたはピアノが趣味で、夫はバイオリンを弾けたので、子どもたちのフルートとチェロで音を合わせながら1つの曲をレッスンしていくのが家族の週末の過ごし方でした。これはあなたにとっては、忙しい中でも心のバランスを保つ上での重要なエッセンスでした。

人生が終わり、光の世界であなたはとても満足していました。そして次の人生を考えたときに、迷わず「次の人生も、仕事と家庭の両方のバランスをうまくとって、2つの幸せを手に入れたい」と決めました。そして、好きだった音楽のセンスも持って生まれてきたようですよ。

【前世パターン9】

ヨーロッパでチーズ職人

あなたはヨーロッパの小さな村で、チーズ職人として生きていたことがあるようです。その時は男性で、父親からの仕事を受け継いで工房を経営していった人生でした。弟が2人いて、兄弟3人で家業を切り盛りしていきました。あなたの工房のチーズは評判が良く、街の数々の飲食店からの注文が絶えなかったので、なかなか休みも取れない生活でした。けれども、3人とも働き者で文句も言わずに、協力して家業を支えていきました。

そんな中、20代で同じ村の娘と結婚して、子どもが生まれて家族ができます。休みの日は家族で買い物に出かけたりピクニックに出かけたりと、あなたは家族思いで優しい父親でした。また、教会のミサや祭事ごとも一生懸命に協力する一面も持っていたので、村人からも慕われていました。

子どもの頃から好奇心が強く、想像力もたくましかったあなた。本来は「自由に動き回りたい」という願望が強かったので、家族と仕事に縛られた生活で知らず知らずのうちにストレスが溜まってしまうこともあったようです。そのため、仕事も人間関係もうまくいっていたのに、ときどき窮屈に感じるときがありました。それでも、寂しがり屋なあなたにとっては、家族で一緒にいる時間が大好きでした。

またあなたは、過去のことや今のことに対しては心配せずに割り切れるのですが、将来のことに関しては心配ばかりしていました。結果的には、心配していたことは未来には一個も起きませんでした。それでも、一生を通して将来への心配は尽きませんでした。

あなたは、人生が終わり光の世界で、次の人生の計画を立てます。人生に対して思い残すことは何もなかったのですが、ただ1つ「将来の心配は無駄な時間だった」と後悔したようです。「今度は、起きてもいない将来のことを心配するのはやめよう。そして『今この瞬間』を大切にしよう」と思いました。さらに「自分自身のことをもっと大切にしよう。そのためにも、今度は自分だけの自由な時間を作ろう」と思いました。

【前世パターン10】

日本の尼僧

あなたは日本の京都で尼《あま》として生きたことがあるようです。尼になる前のあなたは武家の妻で、子どもを産み育てていました。子どもにはしっかりと物書きやお作法を教えるなど、子育てに余念がありませんでした。また、あなたは夫への意見もはっきりと言える性格の持ち主で、使用人たちを指導して家の経済的なこともあわせて切り盛りしていました。夫が不在のときには、責任を持ってお家を守ることが武家の妻の役目だと信じていたのです。

結婚する前のあなたは商人の娘として育ちました。兄3人の下に生まれた、たった1人の女の子だったこともあり、両親からも兄たちからも可愛がられて育ちました。また、裕福な家だったので、小さい頃から食べ物や着物はあなたの好きなものを選ばせてもらえたし、わがままなことも家族の中では通用していました。そんな環境の中で育ったあなたが武家に嫁ぐことになり、家族は大いに心配したのですが、あなたは覚悟を決めて愛する人の元に飛び込んでいったのでした。

そんなある日、夫が戦いの途中に敵に殺されてしまいます。息子たちがまだ成人していなかったので、あなたは、その子たちを育てるために、家を存続させて生活を続けていきました。そして息子たちが成人すると、あなたは1人で出家を決めて、京都の仏門の寺に住み、新しい名前をもらってそこで新生活を始めたのでした。

とても質素な生活ではあっても、武家の妻の時代から節約を心がけてきていたので、ちっとも苦ではなく、むしろ寺に住み、つましい生活の中で修行ができることが嬉しかったようです。子育てからも解放されて、心安らかになれたのでした。独身の頃は商人の娘としての贅沢な暮らし、そして武家の妻としてのつましい生活、1人だけの尼僧としての暮らし。あなたは人生でまったく違った3つの生き方をしたということが言えるでしょう。

そして、人生が終わり光の世界で次の人生の計画を立てます。「次は、もっと普通でいいから、温かい家族をやりたい」と思いました。父親と母親がいて、子どもたちがいて、みんなで温かい食卓を囲む。そして、孫が生まれて孫を可愛がり、その平凡な生活の中で年老いていきたいと思ったようです。もちろん、今世はパートナーともっと長く寄り添っていきたいとも思いました。

【前世パターン11】

ニュージーランドで旅人

あなたは18世紀に、ニュージーランドで暮らす男性だったことがあるようです。小さい頃から好奇心が強く、知らない場所に出かけることや新しい出会いにワクワク感を覚える少年でした。想像力もたくましく、まだ見たことのない場所に行ってみたいというのがあなたの夢でした。でも現実は体が病弱で、住んでいる町以外に行く機会はありませんでした。

大人になったあなたは体もずいぶん丈夫になりました。そしてあるとき、街の印刷会社の求人を見つけます。その会社では、地方のニュースを募集して、実際にそこへ取材に行って記事にするような部門を始めたところでした。あなたはそれに応募して、見事その仕事を獲得します。それはあなたが昔から憧れていた「初めての場所に行くこと」が仕事でした。

あなたにとってその仕事は、期待通りにたくさんの経験をさせてくれました。どの村にも町にも歴史とドラマがあることを知り、わくわくの連続でした。

ただ、仕事のノルマや期限はきつく、もらえる給料はわずかでした。そこであなたは、一大決心をして、会社を辞めます。そして、行きたい村や町に数ヶ月間滞在し、アルバイトをしながら食いつなぐという生き方をする決断をしたのでした。まさに職業は「旅人」です。生活は楽ではないけれど、自分の好きなことを好きなようにやっているという充実感に満たされて過ごす毎日でした。

その後何年経っても、結婚して家庭を持つことを選ばず「自由人」としての人生を歩いていきます。たまに地元に戻って家族と過ごすと、また旅に出ます。そうやって、子どもの頃から憧れていた生き方をあなたは貫いていったのです。

光の世界で、あなたは十分に満足していました。「旅人としての人生は満喫した。次は正反対の人生を歩みたい。地に足をつけた生き方をしていこう。何か充実できる仕事を手にして、結婚して家族を作ろう。そして家族でたくさんの思い出をつくるために、旅行やアウトドアは趣味としてやっていこう」と決めました。

【前世パターン12】

スペインの海辺の村で漁師の妻

あなたはスペインで女性として生きていたことがあるようです。そこは、丘に白い壁の家がずっと立ち並んでいるような場所です。あなたはその村で漁師の妻でした。夫は何日もかけて、漁船に乗って遠くまで漁業に出かけていきます。その間、あなたは近くの海に潜って魚をとったり貝をとったりしていました。

そのような中であなたはひそかに、本当は船に乗って夫のように地中海に乗り出したいという思いを持っていました。でも、漁船は女人禁制の時代だったので、その思いは叶いませんでした。不満はありましたが、それでも小舟を使って魚を釣ったり、海に潜って魚介類を取ったりするのもなかなか楽しい仕事だったので、ストレスではありませんでした。

また、あなたには子どもが7人もいて、子育てに家事、仕事と大忙しの生活でした。7人の子どもの子育ては本当に大変で、毎日忙殺されて自分の時間を持てないのが現実でした。最後の子どもが大きくなるまでには長い年月がかかり、それまでは忙しい生活がずっと続いていったのでした。でも、そんな中でも子どもたちが確実にすくすくと成長していく姿を見るのは、何よりも嬉しいことでした。そしてあるとき、ついに最後の1人が巣立っていく日がきました。その時は、あれほど狭いと感じていた白亜の家が、がらんと広く感じて寂しくなったと思っていました。

そうやって、あなたの人生の第一幕目が終わりを告げて、第二幕目が始まります。やっと自分の時間が取れるようになったあなたは、子どもたちが残していった本や、市場で手に入れた本に夢中になります。読書が毎日の趣味になり、冒険物語や他の国の物語など、どれを読んでもドキドキわくわくしました。それは、あなたの叶わなかった夢の疑似体験になっていたのかもしれません。

そして人生が終わり、光の世界で次の人生の計画を立てます。あなたは、大きく影響を受けた本の中で、一番に憧れた生き方をすることにしました。それは、冒険物語で読んだ「束縛されない自由な人生」です。「見たことのない場所や、いろいろな国に行きたい。何にも縛られずに、自由な身で、海を越えて行きたい」そう決めたのです。それともう1つ、今度は結婚しても、子どもは7人はいらないとも思いました。

【前世パターン13】

日本で農家の妻

あなたは、日本の古い時代に農家に嫁いだ妻だったことがあるようです。もともと自分も農家に生まれ育ったあなたは、結婚して農家に嫁いでも慌てることなく、覚悟を決めて日々頑張っていました。新婚生活は夫と夫の父母、祖父母の３世代で暮らすところからスタートしました。あなたには子どもが次々に生まれて、６人の子どもを育てます。育児も家事も、夫の母や祖母に教えてもらいながら、さらに農業も頑張っていました。

夫はとても優しい男性だったし、父母や祖父母も常識のある人たちだったので、それほど辛い思いをすることはありませんでした。とは言っても、よそ者の嫁に対しては、しきたりや風習という壁が当然のように立ちはだかっていて、厳しい部分も多々ありました。嫁はなんでも順番は最後で、食事もゆっくり食べることなどできません。夜中に家族の着物やぞうりのほころびを直したり、夜が明ける前から朝ご飯の準備を始めたりします。里帰りも３年に１度ぐらいしかできないような生活がずっと続いていきました。それでもあなたは、夫の優しい愛情に支えられながら立派にやりこなして生きていったのでした。

時が過ぎ、成人した子どもたちが、結婚して家から出ていく時期がやってきました。そこからは、長男が夫のあとを継ぐような形で新しい生活が始まります。祖父母はその頃には他界していたので、長男から見る父母と祖父母と長男夫婦の３世代でのスタートとなります。あなたは、長男の嫁に役割をバトンタッチして、やっと息がつけるような時間を持てるようになりました。孫と遊んだり、みんなが寝た後に、夫と少しだけお酒を楽しんだりする時間もできました。そしてまた時が過ぎ、今度は息子から孫息子にバトンは渡り、あなたたち夫婦は祖父母となり、あなたは寿命を全うして静かにその命を閉じたのでした。

光の世界で、あなたは次の人生の計画を立てます。「12人の大家族の生活は大変だったけれど、それはそれで楽しかった。でもやはり６人の子育ては大変。新しいことや、やりたいことまでは手が回らなかった。今度は働き詰めではなく、ゆるーい感じの自由が欲しい。次の人生は、自分の好きなことをしてゆっくりと生きていきたいな」と、あなたは思いました。

【前世パターン14】

トルコでオイル商人

あなたは、中東のトルコで、オイル商人の男性だった人生があるようです。子どもの頃から、同じようにオイルの商人だった父親を見て育ったあなたは、大人になると父親に習ってオイルの売買を始めました。いくつものオイルのタンクを積んだ馬車で川辺でキャンプをしたり、宿に泊まったりしてその地方のローカルなお酒や食べ物を楽しみます。そのように地方を回ってオイルを仕入れていく旅が、あなたは大好きでした。

ある年の秋の紅葉が始まる頃に、旅の途中のある町で、ある女性と運命的な出会いをします。２人は一瞬で恋に落ちました。その町にあなたが滞在している４日間、２人は片時も離れずに、愛に満ちた幸せで濃厚な時間を過ごしたのでした。あなたが町を離れる時には、別れを惜しんで、再会を約束して別れます。しかし、その後２人が会うことは１度もありませんでした。

地元にたどり着く頃にはあなたの気持ちは決まっていました。「たったあれだけの時間で心がつながるなんて有り得ない。どうせ戻ったときにはもう別の男がいるに違いない」「自分のような男を待っている訳がない」などと、どんどん心配性な性格が出てきて、悪い妄想が広がり、あなたはそのとき、「運命の出会い」を簡単に投げ捨ててしまったのでした。

その後あなたは別の女性と結婚して、子どももできます。家族のために、仕事を頑張りました。紅葉の季節になると、あの町で恋に落ちた彼女を思い出すことはあったのですが、時の流れと共に古い思い出になっていきました。そして老後は「釣り」が趣味となり、静かな日々を過ごしていきました。でも、実は町の彼女はあなたと別れたあの日からずっと10年間もあなたを待ち続けていたのでした。

そして人生が終わり、光の世界であなたはそれを知ります。もし、あの時諦めずに彼女の元に戻っていたら「彼女と結婚して一生連れ添って生きたという、もう一つの人生があった」ということを死んでから知ったのです。「心配しすぎて思い込みからチャンスを捨てるなんて、なんて愚かなことだろうか。今度のやり直しでは、考え方を変えて『心配しない』『思い込みで諦めない』自分にしよう」とあなたは思いました。

【前世パターン15】

アメリカで建築家

あなたはアメリカで建築家だったことがあるようです。その時は男性として生きていました。

小さな頃から絵を描くのが上手で、小学校の頃にはノートの空白部分に、すきまなく絵を描いていました。頭も良かったので学校の勉強だけでは物足りず、家に帰ってからは父親の書斎にある本を読むほどでした。両親はあなたに、父親と同じ学問の専門家になってほしかったのですが、あなたはその方向にはまったく興味がありませんでした。好きな絵を描く仕事に進んでいきたかったのです。

それでも、親から「絵を描くことで食べていくのは難しい」と何度も説得されます。ならばデザインや設計のような仕事に進むということで、お互いに妥協したのでした。そして、建築物の設計やデザインの専門の道に進んでいきます。あなたはその道で、簡単に知識や技術を習得していき、仕事に就いてからも、頭角を現してキャリアを伸ばしていきました。

結婚して子どもが生まれたあなたは、事務所を持って建築家として多くの仕事を手がけていきます。一番に進みたかった職種ではなかったのですが、デザインや設計も好きな分野だったのでとても充実していました。その正確な設計とモダンなデザインに人気が集まり、数年のうちに、何人もの設計士を雇って、事務所を経営するほどになっていました。

そしてあなたは、仕事としては諦めた「画家」を趣味の域でやっていきます。数日の休みをもらって、1人で静かな湖畔に出かけて風景画を描いたり、部屋に閉じこもり果物や花の絵を描いたりするのが楽しみでした。老後は、仕事は引退しましたが、この「絵を描く」ことは毎日のように続けていったのでした。そしてたまにギャラリーを開いて、欲しいという人に破格の値段で絵を売ったり、あげたりしていました。

人生が終わり、あなたは光の世界で次の人生の計画を立てました。「今度生まれてくるときには、妥協せずに自分のやりたいことに進もう。自分の一番好きなことを仕事にしていこう」とあなたは思いました。そして「好きなことを、好きな時に、好きなようにやっていく」自由さも手に入れたいと思いました。

【前世パターン16】

インドで看護師

　あなたはインドで、世界最古の医学療法であるアーユルヴェーダの看護師だったことがあるようです。その時は女性でした。当時インドには、厳しい身分制度があり、あなたの家系は代々、医療の中での医師か看護師の仕事に就くことが決められていました。女性が医者になるのは難しい時代だったので、あなたの親戚の中では多くの女性が看護師として働いていました。あなたは小さい頃から母親の看護師としての後ろ姿を見て育ったので、大人になった時に看護師になることには抵抗はありませんでした。

　あなたはとても有能で、一緒に働いている医師よりも知識があり、周りからも一目置かれるような看護師でした。どの時代もそうですが、女性が有能だと男性陣にとっては面白くないし、嫉妬心を買うものです。あなたも例にもれず、若い頃はどこに行っても医師たちからは煙たがられていたし、いじめられることもありました。でも、キャリアを積むに連れて、あなたの実力は周りに認められるようになります。有名な医師に直々に頼まれて、大きな病院でその医師のもとで働くようになっていったのです。

　あなたにとって仕事は生き甲斐となり、病を持ったたくさんの人々を医者並みに助けていく毎日でした。そして気がつくと、自立した独身女性として一生を送っていったのです。姉妹と仲良しだったあなたは、甥や姪にあたる子どもたちを可愛がっていたので、自分に子どもがいなくても家族の中に居場所を見つけていました。老後もその甥や姪と親しく付き合っていたので、寂しいと思ったことはありません。でも、もし自分も結婚して子どもがいたならもっと思い出も多く、楽しかったのではないかしらと考えることもあったのでした。

　そして、人生を閉じた後にあなたは、次の人生の準備を光の世界で始めました。「人のために尽くす人生はとてもやり甲斐があった。でも、今度の人生は違う生き方をしてみたい。仕事一本ではなく、結婚して子どもを産んで、家族を大切にしよう。そして、時間ができたときにはまた、ボランティアなどで人の役に立っていく人生を送りたい」と思いました。

【前世パターン17】

古代ローマで兵士

あなたは、古代ローマで生きたことがあるようです。そのときは男性で、成人したあなたは仕事としての兵士を自ら志願しました。ローマの基地に駐屯して、他の兵士たちと生活を共にしていました。その時代の兵士は、災害などのときに市民を助けに行くのも役割の1つでした。それから、ローマ街道を作ったり修理したりという土木事業も受け持っていたようです。あなたはその中で、石工技師として働いていました。

そうして真面目に働き続けているうちに、士官として出世していきます。何に関しても地道にきっちりとやりこなすあなたは、周りから信頼され、尊敬されるような人物でした。石工技師としても腕を上げ、基地の中の浴場の施工を任されて、その任務を完璧にこなしていきます。芸術的な才能もあったので、石柱に美しい彫刻を施すこともあったようです。

そして、戦いに備えて毎日のように軍隊生活の中で戦いの訓練を重ねます。国が攻め入っていく戦争が起きると、命をかけて戦っていきました。そんな中で多くの部下が死んでしまうこともありました。あなた自身も、何度も大けがをして戻ってきては、また戦場に出かけていくのでした。それは、いつ自分が死んでもおかしくない状況下でした。あなたは誰にも言いませんでしたが、本当の心のうちは、そのような殺し合いの戦争が大嫌いでした。でも、逃げ出すわけにもいかないので、あなたは心にも仮面をかぶせて大勢の敵を殺していったのでした。

そんなあなたを支えてくれたのは、田舎の妻や子どもたちの存在でした。畑の刈り入れ時期になると田舎に帰って家族と過ごせることを、何よりも楽しみにしていました。

ときが経ち、40年余りの兵士生活を終えて、退役したあなたは地元の家族のもとに戻ります。そこでは農家を継いだ長男家族と妻と共に、平和な老後を過ごしていきました。しかし、あなたには戦場でのトラウマが残っていたために、度々、敵と殺し合いをする夢を見てパニックに陥ってしまうのでした。

人生が終わって、光の世界で次の人生の計画を立てました。「今度生まれるときは、命を奪い合うような生き方はしたくない。戦争とは縁のない国に生まれたい。そして、のんびりと家族で平和に暮らしていきたい」とあなたは思いました。

【前世パターン18】

フランスで香水作り

あなたは中世のフランスで女性に生まれ、香水の製造をしていたことがあります。家族経営で広大な畑と蒸留所を所有して、畑で育てた植物から製品になるまでを一貫して製造していました。ローズマリーやラベンダー、バラやジャスミンなどを畑で栽培して、それを蒸留させて香水を作っていきます。あなたは子どもの頃から、家中から花の香りがすることが大好きでした。

毎朝、花畑に出かけるのは、あなたの楽しみでした。刈り入れどきになると畑の中に素晴らしい花の香りが漂い、あなたは仕事をしながらその香りに酔いしれるのです。蒸留を終えて製品になった香水を街まで運んでいくのも、また楽しい仕事でした。いろいろなおしゃれなお店に香水を運んだり、ブルジョアの家に入ることもあり、知らない世界を垣間見ることができたからです。

大人になり、あなたは結婚して酪農家に嫁ぐことになります。そこでは、真夜中に起床して牛の世話が始まります。それまでとはまったく違った生活のスタートです。何に対しても完璧主義だったあなたは、そこでも力を尽くそうと頑張りました。でもすべてのことを頑張りすぎて、何度も体を壊してしまいます。夫も夫の家族も最初は心配してくれていましたが、体調不良がたび重なるうちに、だんだんと態度が冷たくなりました。そして５年ほど経った頃に、とうとう夫から離縁されてしまいます。あなたが虚弱だということと、子どもを産めなかったことが理由でした。あなたは傷つき、絶望的な気持ちで実家に戻ったのでした。

そんなあなたを、家族は温かく迎え入れてくれました。それから３年後、新たな素敵な出会いがあり、恋に落ちて結婚します。その夫があなたの両親に頼み込んで、一緒に家業の香水作りを手伝っていくことになるのです。そのおかげで、あなたは結婚しても花に囲まれた生活を手放さなくて済みました。そして、２人に可愛い女の子が生まれます。そこからは幸せな家族の歴史が始まり、あなたは老後も夫と子どもたちと孫たちに囲まれて、幸せに過ごしていきました。

そして、人生を閉じて光の世界で次の人生の予定を立てます。「なんて幸せな人生だったのでしょう。今度も同じような人生にしたい。『花が大好きな人生』と『家族のことが大好きな人生』をどちらも手に入れたい」とあなたは思いました。そしてもう１つ、「今度は、完璧主義はやめてもっとゆるくのんびりいこう」と決めました。

【前世パターン19】

アメリカでホテル経営

あなたは200年ほど前のアメリカで男性として生きたことがあります。アメリカ生まれのアメリカ育ちでしたが、あなたの両親はヨーロッパから移民としてアメリカに移り住んできていました。両親とも働いていましたが、低収入だったためにあなたは貧困生活の中で育っていきました。

そんな子ども時代を過ごす中、あなたの中に「お金持ちになりたい。こんな生活から抜け出したい」という思いが少しずつ湧いてくるようになります。将来のことを考えて、とにかく勉強を頑張りました。頭も良かったので高校に入る頃には成績も優秀で、ついには有名大学に国のお金で行くことができたのです。あなたは迷わず経営学部でビジネスを学び、卒業後は都会のホテルに就職します。

数年後、あなたはホテルの令嬢から気に入られて交際が始まり、彼女の家族にも気に入られます。でも、彼女の家は昔からの上流家系で、貧乏なあなたの両親のことを、彼女は快く思っていませんでした。そんな中で結婚の話が進んでいきます。あなたは「こんなチャンスはない。自分が成功すれば両親にも親孝行ができる日が来るさ」と軽く考えて、自分の両親と疎遠になることを暗黙のうちに受け入れ結婚したのでした。

あなたは、妻の父親の補佐役として手腕を発揮していきます。子どもたちが生まれ、ホテルの経営を任せられるようになったあなたは、どんどん経営を広げて彼女の家族の発展に貢献していきました。そして収入は上がり、生活はどんどん派手になっていきました。あなたにとっては夢のような生活です。そして年月は移ろい、気がついた時には子どもたちは成人して、あなたの両親は年を取り、相次いで他界しました。あなたはここで、自分のことに夢中で昔に考えていた親孝行は何1つできていなかったことに気がつきます。「いつか、そのうち」と思っているうちに、親はいなくなってしまったのでした。

結婚したら疎遠になるとわかっていても、あなたがチャンスをつかんだのならと受け入れてくれた両親。あなたから何の音沙汰がなくても、困るだろうからと連絡して来なかった親。そんな親の愛情に気づいて、あなたは涙が止まりませんでした。

そして人生が終わり、あなたは光の世界で次の人生の計画を立てます。「次は、もっと親を大切にできる人生にしよう。結婚する相手が親を嫌っても、説得する勇気を持とう。自分を産み育ててくれたことへの感謝を忘れてはいけない」とあなたは決めました。

【前世パターン20】

インドで古典舞踊家

あなたはインドで、女性として生きていたことがあるようです。大家族の末っ子として生まれて、兄や姉、両親に可愛がられて育っていきました。４歳のとき、家族と一緒に出かけた寺院で、あなたは神への奉納の踊りを見て一瞬で魅了されます。家に戻ると、幼いあなたは踊り子の格好を真似て踊り出したのです。家族はそんなあなたがあまりに可愛らしいので、喜んで観客になりました。

10代の頃には、寺院で祭事があると儀式で踊る手伝いをするようになり、さらに舞踊に夢中になっていきます。あなたが「もっと専門的に学びたい」と家族に相談すると、みんなが賛成してくれて、あなたは家族のいる街を離れ東インドへと旅立ちました。

そこであなたは何年も修業を積み、ダンスのプロとなります。あなたが学んだ古典舞踊は神に奉納するための舞踊でした。白い花輪を頭に飾り、きらびやかな衣装を身にまとい、たくさんの宝石を身につけて踊ります。そのダンスはインドで有名な伝統舞踊だったので、いろいろな地方からゲストで呼ばれて踊り、仕事となっていきました。そして、同じ舞踊をしている男性と結婚して子どもが生まれ、家庭を持ちました。５人の子育てに追われる生活が始まり、あなたは家事育児に専念します。

実は、結婚直前に踊りの師匠から、より専門的な技術を学んで古典舞踊の最高峰を目指さないかと言われました。あなたは二者択一を迫られ、深く悩んだ末に家庭を選びました。その理由は、自分自身が大家族に生まれて家族が大好きだったことと、その家族から離れて家族のありがたさを知ったからでした。あなたは７人の兄や姉、両親からもらった温かさを、これから生まれる子どもたちに返そうと決めたのでした。だから、それだけの才能とチャンスを捨てても何も惜しくはありませんでした。

夫がしっかりと稼いでくれたので、あなたは子どもたちの子育てに安心して集中することができました。そして、あなたと夫の才能が引き継がれて、なんと15人もの子や孫が古典舞踊家になりました。あなたにとっては素晴らしい人生のプレゼントとなったのでした。

そして人生が終わり、あなたは光の世界へ。そして次の人生の計画を立てます。「家庭を選んで本当によい人生だった。でも今度は、もしチャンスがあれば自分自身を向上させるほうを選んでみてもいいかな」と思い、今世に生まれてきました。

【前世パターン21】

イタリアでガラス工芸の職人

あなたは、イタリアでガラス工芸を生業としていたことがあるようです。その時は男性で、親から受け継いだベネチアンガラスの工房を経営していました。完成した工芸品は、スペインやイギリスに船に積まれて輸出されていきます。あなたの作ったベネチアンガラスは、どれも美しい色合いと繊細なセンスが評価されて貴族やブルジョアから人気がありました。ですから、高額でも注文が多く、イタリアの田舎まで直接買い付けに来るお金持ちもいたほどでした。

小さい頃から親の後ろ姿を見て育ったあなたは、10代からは実際に工房で製作していくようになります。真夏はめまいがするほど温度が上がる工房。汗びっしょりになりながらも、大人の職人たちに混ざってどんどん腕を磨いていきました。趣味で指輪やイヤリングなどを作って、お店で買うと高価な物を友人たちにプレゼントしては喜ばれていました。

成人してから、同じベネチアン工芸を学んでいた女性と出会い、長い付き合いの後に結婚します。２人は自分たちの工房と技術を引き継いでくれる子どもが欲しかったのですが、２人の間に子どもはできませんでした。そして、結婚して10年ほど経った頃に、家業の跡取りのために養子を取ることにします。男の子と女の子を孤児院から引き取って、本当の子どものように可愛がって２人を育てていきました。

子どもたちが大きくなると、あなたたちは２人に後継ぎの話を進めようとします。しかし２人の子どもたちは、小さい頃は気を使って無理やり話を合わせていましたが、実はガラス工芸にはまったく興味がありませんでした。そのため、大人になると跡継ぎを断って、家を出て別の仕事に就いたのです。望みが叶わずがっかりしたあなたでしたが、老後はキッパリと工房をやめて、妻と静かな日々を過ごしていきました。

光の世界であなたは、次の人生のプランを立てました。今度は、結婚して子どもを作ることにしました。血のつながった親子の縁を経験したいと思ったのです。それに次も、芸術的かつ職人的な仕事がしたいと思いました。

【前世パターン22】

ヨーロッパで修道女

あなたはヨーロッパで修道女として修道院で暮らしていたことがあります。修道女になる前は、恋愛結婚をした夫と幸せに暮らしていました。しかし、その最愛の夫が病気で死んでしまいます。そうして打ちひしがれていた時に、昔から憧れていた修道女になることを決めて、修道院の門を叩いたのでした。

修道院では、厳しい規律の中で共同生活をしていました。まだ明けやらぬ早朝のうちから起床して、夜は遅くまで祈りを捧げ、消灯して就寝します。日中は祈りやミサを中心としながら、菜園で作物を作ったり、手作業でパンを作ったり縫い物をしたり。特に、庭づくりの作業はあなたを癒してくれるお気に入りの時間でした。そのように毎日決まった時間割で、世間の喧騒から離れて淡々と手仕事をやっているうちに、平和に静かに流れていく時間があなたは大好きでした。

そして、何年か経つうちに修道院で気の合う友人も何人かできてきました。お互いに身の上話を始めると、同じような境遇から修道院に導かれてきている女性が何人もいることがわかり、周りの人が同じ生き方を選んだ同志に思えました。そして、あなたは持ち前の面倒見の良さから周りからの信頼が厚く、修道院の中でリーダーとして活躍していきました。

そんなある日、教会が建てた病院施設での奉仕が始まり、今までとは違う生活が始まります。病人を看病することも、死にゆく人を看取ることも修道女の仕事となっていきました。病気で苦しんでいるときに優しい言葉をかけてあげるだけで、喜びで涙を流すのを見て、あなたは「人を幸せにする」という実感を持ちました。そして、そこで生き甲斐を見つけることになります。それからは、できる限りの力で、愛と奉仕を実践していく、修道女としての一生を送っていったのでした。

あなたは光の世界で、今世もこのときと同じような生き方をしていきたいと思ったようです。「奉仕」につながるような何かを見つけて、人の役に立つ人生にしたいと思いました。そして、忙しい生活の中でもリラックスして、大好きだったガーデニングなど、自分自身を癒す時間を作りたいと思いました。

【前世パターン23】

カリブ海の海賊

あなたは前世で、カリブ海で海賊だったことがあるようです。その時は男性。当時、どんなに地道に仕事を頑張っていても、その重労働の対価にはわずかな賃金しかもらえませんでした。そのため、手早く金銀や輸出品を他の船から奪うという仕事は、あなたにとってはとてつもなく興味をそそられるものがあったのです。しかもその頃は、イギリスの国の政府自体が、奪い取った財宝のいくらかを国に収めるという条件を出して、海賊を暗に応援しているときでした。

国が後ろ盾をしているということで、海賊業を正当化したあなたは、家族を養うために決断して海賊団に参加しました。妻や子どもたちには本当のことは言えず、「貿易船」に乗るという嘘をついて、実はその貿易船を襲う仕事をしていたのでした。気が合う仲間もいたし、仕事が成功すると美味しいお酒を好きなだけ飲めることも魅力的でした。子どもの頃から戦いごっこをして育ったあなたにとっては、略奪にはなんとも言えないほどの「勝利の達成感」があったのです。でもそれは、他人から物を盗んで「自分が勝った」という間違った達成感でした。

ある日、いつものように貿易船を狙って仲間で船に乗り込むと、敵は思った以上に強く人数も多かったために、ほとんどの仲間が殺されてしまいます。あなたもその戦いで捕虜となり、家族の住むイギリスとは遠く離れた国で、無念にも処刑されてその命を閉じてしまうのでした。

死ぬ前にあなたの心を苦しめたのは、家族のことでした。自分が突然帰らなくなって、家族はどう思っているのか、生活はしていけるのか。あの幼い子どもたちの将来はどうなってしまうのか。そんな思いを胸に抱いたままで処刑されて、その人生が終わってしまうのでした。

そして、あなたは光の世界で次の人生の計画を立てました。「海賊は楽しかったし、スリリングで弾ける人生だった。仲間もいたしたくさん稼げた。でも、家族のことはどうだろう。自分のせいで不幸にしたのではないか。本当はもっと家族と一緒にいたかった。今度の人生は、派手な人生はいらない。もっとつましく生活をして、家族との幸せな時間をいっぱい作ろう」そう思って、あなたは今世に生まれてきたのです。

【前世パターン24】

日本の朝廷貴族

あなたは16世紀頃の日本に生きていたことがありました。そのときは女性で、貴族の娘として生まれ育っていきました。小さい頃から、いずれは偉い人か大金持ちに嫁ぐことがわかっていたので、あなたには教育係や世話係がついていました。そして、たしなみや教養を身につけていったのです。友達は全員が貴族の子だったのでお互いに、親の都合で友達が決まりました。

10代になると、宮殿で節句や行事があるときには十二単（じゅうにひとえ）という着物を着る機会が多かったのですが、あなたはそれが大嫌いでした。なぜなら、着るのにも時間がかかるうえに、20キロの重さがあるので、重くて歩くのにも一苦労だったからです。そして身動きが取れないままで１日中着ていなければならないのが苦痛でした。それでも伝統的な装いなので顔には出さずに我慢を通していました。

そして、縁談がまとまる年頃になりました。あなたは親が決めた人と一緒になります。相手は公家の貴族の男性で、小さい頃から一緒に遊んでいた仲でした。ですから、あなたはあまり新鮮さもわくわく感もなく結婚して、子どもを２人産みました。その子どもたちも貴族としての大切な存在なので、母の手から教育係やお世話係に預けられます。

あなたの楽しみは、美味しいお茶をたてて甘いお菓子を食べることと、香を楽しむことでした。週に１回はお茶会を開いて、気の合う友達を呼んで楽しい時間を過ごすのです。そして、本を読んだり手紙をしたためたりすることもあなたの大切な時間でした。そのような生活の繰り返しの中で、刻々と時は過ぎていきました。老後は、家族でたまに会うことが楽しみで、夫と時間を過ごすことも多くなり、幼馴染みでもある夫とは昔話に花が咲いたりすることもありました。

そして、優雅な人生が終わり、あなたは光の世界に行って、次の人生の計画を立てました。「貴族は退屈。今度はもっと違う世界で生きていきたい。自由に自分で決めて自立できる人生にしよう」と思いました。

【前世パターン25】

アメリカの先住民 1

あなたはアメリカの先住民の女性として生きていたことがありました。13世紀なので、歴史上、まだ他の国からの侵略がない時代です。あなたは３人の男の子を持つ母親で、子育てや家事はもちろんですが、そのほかにも畑を耕したりハーブで薬などを調合したりする仕事もしていました。ジプシーのように、住む土地を転々としていく部族もありましたが、あなたの部族は１つの場所に定住していました。また、土地も食べ物もみんなで分け合うという共同生活を送っていたので、村の中では小さな争いごとはあっても平和な部族だったと言えるでしょう。

男性たちは狩りに出かけたり､他の部族とのトラブルを対処したりと、部族を守る仕事をしていました。その男性たちが留守にしている間に、子どもや年寄りを守るのがあなたがた女性の役目でした。そのため、女性であっても小さい頃から戦いの仕方や護身術を習って身につけていました。

ある日、仲の悪い部族が村を襲ってきたことがあります。村の男性たちが狩猟に出かけて１人もいないときだったのですが、この村の先住民の女性たちは男性並みの戦闘力を持っていたので、大勢の敵を倒して退散させました。その噂はすぐに広がって、あなたの村は「男女共に強い」ということで他の部族からの攻撃や略奪はほとんど起きなくなったのです。

ところがある日、村の男性たちが森に狩りに出かけていくと、そこで出会った敵と争いになり、殺し合いが始まり、ほとんどの男性たちが殺されてしまいます。そのとき、あなたの夫も死んでしまいました。あなたは寂しさや悲しさに深く沈みましたが、まだ幼い３人の息子たちのことを思って、死んだ夫に誓って息子たちを大切に育てていきます。その甲斐あって、３人は立派な青年に育ち、結婚して子どもを作り家族が増えていきました。そしてあなたは、子どもや孫に見守られながら、その人生の幕を閉じました。

あなたはとても幸せだったのですが、やはり、最愛の夫が若い頃に亡くなって､なんでも１人で決めてやっていく人生がつらかったようです。今世では､必ずパートナーとは一生を添い遂げたいという思いを持って、生まれてきました。

【前世パターン26】

ドイツでユダヤ人の薬屋

あなたは、18世紀のドイツでユダヤ人の男性として生きていたことがあるようです。あなたの家族は、祖父の時代にイスラエルからドイツに移り住んできました。同じ頃にドイツに移民として移り住んできたユダヤ人は大勢いて、そこにはユダヤ人だけの町ができ上がっていました。あなたはその町で生まれ育ったのでした。

大人になったあなたは、薬剤師になるために町から離れた学校に通い始めます。真面目に学校に通って薬剤師の資格を得るのですが、学校で生まれて初めて差別を経験しました。成績も勉強態度も良いのに、教師から低い点数をつけられたり、同級生たちにトイレに閉じ込められたり。何かを尋ねても無視をされることもあり、ユダヤ人だというだけで理不尽に扱われるような屈辱的な出来事にショックを受けます。ずっと前からその差別はあったのに気がつかなかったのは、ユダヤ人だけの町に育ったからなのでした。

その頃からあなたの生活態度はガラッと変わります。一歩、ユダヤ人町から外に出ると、緊張と警戒心を持って行動していくようになりました。そして、ドイツ人からの疎外感を覚えながらも、学校を卒業して薬剤師として少し経験を積むと、ユダヤ人町に薬剤師として薬局を開き経営していきました。

その後、同じユダヤ人の女性と結婚して子どもが2人生まれます。あなたの住む町のユダヤ人たちは、ほとんどが差別を経験していたので、子どもたちを守るために協力して自分たちの町をどんどん大きく、豊かな町にしていきました。そして、あなたの子どもたちが大人になる頃には、その町は生活水準では他のドイツ人たちの町に並ぶようになったのでした。あなたはその町で一生を通して「町の薬屋さん」として親しまれていきました。そして老後も、その町から一歩も出ずに妻と散歩をしたり本を読んだりと、静かな時間を過ごしていきました。

人生が終わり、光の世界であなたは次の人生の計画を立てました。「次は差別のない国に生まれたい。そして、何も恐れずにもっと伸び伸びと自由に生きていきたい。好きなだけ旅行もしよう」と思ったのでした。

【前世パターン27】

アジアの主婦

あなたはアジアで、主婦として生きていたことがありました。若い頃はお手伝いさんとして働いていたのですが、結婚して子どもが生まれてからは仕事をやめて、しばらくの間、子育てに専念することにしました。あなたは大家族に憧れていたことと、子どもを安産で産める体質だったことが理由で、たくさん子どもを産みます。1人、また1人と子どもが増えていき、その数はとうとう8人になりました。

合計10人の大家族で生活するのは、想像以上に大変でした。なにもない平凡なときでも大忙しで、そこに誰か1人でも風邪をひくと、次々と全員にうつっていくという流れが毎年のように起きました。また、8人の子どもたちは年齢が近かったので、おしゃべりやケンカが多く、騒がしく慌ただしい月日が過ぎていきました。あなたは家事に育児に休む暇もありません。しかも、一番下の子が5歳になった頃は、上の子どもたちの養育費がかさみだして、夫の収入だけでは間に合わなくなります。あなたは、家事と育児にプラスして、仕事をする生活に突入していくのでした。

そのように、忙殺されるような毎日に明けくれているうちに時は流れ去り、あなたは、疲れ切った状態で老後を迎えます。「歳月ひとを待たず」と言いますが、まさにそれでした。あなたの人生の時間は、家族のためだけに使われていったのでした。でも、そんな怒濤のように過ぎ去った人生でも、その後に幸せなことが残っていました。まず1つ目は、8人の子どもたちのそれぞれが結婚して子どもが生まれ、孫の数が30人にもなったことです。そして2つ目は、子どもたちが自分が親になって初めて、あなたの母としての苦労を理解してくれたことです。彼らは感謝の気持ちを表し、あなたのことをずっと大切にしていったのでした。無口な夫も感謝の気持ちを伝えてくれて、あなたは報われた気がしたのです。

あなたは寿命が来て、光の世界に行きました。そこで次の人生を考えるのです。「本当に大変だった人生。自分のやりたいことができないどころか時間さえ持てなかった。今度は、それを叶えたい。遠い国に旅行に行ったり、好きな趣味を見つけたり、そういう人生にしよう」とあなたは強く思いました。

【前世パターン28】

北アフリカの貿易商人

あなたは北アフリカで、男性として生きていたことがあるようです。子どもの頃のあなたは、頑固な父親から厳しく育てられていきます。何をやっても褒められない、何を言っても反対されるという具合でした。でも、母親がいつも優しく慰めて自信を持たせてくれたので、そこでバランスが取れて、それほど卑屈にならずに成長していきました。

大人になって職につきましたが、どんなに頑張っても少ないお給料しかもらえませんでした。そんなある日、「香辛料が儲かる」という噂を耳にします。アジアやインド方面から香辛料を輸入することで、大きく稼げるチャンスがあることを知ったのです。あなたは、直感で「勝算あり」と感じて、貿易商人になることを決断しました。案の定、父親は大反対でしたが、あなたはそれを振り切って一歩を踏み出します。そして、わずかな資金を用意して、アラビア海を渡って行きました。

その後、あなたの直感は的中して、貿易商人として成功していきます。そして、これで父も自分を褒めてくれるだろうと、たくさんの土産を持って地元に帰りました。ところが、その当時は貿易商の仕事が花形になるずいぶん前の時代で、悪徳業者が蔓延していたこともあり、褒められるどころか見向きもされなかったのです。あなたは父親と言い争いになり家を出て、そのまま実家とは疎遠になってしまいました。

その後、あなたは結婚して、2人の男の子が生まれます。温かい家庭を持つことができて、貿易の商売も順調でした。あなたは、自分が親からやられて嫌だったことを反面教師として活かして、2人の息子を大切に育てていきます。その甲斐あって、親子の仲はとても良くて幸せな人生となったのでした。

その人生が終わり、あなたが光の世界で立てた今世での計画は「父親との関係」をやり直すことでした。父親の魂とも相談して、今世も近い関係で生まれることにしました。あなたは「人の意見に振り回されない強さと自信」を、父親は「相手を認めて理解できる、おおらかさと優しさ」をそれぞれに手に入れる計画のようです。

【前世パターン29】

中世のロシアで農家

あなたは、中世のロシアの男性として生きた前世があります。その時は農業を営んでいました。父親を中心に、４人の兄弟たちと母親の、６人の農家でした。あなたはそこで小さな頃から長男として、父親から厳しくしつけられていきました。「いずれ、この農場を引き継いでいくのだから」という強い父親の思いだったのでしょう。そのため、父親はあなたを叱ってばかりいました。弟たちには、打ち解けた態度で冗談も言い合うのですが、あなたに対しては笑顔もなく、口数も少ないのです。

そんな中であなたと父親の間には確執ができていきます。それは年を増すごとに強くなっていきました。大人になると、あなたも父親から一方的に言われっぱなしということはなく、怒鳴り合いの大ゲンカになりました。そういう２人の怒鳴り合いは、家族にとっては見慣れた光景だったので、誰も気に留めることもなくそこには「なぜ兄だけが」という疑問もありません。

そして時が経ち、弟たちは次々と結婚していったのですが、あなたは恋愛をすることもなく黙々と家業の長として決まった時間に起きて仕事を片付け、決まった時間に寝るという生活を送っていきました。父が病気になり死ぬまで、２人の間の確執が解けることはありませんでした。

ところが父の葬式を済ませた後に、父が書いたあなた宛の手紙が見つかるのです。その中にはあなたへの謝罪が何枚にも渡って書いてあり、10年も前の日付でした。あなたは愕然としました。「父は10年も前から自分に謝ろうと思っていたんだ」、それなのにそれができなかった父。あなたの中の何かが音を立てて崩れていきました。あなたはその瞬間「父を許そう」と思えたのです。まさに、それはあなたが父親の呪縛から解放された瞬間でした。

それからのあなたは心が穏やかになり、何事に対してもやる気が出てきました。父に対する恨み憎しみがすっかり消えたことで、いろいろと見えてくることもありました。「父も苦しんでいたんだ」。そして手紙を読んだ時に最も心を揺さぶられたのは「実は自分が父親に愛されていた」とわかったことでした。その後、あなたは趣味で知り合った女性と結婚して、子どもも授かり幸せな人生を送っていきました。

そしてあなたは寿命を終えて、光の世界で父親の魂と再会して、来世ももう一度一緒に親子としてやり直そうと約束しました。「今度は仲の良い親子関係を築きたい」とあなたは思いました。

【前世パターン30】

江戸時代の居酒屋の娘

あなたは江戸時代に、江戸の町で居酒屋の娘として生きていたことがあるようです。妹と２人姉妹で、両親と共にお店を切り盛りしていました。２人は明るい江戸っ子で、お客さんにも人気の姉妹でした。ある時は、お店をよく手伝ってくれているご褒美に、何日か店を閉めて家族で温泉に湯治に行くこともありました。その帰りに両親が姉妹にお揃いの銀の花かんざしを買ってくれて、２人は大喜びでそのキラキラと輝くかんざしを毎日のようにお店で髪にさしていました。

家族でやっていた居酒屋は、初めは他の店と同じように朝からお店を開けていました。でも、日中に来る客は力仕事の人や町人の中でも気の荒い男性が多くて、年頃の女の子が仕事をするのは危険だということで、夕方から夜中まで開く店に切り替えました。すると自然に物腰の柔らかい商人たちが訪れることが多くなりました。そして、その中のお客さんとあなたは恋仲になり結婚して、家を出て夫の魚屋を手伝うようになりました。

ある日、まだ明けやらぬ時間帯に、居酒屋の横丁で大きな火事が起きました。江戸の町はよく火事が起きたし、ほとんどの家が長屋でつながっていたのでその火事は大きくなって、被害が大きくなるのでした。そんな事態の江戸の町で、あなたの家族も、夜中の仕事を終えて熟睡中のところの火事だったために、気づかずに逃げ遅れて死んでしまいました。家は全焼で、何も残りませんでした。あなたは家族の骨だけでも拾おうと焼け跡に行きます。泣きながら骨を拾っていると、なんと妹のかんざしだけが奇跡的に残っていたのです。

あなたはそれを持ち帰ると綺麗に磨いて、形見として残しておきます。いっぺんに３人の身内を亡くしてしまい、ひどく落ち込んでいましたが、そばにいて気遣ってくれる夫や、元気に遊びまわる子どもたちを見て「この家族を大切にして、３人の分まで生きていこう」と思えたのでした。それからは毎年、命日になると３人の骨壷を預けたお寺にお参りすることを、一生欠かしませんでした。

人生が終わり光の世界であなたは両親と妹に再会します。そして、次もこの４人で家族をすることにして、「前回は家庭を持って幸せな人生だった。次も家庭は持とう。それにプラスして、自分の好きなことを見つけてそれをやり遂げたり、仕事にするような生き方をしたいな」とあなたは思いました。

【前世パターン31】

アジアで紅茶農家

あなたは、アジアで代々紅茶を栽培している農家の娘だったことがあります。農家のあった村はとても閉鎖的で、前例のないことは村に取り入れない主義でした。そのため、そこで育ったあなたも、加工したお茶を隣町の市場に売りに行く以外は、基本的に村から出ることはありません。一日中黙々と、農業に勤しむ毎日でした。そのせいであなたは、外のことはほとんど何も知りませんでした。情報がないために子どもの頃から想像力が乏しく、村の勉学も古いやり方なので学習能力を伸ばせない環境で育ちました。

そんなあなたが10代の頃に、村にやってきた旅人から他の地方や知らない国の話を聞きます。あなたはそこで初めて「世界はもっと広いんだ。他の世界を見てみたい」と、強い好奇心を抱きました。あなたはすぐに、それを親に話すのですが、両親ともにこの村と同じカラーだったので何の興味も示してはくれませんでした。

それからというもの、あなたはいろいろな妄想をしては想像を膨らませて「いつか、きっと広い世界を見てみるぞ」と思いながら毎日を送ります。しかし、それも毎日の生活に紛れて過ぎ去っていき、変化のない年月と共に薄れていってしまいました。そしていつの間にか、そんなことよりもお茶の収穫量や天気、畑の状態の心配のほうが、あなたの心を占めるようになっていったのです。

大人になったあなたは、親の決めた人と結婚して紅茶農家を引き継ぎます。そして子どもを産み、子育てと畑の仕事で一日が終わる日々を過ごしていきました。だんだんと年を取り、孫たちが生まれて、老後を迎えます。その頃になると「そういえば、若い頃は外の世界を見たいと、大それたことを考えたこともあったなあ」と懐かしむのでした。そのようにして結局は、何の違和感も持たずに、閉鎖的なその村の時間と共に人生を過ごしていったのでした。

そして、あなたは、人生が終わり光の世界に行って愕然とします。「なんていうことだ。閉鎖的すぎて『井の中のかわず』の人生ではないか。次はそんな人生はまっぴらごめんだわ。今度生まれるときは、もっと開放的な環境を選ぼう。そして自由に生きたい。やりたいことをやれるだけやって、自分の可能性を追求したい」と胸をふくらませました。

【前世パターン32】

ヨーロッパで革職人

あなたは、中世のヨーロッパで革職人として生きていたことがあります。その時は男性で、親から継いだ「靴と革製品の店」を経営していました。街の中心街で商売をしていたので、あなたはファッションや物の流行りに常に敏感でした。あなたが作る革製品は、お客さんから「センスが良い」と喜ばれて、製品の売れ行きは順調に伸びていきました。また、あなたは自分の服装にも気を使うオシャレな男性で、そのセンスの良さに憧れて周りにはあなたの真似をする人もいたほどでした。

あなたの独身時代は、仕事と友達と恋の３つを中心に毎日がめまぐるしく回っていました。夜遅くまで華やいでいる街に繰り出すのが大好きで、毎日がお祭り気分でした。そうしているうちに、あなたにも結婚する時がきます。それまで実は、「結婚は墓場」だと思っていたあなたは、結婚を避けていました。けれども大好きな親の願いを叶えるために、お見合いをした女性と流れに任せて結婚を決めたのです。そのようにあなたには、一生を決めるような大きなことでも、家族に言われると、深く考えずに決断してしまうところがありました。それだけ、あなたにとっては両親や兄弟はとても大切な存在だったのでしょう。

そんなスタートだったので、妻とは始めからうまくいかず、２人の間に子どもはできませんでした。そのうちあなたは、独身時代が懐かしくなり、友達と街に遊びに出たり、浮気をしたりするようになります。寂しい思いをしている妻に悪びれもせず、堂々と家を空けるようになったのです。そのまま妻とは、家庭内別居のような生活が一生続いたのでした。そんなふうに身勝手に生活していても、あなたの革製品の店は人気がありました。職人を雇い、さらに業績は伸びていったので、人生を通してお金に困ることはありませんでした。

人生が終わり、光の世界であなたは気づきます。「それで、私の妻は幸せだったのか？　私の人生の犠牲になっただけではないのか」まさにその通りでした。妻はずっと、あなたを恨んだまま人生を終えていたのです。あなたは「今度は妻を自分の人生に巻き込むのはやめよう。私の軽い決断がすべての始まりだった。今度の人生では、もっと遠いところまで見通して何事も決断するようにしよう」と思いました。

【前世パターン33】

ドイツでパン屋さん

あなたは、フランスの賑やかな町に生まれ育ち、小さい頃から手先が器用で針仕事やお菓子作りに興味のある女の子でした。パン作りもお手のもので、祖母や母からフランスパンやクロワッサンなどの作り方を教えてもらって育ちました。

年頃になり、あなたは恋をして結婚します。2人目の子どもが生まれた年に、夫が実家のパン屋を継ぐためにフランスからドイツに移り住むことになりました。そして、あなたは夫の手伝いを始めます。手先が器用なのでパン作りは何の苦労もなかったのですが、あなたはどうしてもドイツのパンが好きになれません。

フランスでは、皮はパリパリでも中はふっくらとした白いパンなのに、ドイツのパンときたら、中身は茶色いし重いし、硬いし、おまけに酸っぱい匂いと味がするのが許せませんでした。もちろん、パン屋が自分の店のパンを嫌いだなんて、口が裂けても言えません。そのうち憂うつになり、口数も減ってしまい、友達もできません。そして、それをきっかけに誰に対しても心を閉ざしてしまうようになっていきました。

ところが、20年ぶりにフランスの実家に里帰りをした時に大きな変化が起きます。あんなに大好きだった実家のパンを口にしたときです。「なにか物足りない」「酸っぱみが欲しい。歯ごたえが欲しい」と思ったのです。あなたはその時、ドイツパンに対する自分の間違った思い込みに、初めて気がつきます。そして、里帰りから戻ってきたあなたは、人が変わったように明るくパン屋を切り盛りするようになりました。

「パンの好き嫌い」ぐらいのことで、こんなに自分の充実感や幸せ度が変わることを、人生をとおして知ったのでした。でも、それには何十年もの月日がかかってしまいました。しかも、その3年後にはあなたは病気で、その人生を閉じてしまいます。つまり、実にたった3年間しかあなたは人生を謳歌できなかったのでした。

光の世界であなたは、次の人生では「思い込みや既成概念を捨てて、いつでも、なんでも試してみる人生にしよう」と思って生まれてきました。そのほうが、視野が広がり人生をグッと楽しめることに気がついたからです。

【前世パターン34】

アメリカで田舎暮らし

あなたはアメリカの田舎で男性として生きていたことがあるようです。小さな村で農業を営みながら、すぐ近くにある湖でボートに乗って釣りをするのが楽しみでした。子どもの頃に父親に連れられて湖に行って、釣りを教えてもらっていたので、大人になってからは村の恒例の釣り大会で毎年優勝するほどでした。周りからは、釣り名人と呼ばれていました。

幼馴染みと結婚して子どもたちが生まれてからは、あなたは子煩悩で3人の息子たちと遊んであげることが多かったので、妻はとても助かっていました。そして、息子たちが10代になると、毎週末のように湖に出かけ、息子たちに自分が父親から伝授されたように釣りを教え込んでいきました。その甲斐があって、息子たちが大人になると釣り大会では父親のあなたを抜いてメダルを獲得していくようになります。

そして、3人の息子がそれぞれに独立すると、あなたは、ずっと前から考えていた社会貢献を始めます。公共の建物の壊れた部分を直したり、教会での催し物があるときには、率先して協力したりしました。そんなあなたの行動は、周りからの好感を得ていきました。そしてあなたは村民たちにお願いされて、村長になります。明るくて村民からの信頼が大きいあなたは、その村の村長として20年も務めあげました。その間に、村に新しい橋を建設したり、コミュニティを充実させるために季節ごとに村の行事を作ったりと、村民が集う環境を作っていきました。

そして村長を引退してからは、妻と2人で湖畔を散歩することや、夕陽を眺めるために家の前のベンチでコーヒーを飲むのが日課になりました。季節ごとにある村の行事には欠かさず出掛けて行き、その時間を楽しんだのでした。

人生が終わり、光の世界で次の計画を立てます。「とても楽しくて充実した人生だった。今度もそんなふうに家族を大切にして、人の役に立つことにチャレンジして行きたい」とあなたは思いました。

【前世パターン35】

タイの治療師

あなたは、タイで民間の治療師をしていたことがあったようです。その時は男性で、整体やマッサージで、患者の体を治していく仕事でした。10代から治療の勉強を始めたあなたは、資格を取り、経験を積んでいきます。治療師になったきっかけは、子どもの頃にケガをして治療院に運ばれたことでした。もともと貧しい家に生まれ育ったあなたは、子ども時代はずっと、ガレキを運ぶような仕事をさせられていました。そんな中で一度、背中を痛めて立てなくなった時に、治療院に運ばれたことがありました。その時に、治療師の手技だけで痛みが消えて歩いて帰れることができたのです。それを見てあなたは感動し、自分も治療師になろうと決めてその治療院に弟子入りしたのでした。

あなたは大人になり、実際に治療師として一人前になりました。歩けなかった人が治療を受けて歩けるようになったり、ひどい頭痛の人がたった1回の施術で治ったりするなど、奇跡と言えるようなことを自分が起こせるのですから、あなたにとっても驚きの経験でした。やり甲斐を持って、イキイキと仕事に打ち込んでいきました。しかもこの仕事は収入が高く、自分の家族だけではなく、両親や兄弟も養えるほどでした。仕事が安定し、あなたは40代で独立を考えます。しかし、独立制度のない組織に属していたために、独立はできませんでした。

どうにかその組織から独立しようと努力したのですが、契約書にはしっかりと「従属」と書かれていました。結局、独立の夢は叶わないままに、そこの従業員として一生を過ごしていくことになりました。他の仕事に比べれば高い収入をもらってはいたのですが、やはり組織が多く儲かるようになっていたので、気持ちの中には不満が残ったままでした。また、制約が多すぎて自分流のやり方は一切認められていなかったことも、あなたにとっては無念でした。

今世で、やり直したいのはその部分のようです。家族のことは大切にしていたし、人間関係は良かったし、たくさんの人々を助けることができた人生。組織に縛られていたこと以外、他には何の思い残しもありません。光の世界であなたは、「今度生まれてくるときは、組織に縛られたくない。仕事を決める時は、最初からしっかりと契約書を確かめよう。目先のことだけではなく、先見の目を持って仕事を選ぼう」と思いました。

【前世パターン36】

日本の山村で生活

あなたは、日本で女性として生きていたことがあるようです。賑やかな町で親の商売を手伝っているときに、町に来ていた農家の男性と恋をして結婚しました。それを境に、山奥の村に移り住むことになります。２人の結婚式は町で行われ、あなたの両親が嫁入り道具を運ぶために村に初めて行くと、びっくりするほどの山奥でした。両親はショックのあまりに、「この話はなかったことにしてください」と言って、あなたを無理やり連れ戻そうとしました。それほど辺境で不便な地で、町育ちの娘が暮らせる訳がないし、苦労するのが目に見えていたからです。しかし、あなたは親の反対を押し切って、村に留まります。

その村では「川で魚を獲ってくるのは、女性の役割」でした。そのため、あなたは他の女性たちと毎日のように川に出かけます。ヤマメやサワガニを獲って、料理して食べたり、保存食として干して冬のために貯蔵したりするのです。魚を獲る仕事が終わると、夫たちの畑仕事を手伝いに行きます。それに加えて、川での洗濯や、川から水をくみ家に運んでくるのも女性の仕事でした。

村の女性たちは皆、そんな女性の負担の多い生活を恨めしく感じ嫌っていました。でも、あなただけは違いました。季節ごとに移り変わる景色や作物、魚など、自然に触れ合うその生活が大好きでした。また、料理でも生まれ育った町のように手の込んだ物を作る必要もありません。それに、毎日着飾ったりお化粧をしたりする必要もないのです。そのように自然体でいられる生活は、あなたの心を解放してくれました。

しばらくして子どもが３人生まれ、優しい夫と可愛い子どもたちとの生活が続いていきます。そんなある日のこと、「豪雨」により近くの川が氾濫し、村は洪水に見舞われて、土砂崩れも起きて、あなたの村はあっという間に土砂に飲み込まれてしまったのです。あなたとあなたの家族、そして村人もみな、この洪水で命を落としてしまいました。

あなたは死後の光の世界で、家族の魂と再会します。そして次の人生の計画を立てるのですが、望む生き方が違ったので、それぞれの道に分かれることにしました。あなたは「自然と向き合って生きる田舎生活はとても楽しかった。私はもう一度、そういう生き方をしたい。でも、一瞬ですべてが終わってしまうような災害だけは、もうこりごりだわ」と思いました。

【前世パターン37】

ロシアでレストラン経営

あなたは、ロシアで夫と共にレストランを経営していました。若い時に恋愛結婚をした夫は料理が大好きで、それまでも調理師の仕事一本できていました。あなたはそんな夫に自分の店を持たせてあげたくて、資金を作るために一生懸命に働きました。そして、小さな店を開いたことが始まりでした。夫は料理、あなたはウエイトレスをして、2人だけでお店を切り盛りしていきました。2人の店は、夫の料理の腕とあなたのおもてなしでどんどん客が増えていきました。

そんな中で子どもができて、あなたは子育てと仕事を両立させていきます。2人の女の子たちも大人になると、店に出て一緒に働くようになりました。そして子どもたちも年頃になり、恋人ができて結婚して、それぞれに子どもが生まれます。そんなふうにどんどんと賑やかになり、忙しい中でも平和に時が過ぎていきました。

そんなある日、夫が病気で倒れて、その後遺症で目が見えなくなってしまうという事件が起きます。視力の回復の見込みがないとわかり、しばらく夫婦で落ち込んでいました。でも、とうとう店を手放そうという話になったときに、夫が「目が見えなくても料理を作りたい」と言い出したのです。夫のそばで、あなたが夫の目となり手となって料理を作るという二人三脚のようなシェフです。もちろん簡単なことではありません。それでも、娘たちも手伝ってくれて、再びレストランが復活する日がきたのです。

それからは、夫婦で力を合わせて、忙しくても楽しい日々が続きました。しかしその7年後に、夫が再び倒れてしまい、とうとう帰らぬ人となったのです。夫が死んでからしばらくの間は、何もやる気になれずに床に伏せていたあなた。その様子を見て子どもたちも心配していましたが、時間がそれを解決してくれました。そして、ふと昔からやりたかった陶芸を始める気持ちになりました。そのようにあなたの喪が明けるまでに、実に3年の月日が経っていました。そして、そこからは陶芸があなたの生き甲斐にまでなっていきました。

人生が終わり、光の世界であなたは次の人生の計画を立てます。「次の人生も、結婚して家族を作ろう。そして、前世と同じように趣味を持って、その『趣味に支えられる』という経験をしたい」と思いました。

【前世パターン38】

エジプトでピラミッド建設

あなたは男性で、古代エジプトでピラミッド作りの工程にかかわる仕事をしていました。ピラミッドが見える近くの村に住んでいたので、小さい頃から建設中のピラミッドを見て育ちました。たくさんの奴隷が、毎日石を運んでいる姿を見て、いつ完成するのかと楽しみに待っていました。ところが大人になって、自分が生まれる前から始まっていたピラミッドがまだ完成していないことを知り、驚きます。

そんなあるとき、政府からピラミッド建造に関する求人の告知があり、ピラミッドに興味のあったあなたは迷わず面接を受けて見事合格しました。頭が良くて数字に強いあなたは「効率よく運べる石の大きさ」だとか、「テコの角度や形」、そして「奴隷の最低必要人数」などの計算をする専門部所に仕事が決まりました。

その後、あなたは結婚して男の子が２人生まれ、子育てが始まります。妻にも同居の両親にも、とても優しく接するあなたでしたが、２人の息子たちに対しては違いました。「人として男として、世の中に通用する自立した大人に育てたい」という親心からとはいえ、かなり厳しく息子たちを育ててしまうのです。そのため、逃げ道を作らない叱り方、褒めない、無表情で話を聞く、というようなあなたの態度に怯えて、いつもあなたの顔色をうかがうようになってしまいました。その結果、２人とも自己肯定感の低い大人になり、なかなか仕事にもつけず、あなたの望んでいた自立は逆に遅れることになってしまうのでした。

そして、あなたが勤めて25年が経った頃に、とうとうピラミッドが完成します。それを機に、あなたは仕事を引退しました。そのとき、厳しくしすぎてしまったために心が通わなかった息子たちとは、すでに疎遠になっていました。それでも、長年連れ添った妻は、あなたに尽くし支え続けてくれました。両親も他界して２人暮らしになった老後は、妻へのねぎらいを込めて２人でラクダに乗っていろんな地方への旅行を楽しみました。

あなたは人生が終わり、光の世界で次の計画を立てます。「本当に、子どもたちにはなんてかわいそうな思いをさせたんだ」とあなたは強く反省しました。「もう一度子どもたちとやり直したい。今度は、愛と優しさに満ちた関係を作り上げよう」と決めて、今世に生まれてきました。

【前世パターン39】

ローマで政治家

あなたは古い時代のローマで、男性で政治家だったことがあるようです。もともと貴族の出で、軍人の経験が必須だという厳しい条件を満たして政治家になりました。そして、強い権力をもったポジションにいました。その頃のローマは「持てる者と持たざる者の帝国」と言われ、貧富の差が激しく、汚職も横行していました。そんな中、あなたは国家の中枢で多くの問題と向き合って、政治家のあるべき姿を探究し続けました。

貴族として育ったあなたは、小さな頃から学問や知識を深く身につけます。哲学者の元でも学びました。10代になると軍事的な勉強が始まり、成人した時にはその日から軍人としてスタートできるほどとなり、あなたは軍人としての経験を何年か積んだ後に、政治家になります。

その後、親が勧めてくれた貴族出の女性と結婚して2人の息子が生まれました。妻は、あなたに尊敬の念はあっても愛情はあまり感じていなかったようです。あなたも、仕事中心で妻に対してはクールでした。息子たちの教育方針はあなたが考え、それを妻が行いましたが、妻への感謝の気持ちはあまりなかったようです。息子たちは大人になると、あなたと同じプロセスをたどり軍人になっていきます。2人とも親思いで、両親を尊敬していました。あなたたち夫婦にとっても、2人は自慢で、愛してやまない存在でした。

ところが大きな戦争が起きて、息子たちは部隊を引き連れて前線に向かい、敵の攻撃を受けて戦死してしまったのです。2人の亡骸を抱きしめながら、周りを気にせずに泣き崩れるあなたと妻の姿は哀れみを誘い、2人はすべてを失ったかのような絶望感に打ちひしがれてしまいました。

それから長い年月が経ち、2人だけで生きていく老後がやってきました。あなたは、息子たちを失ったあの日から「今、生きていたら何歳だろう」と、常に死んだ子の歳を数えるような生き方になっていました。そんな中で妻とは、同じ悲しみや苦しみを分かち合い、夫婦の絆は少しずつ強くなっていきました。死んでしまった息子たちのおかげで、お互いを愛し支え合える夫婦になっていったのでした。

そしてそれぞれ寿命を全うして、光の世界で家族全員が再会します。死んだ後も「無」ではなく、魂が再会できるのだと知り、あなたの「死」の概念がすっかり変わりました。「次は『死』というものに執着したり翻弄されたりせずに、その瞬間を大切にして生きていこう」とあなたは思いました。

【前世パターン40】

中国で装蹄師

あなたは中国で男性として生きていたことがあります。宮廷の中で、馬の世話係をするのが仕事でした。宮廷に入った頃は接客や厨房の仕事をしていたのですが、人手が足りず馬の部門に異動になったのでした。100頭ほどいる馬の世話をするのは大変な作業でしたが、あなたは、父親が馬の装蹄師を生業にしていたので馬の扱いには慣れていました。そんなある日、皇帝の馬の蹄鉄が外れてしまい、あなたがやってみせたことで、一気に周りの信用を得ます。でも、内心は複雑でした。なぜなら、あなたは父親の家業を継ぐことを断って宮殿勤めに入っていたからです。

その後、同じ宮殿に勤める女性と恋をして結婚することになりました。宮廷の近くに新居を構えて２人で宮廷に出勤します。数年後には息子が生まれたので、妻は仕事を辞めて育児に専念します。そして翌年にもう１人息子が生まれて、忙しいながらも楽しい子育てが始まりました。ところが突然、あなたは宮殿をクビになります。いわゆるリストラで、特技のない者から順に辞めさせられたのです。あなたち夫婦は、隣町の父に相談に行きました。すると父から１つ提案されました。それは、父から装蹄の技術を学び、いずれ家業を継ぐというものでした。装蹄師は、馬の蹄の管理を専門的に扱う技術者です。馬ができるだけ力強く長く走れるように蹄(ひづめ)のバランスを取ったり、けがを予防したりする技術者で、独立するまでには長い時間がかかるものです。しかし夫婦２人でよく話し合って、それをやることに決めました。若い頃に１度断った「後継ぎ」でしたが、父からの提案を素直に受ける気になっていました。

それからは父のところに通い、仕事を手伝いながら、学び直して技術を身につけていきます。そして、覚悟はしていましたが、父から「合格」と認められたのはなんと20年後だったのです。その頃には「腕の良い装蹄師がいる」という噂を聞きつけて、お客さんがどんどん増えていきました。そして月日が流れて、その家業は、あなたたちの息子へと引き継がれていきます。晩年あなたたち夫婦は「宮廷をクビになったことで、人生が動き出した気がするよ。結局、父の装蹄師を引き継ぐことになり、その道のほうが幸せにつながっていたとはね」と、人生の流れの不思議さを語り合うのでした。

そして、人生が終わり、あなたは光の世界で次の人生の計画を立てます。「次の人生も仕事と家庭を手にして、親に対しても素直になって生きていこう」とあなたは思いました。

【前世パターン41】

ハワイでパイナップル農家の妻

あなたは、ハワイでパイナップル農家の妻だったことがあります。夫と２人で若い頃に農業を始めて、どんどん成功していきました。夫は農家の出身で、畑をやっていく技術的なことには詳しかったので、甘くて大きなパイナップルを作れるような腕を持っていました。

あなたは、町の出身で頭が良く、港に出入りする貿易船の事務仕事をしていました。結婚と同時にその仕事をやめて、夫の地元に引っ越していきました。初めの頃は、夫の手伝いのために一緒に畑に出ていましたが、そのうち売り上げが上がっていくようになってからは、農場の会計や運営を専門にやるようになりました。そこから、あなたの港での仕事の経験が大きく活きていきます。いち早く農園を法人にしたり、外国との貿易を始めたり、加工品部門を増やしたり。あなたには、合理的に会社を運営していく知識と才能があったので、会社はどんどん大きくなって成功していきました。

あなたたち夫婦は、子どもが欲しかったのですが、「そのうちできるだろう」とのんきに構えているうちに時間が経ってしまいます。結局、子宝には恵まれずに、夫婦２人の家族で生きていきました。２人は結婚した当時は仲も良く、２人でいることが多かったのですが、仕事が成功するにつれあなたの権力がどんどん強くなっていきました。あなたは、誰に対しても優しい人でしたが、正義感が強いために夫の小さな失敗やごまかしが許せなかったのです。そのため、いつもケンカになると、夫に逃げ道を作らないような責め方をしてしまうのでした。そのうち２人は別居するようになり、お互いに豪邸に住むようになります。何不自由ない豊かな生活を送ることができましたが、老後は訪ねて来る家族もなく、孤独な日々を過ごすことになったのでした。

光の世界で、あなたは、「今度の人生は、結婚して子どもを持って、もっとおおらかな性格で、人生の伴侶を理解してあげて大切にしていこう。そして歳をとった時に家族みんなの強いきずなと、温かい愛に包まれる人生にしよう」と思いました。

【前世パターン42】

ロシアのレンガ職人

あなたはロシアの男性で、レンガ職人だったことがあります。父親もレンガ積み職人で、あなたは父と同じ会社に勤めていました。設計士が設計した図面に沿ってレンガを積んでいくのですが、これがそう簡単なものではありません。モルタルの厚みやレンガの位置のわずかな間違いで、ゆがんだ建物ができてしまうのです。しかし、なかなかその正確さに応えられる職人がいないのが現状でした。それに、腕の良い職人は戦争に兵士として出向いていったり、高齢になったりで減少していたのです。

そんな中、あなたは子どもの頃からベテランの父親にその技術を厳しく教え込まれていたので、飛び抜けた技術を持っていました。会社の中で開かれた「レンガ積み大会」では、スピードと正確さで群を抜いて優勝するほどでした。あなたの父親は、自分の仕事にプライドを持っていて「自分が死んだ後も、自分が積んだレンガの建物はずっと残るのだから、どうせ作るなら完璧なものを」という考えがあり、あなたにもその考え方はしっかりと継承されていました。

そして、あなたは結婚して３人の息子たちが生まれると、父と同じように息子たちに技術と考え方を教え込んでいきます。息子たちは、子どもの頃から遊びの中で競い合いながら腕を磨いていったので、大人になって父親と同じ会社に入ると、すぐに現場に出ることができました。数年が経ち、あなたは前々から考えていた独立を果たします。父親とあなた、そして息子たちの５人での新会社スタートでした。それぞれに腕が良く、仕事のクォリティが高いと評判になり、大きな仕事が入るようになりました。そして、レンガ積みの極意を学びたいという修業者まで来るようになり、会社も繁盛していったのでした。

そしてあなたは年を取り仕事を引退して、孫たちと遊んだり、妻と旅行に出かけたりと、仕事時代にはできなかったことを１つ１つ味わいながら老後を過ごしていきました。

光の世界で、あなたは「どんな仕事の世界にも、家族も巻き込んで成し遂げられることがある。次の人生も、家族を大切にしながら１つのことを成し遂げていくような人生にしよう」と思いました。

【前世パターン43】

アイルランドでウイスキー製造

あなたは、アイルランドに生まれ育ったことがあります。そのとき、代々続いていたウイスキーの蒸留所を引き継いだ長男でした。子どもの頃からウイスキー蒸留所の中で育ったので、大人になったときには何の抵抗もなく世襲していきました。２人の弟をトップにつかせて、３人で力を合わせて工場を切り盛りしていました。そんなあなたの家族には、曽祖父からの約束事が１つありました。それは「決して酒飲みになってはいけない」というもの。ソムリエのようにさまざまなウイスキーを味わうことや、食事中のワインなどは許されていましたが、アルコール度数が高く中毒性が高いウイスキーに関しては、慎重な態度を貫いている一族でした。

あなたは、他の蒸留所で作られたウイスキーを味わうのが好きで、年に何回かは旅行に出掛けていました。同業者を訪ねて、ウイスキー談義に花を咲かせるのが何よりも楽しみだったのです。仕事には真面目で、数字に強かったあなたは、事務的な仕事も会計士と一緒にやっていました。世の中の景気が悪くて売り上げが低迷したときもあったのですが、曽祖父の時代から続いてきた家業を自分の代でつぶしてしまっては申し訳ないと、従業員の誰よりも働きました。そのため、体を壊してしまったこともあったほどです。

３人いた子どもたちが成人して、長男に仕事を継承させる頃には孫も何人もできていました。そこまできてやっと、人生でひと息つけたように感じるのでした。ところがその頃に、妻を病気で亡くします。それまであなたは、弟たちとの蒸留所の経営に夢中で、妻の大切さに気づいていませんでした。しかし妻が亡くなって、どれだけ支えられてきたのか、仕事一筋の自分に文句も言わずに子どもたちをしっかりと育ててきてくれたのか、初めて気づくのでした。そんな生前の妻を思うと、自分の鈍さにがく然として胸が痛む日々。その寂しさや後悔を癒すために、あなたはだんだんと深酒をするようになります。そして、とうとう曽祖父からの教えをあなたは破ってしまいます。そのため、老後はお酒の後悔が残った人生となったのでした。

あなたは光の世界で「前世は大きな喜びや達成感を手に入れた人生で良かったけれど、今度は、仕事一本ではなく家庭にもっと目を向けよう。人生の伴侶に対してもっと敬意を持って大切にかかわり、子どもとも絆を深めたい。今度の人生はお酒に油断しない人生にしよう」と思いました。

【前世パターン44】

インドでガイド

あなたは、18世紀のインドで女性として生きていたことがあります。小さな頃から頭がよく、近くにイギリス人が住んでいたことがきっかけで、語学に興味を持ち勉強を始めました。英語を習得したあなたは、スペイン語にも興味を持ち始めます。そして20代になるとバイリンガルとして、インドに進出していたイギリス政府の専属ガイドとして働き始めます。

インドの偉い人のお供をしてイギリスに渡ったり、イギリスからの役人をインドでもてなしたりするのがあなたの仕事でした。イギリスとインドの往復の生活は楽しくて、あなたにとっては夢のような仕事でした。ガイドをしている人のディナーの席に同席することも多かったので、高級料理やそれまで食べたことのないものを食べるのも楽しみでした。また、ヨーロッパの他の国に同伴することもあり、あなたの流暢なスペイン語はとても役に立ちました。イギリス政府の高官や、インドのお金持ちとの会話も楽しくて、そのようなハイレベルな階級の人に、個人的に家に招待されることもありました。

あなたはそのように、本当に満ち足りた生活を送っていきました。そして、収入も他の人の何倍ももらっていたので、親に十分な親孝行をすることもできました。そうやって、仕事一筋の人生を駆け抜けていったのです。

気がついたときには、独身のままで老後を迎えました。恋愛をすることもなく、ひたすら仕事に打ち込み、さらに専門職のクォリティを上げるための勉強を続ける毎日でした。友達は多くいて、好きなことを仕事にしていたので、そこには孤独感や寂しさなどはなく、家族がいなくても幸せを感じる人生でした。

でも、光の世界で次の人生の計画を立てるときに、あなたは思いました。「楽しい人生だったけれど、『仕事一筋の人生』は、十分にやれたしやり尽くした。今度は、仕事に打ち込むだけではなく、結婚をして子どもを持って家族を作ろう。そして両方の幸せを手に入れるために、家庭と仕事のバランスを取っていくことに力を注ごう」と決めました。

【前世パターン45】

中国の陶芸家

あなたは、中国で陶芸家の男性として生きていたことがあるようです。街から少し離れた山奥で窯を持ち、器を作っては街で売り、生計を立てていました。親が陶芸を生業としてやっていたので、子どもの頃から父親が陶器を焼いている姿を見て育ちました。そのため、何の違和感も抵抗もなく、10代のうちに父親と一緒に仕事をし始めます。

父親が他界してからは、あなたが後を引き継ぎ、窯元として経営していくようになりました。何人もいたお弟子さんたちと一緒に生活をしながら、指導や作品作りをする生活でした。のちに結婚して子どももでき、にぎやかな大所帯のような暮らしになります。あなたの妻は陶芸はしなかったけれど、子育てをしながら大家族の食事作りをして、あなたを手伝っていました。

あなたは無口な芸術家で、華やかなイメージはありませんでした。でも、周りに対してはいつも優しく接して、家族のことをとても大切にしていました。遠出をして営業をするときには必ず、妻と２人の息子たちをつれて行ったし、季節ごとに街に出かけて思い出作りをしたものです。そのように、家族だけで過ごす時間を大切にしていました。そのような中で子どもたちは、自然とあなたの手仕事や生き方を学んでいきます。そして、あなたが引退するような歳になると、この２人の息子たちがまた、後を継いで家業を支えていきました。

その生き様がとても心地よく感じていたあなたは、光の世界で「もう一度そのような人生を生きたい」と強く思いました。実はそれまでの前世では、大道芸人であったり旅人であったりと、家族を持たずに自由に生きる人生が多かったあなた。それらの人生で、自由と引き換えに孤独を感じることが多かったのです。そのため、この中国での人生はあなたの魂がとても癒される時間だったのでしょう。

「最愛のパートナーと巡り合い、子どもを作って、自分の仕事を全うしながら家族との生活も楽しむ」。そんな人生を、今世でもう一度経験することを計画してきたのですね。

【前世パターン46】

南の島で漁師の妻

あなたは、南の島で女性として生きていたことがあったようです。それはたとえば、タヒチやフィジーのような島です。そこであなたは、漁師の妻でした。男の子が３人と女の子が２人の、全部で５人の子どもたちに恵まれていました。あなたは子育てに家事、そして夫の魚を市場に売りに行く手伝いという忙しい毎日を送っていました。

あなたは、父親が漁師だったので、なんの違和感もなく漁師の妻になりました。また、結婚した相手は幼馴染だったので、気心が知れていて特別に気を使う必要がなく、居心地の良い相手でした。あなたは今世と変わらず明るい性格で、いつも周りを盛り上げていました。

そんなあなたは小さい頃から「何事にも縛られずに自由でいたい」という気持ちが強い少女でした。子どもが生まれるまでは、自由に動き回り、周りから「おてんば」だと言われるぐらい冒険心も強い活発な女性でした。結婚してからも、夫にも縛られることなく独身のときと変わらない生活が続いていったのですが、子どもが１人生まれ、２人生まれと増えていくうちに、その自由さがだんだんと少なくなっていったのです。それに比例して、あなたは少しずつストレスがたまるようになりました。５人目の子どもが生まれる頃になると、嬉しさの反面「また、これで重い鎖が１つ増えた」と暗い気持ちになってしまうのでした。

もちろん、あなたはそれを表面に出さずに、子どもたちが成人するまでしっかりと育て上げました。夫が真面目に働いてくれたおかげで、経済的にも苦労することはありませんでした。そのように、家族の大切さとありがたさを経験できた、人生だったのです。

そして人生が終わり、光の世界で次の人生の計画を立てるときにあなたはこう思いました。「とても幸せな人生だったけれど、ずっと我慢していた『自由』を、今度の人生では思い切り味わいたい」と。そのためにも、次は子どものいない人生か、いても１人か２人で、自分の時間を大切にすると決めてきたのです。

【前世パターン47】

アメリカで成功者

あなたは貧乏な家庭に生まれ、少年時代は苦しい生活を送りました。母は病気で寝たきりで、父も年老いていて元気がありません。子どもながらに、このまま人生を終わらせるのは嫌だと思うようになり、18歳の頃に大きな夢を抱いて1人でアメリカに渡りました。

渡米したあなたは、アメリカの新聞の切れ端にあった求人に応募して見事受かり、ある大富豪のお屋敷の使用人として働きはじめます。学もなくお金もないあなたでしたが、その貪欲さと勤勉さを主人に認められ、株のトレーダーとして下積みをすることに。そのセンスが良かったために、仕事を任され、ご主人のお金を何倍にも増やしたあなたは、みるみるうちに成功していくこととなりました。

貧しい時代を家族で力を合わせて過ごした経験があるあなたは心優しく、人と分け合う精神を持ち合わせていました。そのため、お金持ちになったからといって、驕《おご》ることなく、奉仕活動にも力を尽くしました。まさに絵に描いたような、周りの人から愛されるお金持ちの姿です。

そんなあなたは、結婚して守るべき家族もできます。自分の子ども時代とはまったく違う生活を手に入れ、お金に困らない幸せな人生を送るのでした。そして、たくさんの孫たちに看取られて一生を終えることができました。

あなたは光の世界で、この人生に十分に満足していることを感じていました。そして「どんなにどん底の状態でも神に見放されることはなく、努力をすれば生きたい人生を手に入れられるのだ」という大きな確信を得ました。今世にも、この大きな確信を持ってきています。新たなチャレンジで花咲かせようと、ワクワクとした気持ちで今世を始めたようです。きっと今世でもまた、大きな成功を手にしていくのでしょう。

【前世パターン48】

ヨーロッパで教師

あなたは、ヨーロッパで女性として生きていたことがあります。その時は小学校の先生でした。昔から子どもが大好きで、近所の子どもや親戚の小さな子どもたちを集めては、遊んだり歌を教えたりしていました。ですから、大人になると迷わず教師の仕事を選びました。あなたはマイペースな性格でしたが、目標が決まると計画を立ててそこに向かうパワフルな面を持っていました。先生になってからは、あなたのその才能が発揮されていきます。そして子どもたちに対して優しく、時に厳しく愛情を持って、その子を計画通りに教育していきました。その結果、多くの子どもたちの成績を上げて、自信を与えることができました。そんなあなたのことを、クラスの子どもたちは大好きで尊敬もしていました。小学校を卒業した後もあなたに会いに来る子どもたちが、たくさんいたほどです。

そのような中で、同じ学校の先生と恋が始まり結婚します。考え方も価値観もぴったりで仲良しの夫婦でした。休みの日には2人でピクニックに出かけたり、乗馬を楽しんだりと、趣味も同じだったので一緒に行動することが多かったようです。そして、自分たちの子どもを授かるのを待ち望んでいました。でも、残念ながら2人に子どもはできませんでした。仕事にするほど子どもが大好きな2人にとって、これは大変ショックな出来事でした。

その後、子どものいない人生だったかというと、そうではありません。あなたたち夫婦は養子を迎えます。生まれたばかりの女の子を引き取り、大切に育てていきました。その子は2人の大きな愛情に包まれて成長していきます。あなたたちにとってその子の存在は「心の太陽」でした。そしてその子が大人になり結婚して、あなたに「孫」という楽しみまで与えてくれたのです。子どもを産む夢は叶わなかったけれど「自分たちはそれ以上の大事なものを手に入れたね」としみじみと語ったのでした。

そして人生が終わり、光の世界で、あなたは次の人生の計画を立てました。「前世も良かったけれど、やっぱり自分の子どもを育ててみたい。今度の人生では、結婚して子どもを作ろう。しかも1人っ子ではなく3人ぐらいは欲しいな」と思いました。そのときの養子の子の魂が、今世ではあなたの一番上の子どもとして生まれてくるようですよ。きっとあなたの手助けをすることで恩返しをしてくれるでしょう。

【前世パターン49】

ヨーロッパで看護師

あなたはヨーロッパで、女性で看護師として働いていたことがあります。小さい頃から、身近で病気になる人が多く、その苦しんでいる姿を見るたびに、「その人を助けてあげたい」という気持ちが湧き上がってきました。さらに10代になった頃、母親が重い病気になってしまいます。病院に連れて行こうにも、その村には病院すらありません。それで母親の介護を何年かした経験から、いろんなことを学びます。特に大きな気づきは「優しく接して介抱することで、病気で苦しむ人を幸せにすることができる」ということでした。

その時代はちょうど、看護師という職業が誕生したての頃でした。それまでは、ヨーロッパでの看護は修道女の活動の一つとして行われていたのです。あなたは、田舎から出て街の看護師学校へ入り、そこから看護師となっていきます。専門学校を出ると、まずは陸軍病院で働きました。戦争で負傷した兵士たちが次々と担ぎ込まれてくるので、あなたは朝から晩まで休みなしに兵士の治療や看護にあたっていました。

そして、気がついたら何十年も経っていたのです。あなたは陸軍病院での看護の仕事にやりがいを感じていました。力を尽くした甲斐もあって、元気に退院していく兵士たちもたくさんいました。彼らのその姿を見るたびに、あなたは幸せな気持ちになれたのです。でもある日、自分の田舎や子どもの頃のことが思い浮かび、看護師になった理由を思い出します。それは、看護師になっていつか故郷に戻り、そこで病気の村人たちのために働き、役に立ちたいというものでした。

そこであなたは、村に戻ることを決断します。陸軍病院ではやり切ったという気持ちがあったので、なんの未練もなく田舎に帰るのでした。そして、小さな病院の看護師として患者に優しく尽くして、亡くなる人の看取りもします。現代とは違い、まだまだ治療法が見つかっていない病気や感染症など問題は山積みでしたが、医者とともに精一杯仕事に励みました。そうしていくうちに、あなたは村にとっては、なくてはならない存在になっていったのでした。そして、一生独身を通して、自由な人生を送っていきました。

光の世界であなたは次の人生の計画を立てました。「自分の好きな道を生きることができて本当に良い人生だった。今度も人を助けるような仕事をしよう。そして、今度は家庭を持ちたい。その中で幸せを求めていくような生き方を経験しよう」とあなたは思いました。

【前世パターン50】

エジプトでの人生

あなたは、エジプトで男性として生きていたことがあるようです。大家族の長男として生まれ、下の兄弟たちの面倒をよくみてあげるような優しいお兄さんでした。両親はそんなあなたに頼りっぱなしで、あなたが12歳ぐらいになると、弟や妹の面倒を見るだけでなく家族の食事の支度や洗濯までやらされるようになりました。それでも文句ひとつ言わずに家のことをやっていましたが、あなたの本心は違いました。本当は、友人たちと一緒に遊びたいし、もっと学校に行って学びたいと思っていたのです。

その思いが強くなり、家のことをやる毎日に耐えられなくなったあなたは、成人するとすぐに、家出さながらに旅に出ました。とは言っても、親から依存される生活から抜けたかっただけなので、いろんな町に滞在して仕事をしては食いつなぐ日々です。そのような生活を、何年も続けていったのです。他人から見ると不安定きわまりないライフスタイルでも、あなたはとても気に入っていました。思いついたことを好きにできるし、行きたい時に行きたい場所に行けて、何者にも縛られない生活はとても自由に感じました。

そうしているうちに、好きな女性ができます。彼女と一緒になるには、今の自由を捨てて定職に就かなければなりません。でも、その女性のためならそれも良いと思えたほど惚れ込んでいました。あなたは彼女と結婚して、子どもも生まれました。そこからは、ラクダを一頭買って、客を乗せる仕事を始めます。広い砂漠をただひたすら歩き続けるような仕事です。あなたにとっては、誰かとかかわることなく客としゃべる必要もないこの仕事が、合っていたようです。収入は少なかったのですが、その先もずっと続けていきました。ただ、家族のもとに帰れるのは月に数回で、家族との触れ合いや思い出は少ない人生でした。

あなたは光の世界で次の人生の計画を立てました。「前世ではどれもが中途半端だった。その原因は自分にある。親から逃げることだけを考えていて、人生の計画も立てず、お金を稼ぐことに無頓着だったからだ。今度の人生では、自分の好きなことを仕事にして、目標と計画を持った人生にしよう。家族も持って、お金をたくさん稼いで、さらに自分の自由も実現したい」と、あなたは予定をてんこ盛りにして今世に来ました。

【前世パターン51】

ニューヨークでミュージシャン

あなたはニューヨークで、100年ほど前にミュージシャンとして生きていたことがあったようです。その時は黒人男性でした。先祖がアフリカから南米に移民として入植してきたのがあなたのルーツです。あなたは、小さな頃から音楽が大好きで、歌ったり踊ったりすることが何より楽しくて得意でした。

両親は農業を営みながら、その村で飲食店を切り盛りしていました。あなたは、10代の頃から両親の店を手伝うようになり、その頃に流行り出したジュークボックスで音楽を流しながら、踊ったり歌ったりしていました。ある日その店にトランペット吹きが来て演奏するのですが、あなたはそれを見た瞬間に「これをやりたい」と強く思います。そして、その旅人が滞在していた1年間でトランペットを教えてもらいます。彼からニューヨークの音楽の世界の話を聞いたあなたは、親を説得して夜行列車に乗ってニューヨークに出ていったのです。

ニューヨークでは、バーで働いたり靴磨きをしたり、郵便配達をしたりして生活費を稼ぎながら、トランペットの練習に励んでいきました。そんな生活は、何年も続いていきました。そしてある時、とうとうオーディションに受かりステージに上がることができたのです。その時代はジャズが主流になり出した頃、あなたはピアノの演奏に合わせながらトランペットでジャズを演奏するのです。あなたのトランペットの才能が認められ、演奏者としていくつものバーと契約が決まりだします。そこから本業として生活が成り立つようになり、長い間付き合っていた恋人と結婚して子どもが生まれます。

あなたはミュージシャンとして、またニューヨーカーとしての人生を送っていきました。大きく成功したり、お金を稼いだりするような人生ではなかったけれども、自分の好きなことを仕事にできて、しかも家庭を持てたことに感謝できる人生でした。

今世も、そんな人生を送りたいと思ったあなた。もちろん、孤独は嫌なので、家族も友達も多い人生にしようと計画してきました。

【前世パターン52】

イタリアのレモン農家の妻

あなたは、中世のイタリアでレモン農家の妻だったことがあるようです。夫婦ともに子どもが大好きで、7人の子どもを授かりました。男4人女3人の兄弟で、夫の父母も同居していたので11人の大家族でした。家族が農作業をしている間に、あなたと義理の母は、家事や食事の準備を手分けしてやっていました。

子どもたちが小さいうちは歳の近い7人を育てるのはとても大変なものですが、あなたは独身の頃に保育の仕事をしていたので、上手に子育てができました。もともと大声を出すタイプではなかったので、子どもをしかるときも言い聞かせるようにしかって、「褒めることで子どもが伸びる」ということを知っていました。「偉いね。すごいね」と褒めるので、家の中はいつも平和な空気でした。また、子どもたちに歌や踊りを教えて、家の中はいつも明るくて幸せに満たされていました。そんな中で7人はすくすくと育ち10代になると父親の農作業を手伝うようになっていきます。

ところがある時、問題が起きます。夫が、お金を借りて畑を広げ倉庫を増設した次の年から、天候不良の不作続きで借金が返せずにかさんでいったのです。畑を切り売りしたり倉庫を手放したりしても借金は減らずに、生活も困窮していきました。そこで力になったのが、7人の子どもたちです。みんなで知恵を働かせていろいろと意見を出し、全員で創意工夫を凝らして、その危機を乗り越えていきました。

その中の1つとして、あなたの発案でレモンの加工業を始めます。レモンジュースに始まり、リキュールやレモンの皮の砂糖漬けやマーマレードなどを、あなたが中心となって作り始めます。それが予想以上に売れて、あなたの家のレモンの収穫量も売り上げもどんどん上がっていったのです。畑と倉庫を買い戻し、さらに業績を上げて仕事を広げていきました。家族が「一枚岩」になって家業を盛り返していけたのは、子どもたちをそのような人間に育てていったあなたのおかげでした。

その後、あなたたち夫婦は金銭的にも精神的にも豊かで、大勢の子どもたちや孫、ひ孫たちに囲まれて幸せな老後を過ごしていきました。

そして、人生が終わり、あなたは光の世界で次の人生の計画を立てました。「大変な時期もあったけれど、幸せで楽しくて、子育ての醍醐味を経験できた人生だった。でも、次は自分自身のために人生を生きてみたい」とあなたは思いました。

【前世パターン53】

イギリスで銀行員

あなたは、18世紀のイギリスで銀行員として働いていたことがあるようです。そのときは男性でした。小さな頃からお金の計算が得意で、10代になるとお金の流れに興味が出てきていたので、大学を卒業し、就職先に銀行を選ぶのに迷いはありませんでした。面接でも意欲にあふれた態度が評価されて、スムーズに入社できました。でも実際に仕事が始まると、銀行業務は複雑で、時間がかかる作業がほとんど。あなたはそれでも自分の好きな分野だったので一生懸命に働きました。そして学生時代から成績優秀だったあなたは、何をやってもトップグループに入る成績を出す、エリート社員となっていきました。

30代で同僚と恋愛関係になって、結婚します。息子が2人生まれてからは、妻は仕事を辞めて専業主婦として子育てに専念していきました。あなたは市街地に家を買って、家族で住んでいました。休みの日は息子たちと庭でバーベキューをしたり、森にピクニックに出かけたりと家族と過ごす時間を大切にしていました。愛する妻に対しても、誕生日や結婚記念日には花束のプレゼントを欠かさない夫でした。

どんなに仕事が忙しくてもコツコツと仕事を片付けていく上司として、部下からも厚い信頼がありました。ところが、そのように何もかもが順調にいっていた頃に、大きな社会的金融危機が訪れます。それは、大きな銀行も倒産の憂き目にあうような大恐慌でした。小さな銀行は、次々と破綻していきましたが、あなたの銀行は辛うじてその危機を乗り越えます。何日も泊まり込みで会議を重ねて知恵を出し合ったことが功を奏したのです。会議の中では、社員たちが膝を突き合わせて、危機を乗り越えるアイデアがたくさん出されました。その会議方式を提案したのはあなただったので、銀行がギリギリのところで助かった後に、あなたは大きく評価されて出世コースに乗っていきます。

その後、子どもたちは大きくなり、大学を出るとそれぞれが好きな道に進んで行きました。あなたは晩年、仕事をやり遂げて退職すると、妻と2人で田舎に移り住んで大自然の中でゆったりと老後を過ごしました。

人生が終わり光の世界へ行ったあなたは、「仕事も家庭も両方がうまくいった人生だった。どんな苦境でも、諦めなければ必ず道は開けることを身をもって体験できた。その学びを生かして、今度も好きなことを仕事にしながら、家族を幸せにしていきたい」と思いました。

【前世パターン54】

中世ヨーロッパで神父

あなたは中世のヨーロッパの男性で神父だったことがあるようです。小さい頃から、敬虔《けいけん》なクリスチャン一家に育ったあなたにとって、礼拝でのお祈りや食事の前のお祈り、就寝前のお祈りは日常生活の一部でした。あなたにとっては祈りの時間は神様とのコミュニケーションの時間でした。10代に入ると、神学校に入って神父になりたいという気持ちがだんだんと強くなっていき、両親に相談すると大喜びで賛成してくれました。

あなたは神学校を卒業すると、まずどうしても行きたかったバチカンで神父としてつとめ始めます。教会に早朝に着いて、さっそく誰も居ない大聖堂に一歩足を踏み入れると、そこはまるで別世界で厳粛で神聖な空気に包まれていました。手を合わせてお祈りを始めると、どこからともなく鐘の音と鳥の鳴き声が聞こえてきて、あなたはそのまばゆい光の中で神に抱かれているような気持ちになり、感動して思わず涙が流れてきました。この経験は、あなたにとっては生涯忘れられないものとなりました。

数年後、あなたはバチカンでの職務経験を経た後に、自分の故郷へと戻っていきます。そして、小さい頃から毎週欠かさず通っていた教会の神父として就任したのでした。それは、あなたにとってもあなたの両親にとっても、夢のような出来事でした。「神様のお手伝いをしたい」というのがあなたの子どもの頃からの夢だったので、それが実現したわけです。ただ、あなたは1人っ子だったために、あなたの親の「孫の顔が見たい」という夢は叶いませんでした。

その後、教会の横に保育園を建てます。そしてそこには大勢の子どもたちが入園してきました。あなたは全員を「神の子」として受け入れて、大切に育てていきました。両親の叶わなかった願いも知っていたので、両親を呼んで小さな子どもたちの保育士になってもらいます。そのような形で、あなたの神父としての活動に両親を参加させることは一つの親孝行にもなりました。そのように、あなたは神父としての人生を送っていったのでした。

そして人生が終わり、光の世界へ。「前回は神一色の素晴らしい人生だった。自分のやりたいことを貫き、一生続けることができた。でも、次はまったく違った人生を送ってみよう。バラエティに富んだ、泣いたり笑ったりの人生にしようかな」と、あなたは思いました。

【前世パターン55】

北欧で木工職人

あなたは北欧の男性で、家具職人として人生を送っていたことがあるようです。その時代の家具作りは、木工職人が王侯貴族のために作るオーダー品がほとんどでした。あなたが父親から引き継いだ家業もそれに違わず、貴族からの注文を受けて家具を作っていました。小さい頃から、椅子やテーブル、チェストなどを作る工房を遊び場としていたあなたは、小学生に入る頃には箱や玩具を作るようになっていました。

あなたは大人になり、曽祖父から続く木工所を継ぎました。お得意様は曽祖父の時代からの客がほとんどだったのですが、客の家にすでにある家具と何の遜色もないでき栄えの見事さに、その家の貴族の子孫たちも驚くほどでした。そこに家具の付加価値が付いて、高額な値段で買い取ってくれるので、あなたの収入も多く安定した生活が送れました。

あなたは結婚して３人の息子たちが生まれました。息子たちもあなたの子ども時代と同じように工房を遊び場として育ち、大きくなる頃には木工職人として働き出しました。息子たちの時代になると、貴族向けより一般家庭に置く家具を作るようになっていきました。そうなると、値段の張る高級品は需要がなく、シンプルで安い家具が求められるようになり、あなたが引き継いできたものがだんだんと崩れていきます。そのことで息子たちと言い争いになることも多く、「分かり合えない」とお互いに思うようになりました。あなたは自分のこだわりを貫くために、息子たちに相談もせずに、引き継いできた家業を勝手に閉じることにしたのです。

驚いた息子たちは、あなたの頑固さに嫌気がさしていたこともあり、あなたに反発し、別の職人の元へと弟子入りしていってしまいます。そして彼らは、個性的な家具職人となっていきます。息子たちに裏切られ取り残されたような気持ちになったあなたは、ますます意固地になって、とうとう息子たちと絶縁関係になってしまいました。その後、息子たちは結婚して家庭を持ち、子どもも生まれました。あなたの妻は息子たちの家族と仲良くしていきましたが、あなたは反対に、何とも孤独な老後を送っていったのでした。

人生が終わり、光の世界で次の人生の計画を立てる時がきました。「なんて意固地な生き方をしたのだろう。どうして息子たちの考え方を受容できなかったのか。どこから歯車が狂ったのか。次はそんな自分を変えたい。家族を理解して仲良くやっていこう」と、あなたは切に思いました。

【前世パターン56】

日本で巫女

あなたは古い時代の日本で生きていた前世があるようです。その時のあなたは、神社で巫女として働いていました。その頃の巫女は神仏にお祈りをしたり、霊感で受けた神の言葉を伝えたりする者としての役目がありました。そのほかにも神に捧げる踊りの神楽《かぐら》や歌、楽器の演奏も仕事としていたので、そのための稽古も欠かせませんでした。それに加えて、その時代の巫女は、占いや降霊術もやっていたようです。

あなたは小さい頃から、おまじないや占い、歌や踊りは好きでしたが、だからといって別に巫女になりたかった訳ではありませんでした。巫女として呼ばれたのは10代のお年頃の頃でした。その時あなたには、村に好きな人もいたし、友達もたくさんいて楽しい毎日を過ごしていました。家族との団らんも好きで、自分の好きなように時間も使えるようになっていた頃だったのです。それがある日、大きな神社から「年頃で霊感のある女子を送り出すように」とのお達しが下るのです。昔に亡くなった曽祖母も巫女だったこともあり、当然のように村からあなたが指名されたのでした。

最初は「なぜ私だけ」と思い、いやいやながらの始まりでした。でもやってみると、巫女の仕事は充実感のある楽しい仕事でした。神社の同僚はみんな優しいし、占いや降霊術も先輩の巫女から教えてもらい、興味のある分野だったので好奇心も満たされました。そしてその神社で10年ほど働いたのちに、辞職して村に帰り、農家の手伝いに戻ります。

その後、村の男性と結婚して家庭に入っていきました。そこからは子どもも授かり、ふつうの主婦としての生活を満喫していったのでした。また、巫女のときに霊感が磨かれていたので、たまに近所の人を占うこともありました。老後に巫女だった頃を思い出して「今考えると、巫女はすごい体験だった。そしてまた、何事もなかったように村のふつうの生活に戻れた私はラッキーだったに違いない」と、あなたは幸せを噛み締めるのでした。

そして人生を終えて、光の世界で次の人生を考えたときに、あなたは「今度生まれてくるときには、誰かに決められたものではなくて、自分自身でやり甲斐のある仕事を見つけよう」と思いました。

【前世パターン57】

古代ローマの貴族

あなたは古代ローマで、貴族の女性として生きていました。当時ローマでは、一般人でもそれなりに良い暮らしをしていたので、貴族となるとそれはもう想像をはるかに越えるような高いレベルの生活水準でした。奴隷を何十人も雇い、食事と睡眠以外はすべて奴隷がやってくれるような生活です。

あなたは、特に食に対して大きなエネルギーを注いでいたようです。美食家で、好きな海産物などは、広大な養殖場を作って養殖させていたほど。そこで採れたての海産物を、シェフに料理させるといった具合です。そんな中、大勢の客を招いて開いた宴で、運命的な出会いをします。あなたは奴隷として働いていた美少年に恋をしてしまうのです。そのときあなたはすでに結婚していて、子どもはいませんでした。結婚は親が勝手に決めた相手だったので、そこに愛情はありません。あなたはその美少年を自分の部屋に呼び寄せ、深い関係へと落ちていきます。

２人の関係が知られずに何年か続いたのですが、あるとき、とうとう夫の知るところとなり、夫は激怒します。そして「彼と別れないのなら彼を殺してあなたとは離縁、もし今別れるのなら彼は追放であなたとの離婚はなし」という条件を出してきます。あなたは彼に生きていてほしい一心で別れを決断しました。「貴族と奴隷」という身分の違いの壁を越えることはできずに、２人は別れることになったのです。それからというもの、２人はお互いに大きな未練を残したまま人生を閉じるのでした。

その人生が終わり、あなたは光の世界で次の人生の計画を立てます。奴隷に惹かれて身分の差に違和感を感じていたあなたは、「次は差別のない世界に生まれたい」と思いました。そして、「次は、愛のない結婚はやめよう。愛する人と人生を共にしたい」と強く思いました。もしかしたら前世の奴隷だった彼との出会いもあるかもしれませんね。

【前世パターン58】

南米でコーヒー豆農家

あなたは南米で男性として生きたことがあるようです。その時の職業はコーヒー豆農家でした。父親の時代から始めたコーヒー豆の栽培は順調で、あなたの代になるとかなり大規模な畑を持って、たくさんの使用人を雇ってコーヒー豆を栽培していました。大きな倉庫のような作業場で豆を選別していくのですが、刈り入れどきはさらに大勢の使用人を雇うのでコーヒー園も活気に満ちてきます。そのような中で、あなたは経営者でありながらも、労働者に混ざっておしゃべりをしながら一生懸命に作業をするので、気さくでフレンドリーだと評判でした。

あなたは結婚して、息子たちも生まれて家の中はにぎやかになっていきます。その頃にあなたの中に、一つの夢が生まれます。それは、農場をもっと広げてワイン用のぶどうの栽培をして、ワイナリーを持ちたいというものでした。コーヒー豆は父親から引き継いだものだったので、自分で新しく何かを始めて成功したいという気持ちがふつふつと湧いてきたのでした。

そして数年後に、念願叶ってぶどうの栽培を始めます。しかし、そこからの道のりは簡単なものではありませんでした。ワイン工場を作るも、何年も不作が続き赤字になることもありました。でも、丈夫な品種の苗を輸入したり有能な技術者を雇ったりと工夫していくうちに、逆境を乗り越えてどんどん業績を伸ばしていきました。そして、息子たちが大人になったときにコーヒー園を任せて、あなたとあなたの妻はワイナリーの経営に専念します。そのかたわらで、２人で趣味の釣りやダンス、そして旅行を楽しむというライフスタイルになっていったのです。

人生が終わり、あなたは光の世界で今度生まれ変わるときの計画を立てます。「大変なこともたくさんあったけれど、楽しい人生だったな。もう一度、同じような人生を送りたい。家族を持って、そこから自分のチャレンジが始まるような人生を」とあなたは思いました。

【前世パターン59】

アメリカの先住民 2

あなたは、アメリカの先住民だったことがあるようです。そのときのあなたは男性で、ネイティブアメリカンの部族の中でもリーダー的な立場にいました。あなたは子どもの頃から、先祖から続くやり方で遊牧民のように住む場所を変えながら生活をしていました。ほとんど狩猟や畑作で、自給自足で食べ物をまかなっていました。タバコやお酒も自分たちで作って、皆で分け合って楽しんでいました。

また、あなたたちはときどき仲の悪い部族や力の弱い部族の村を襲っては食べ物を略奪することもあったようです。そうやって自分たちの強さを誇示していくのが、ネイティブアメリカンの男性としのて生き方でもあったのでしょう。でも、優しい気持ちを持ったあなたには、それは大きな負担で、常に「食うか食われるか」の緊張とストレスにさらされた人生でした。そんな中あなたにとっては、家族との時間が唯一の癒しでした。

また逆に、村の男性たちが狩りに出かけている留守を狙い、他の部族が襲ってくることもありました。でも、大抵の場合は、食べ物を差し出せば命をとられるということはありませんでした。それは部族間の暗黙の了解で、殺し合いまではしないことを了承し合っていたのでしょう。ところがある日、あなたたち男性が泊まりがけの狩りに出かけて、留守をしていた最中を狙って、かねてから仲の悪かった部族が村を襲ってきて、子どもや年寄りまで皆殺しにあってしまうのです。

あなたたち男性は、すべてを失ったことへの怒りから報復へと向かいます。そうして敵の陣地に入って行こうとするのですが、それを察知していた敵はあなたたちを迎え撃って、門前で全員が矢で射られて死んでしまいました。犬死にとなることは知っていたのですが、愛する妻や子どもを殺された者たちは、もう生きていく希望もなく、絶望的な気持ちで、捨て身を覚悟で敵に向かっていったのでした。その結果として、あなたの部族はそこで絶えてしまいました。

光の世界で、「今度はもっと平和に家族で幸せに暮らしていこう」と決めて生まれてきました。人と人が殺し合うという殺生な人生は、もうごめんだと思いました。

【前世パターン60】

スイスで介護士

あなたはスイスの療養地で介護士をしていたことがあるようです。そのときは女性でした。ずっと都会育ちだったのですが、結婚して３年も経たないうちに夫を病気で亡くしてしまいます。それを機に、ずっと夫を連れて行きたかったスイスの温泉療養地に移り住みます。そして、そこの治療施設で介護士として働き始めたのでした。その療養地はアルプスを見渡せる場所にあり、冬の美しい雪山を見ながら温泉に浸かれるという素晴らしい場所でした。

そこに療養に来ている人はほとんどが大金持ちの老人たちでした。働きながら、その人たちのこれまでの人生の話を聞くのはとても楽しい時間でした。貧乏から苦労してお金持ちになった男性。元々お嬢様で育ってお金持ちに嫁いだ女性。はたまた、才能が開花してお金持ちになった芸術家の男性などなど。その話は、あなたの想像力をかき立ててくれました。奥さんの身体が不自由だからと、ご主人は健康なのに離れるのがつらくて一緒に療養所に入っているご夫婦もいました。

でも、お金持ちでも寂しそうにしている人たちも多いのがこの療養所の特徴でした。あなたはそういう人たちに、そこに滞在している間だけでも幸せな気持ちになってほしいと思いました。介護をしながら、優しく話しかけておしゃべりを引き出したり、一緒に歌を歌ったり手を握って話を聞いたりと、愛情を込めて接していきました。そのため、そこから退去するときに、涙してハグを求めてくる人たちも何人もいました。

その後何十年も、その療養地で大勢の老人を幸せな気持ちにさせることを目標に仕事を続けていきました。そして、自分の老後もそこで美しい景色と愛犬とゆったりとした生活を送っていきました。ときどき、友人たちと集まってお茶会をするのも楽しみでした。あなたは自分自身が周りに愛を与えることで周りから愛をもらえる人生を送りました。

そして人生が終わり、光の世界で自分の前世を振り返り、多くの人を笑顔にできたことに大きな喜びを覚えました。「今度の人生でも、人のために生きていきたい。そして、今度は子どもを作って、自分の子どもともたくさん関わる人生にしよう」とあなたは思いました。

【前世パターン61】

宇宙からの転生 2

あなたは、一つの使命を持って宇宙から転生してきているようです。この広い宇宙のどこかにあなたの生まれた星があります。その星は何千光年のところかもしれないし、もしかしたら、何十万光年の彼方の星かもしれません。その星で、あなたは自分たちの星の中心になるようなセクションで、重要な仕事を担っていました。その星の人々は、地球よりもずっと高度な頭脳と技術を持っている星人だと言えます。そんな中でさらにレベルの高い教育と技術を身につけているのが、あなたたちです。

ある日、あなたの星のトップたちが話し合った結果、自分たちの星のクオリティをもっと上げていくために、他の星からの情報や経験を導入しようということになりました。そして、いろんな基準で選ばれた人が地球で生まれ変わる使命を受けます。

地球は他の星と比べて、自然が多く資源も多い星なので、いろいろな生態系や可能性を秘めているということで地球に白羽の矢が立ちました。地球はその他にも、そこに住んでいる人間が「煩悩」というものを持っていて、嫉妬心や競争心、そして憎しみや恨みが原因でケンカや殴り合い、殺し合いから戦争まで発展していくような星だということも知られていました。あなたの星とは比べものにならないほど獰猛《どうもう》な住人が多いのですが、そんな環境の中で何度か生まれ変わっていくことで精神性を磨けたり上昇させたりできると判断されたのです。

地球で何度か生まれ変わって、手に入れた物を自分の星に持ち帰ることがあなたのミッションです。そして持ち帰った情報や経験をあなたの故郷の星で生かすと共に、あなたには故郷での仕事や役割が待っているようです。面白いことに、地球では何千年と経っていても、あなたが戻ったときには、惑星での年月は数年しか経っていないようです。

この地球であなたは人間と同じ「転生のシステム」で、死んだ後は光の世界に行きます。そして、次の人生の計画を立てるのです。あなたの星の星人たちは毎回、前世とはまったく異なった国、異なった人生を選んで生まれ変わっていきます。それは地球のさまざまな情報を収集するためです。そうして、地球の生まれ変わりの中で、たくさんのことを体験して、魂を成長させて故郷の星に帰っていきます。

【前世パターン62】

アジアで僧侶

あなたはアジアで男性として生きていたことがあります。その時は僧侶として寺院に勤めていました。小さな頃から仏教に興味があり、10代になると自らお寺に修行僧として住み込み、仏教を勉強していきます。そして勉強をすればするほどブッダに興味が出てきました。そのまま僧侶としてその寺院でお勤めをすることも可能でしたが、ある日あなたは「ブッダが歩いた道をなぞるように旅しよう」と決断します。

ブッダの生まれ故郷であるインドに船で渡り、ブッダの教えが書いてある書物を手にその旅路を歩き始めます。何年もかけて、その道をたどりあなたは仏教を深く理解していきました。一匹狼的な考えが強かったあなたは、その道中で他の僧侶たちと修行を共にすることもなく、ほとんど会話もせずにただひたすら1人で旅を続けるのでした。子どもの頃から、自分の好きなことは、とことん無心でやるというところがあなたにはありました。この「ブッダの教えを知りたい」という強い思いは、あなたの「好きなこと」のストライクゾーンにピッタリとはまったのでした。

その後、あなたは自分の生まれ故郷に戻りました。そして、そこに古くからある寺院に入り、僧侶として勤めるようになります。そこで、新しく仏門をくぐる新米者たちに、仏教の教えを説いていく専門的な講師としての役割も担いながら、一生を宗教に捧げる生き方をしていきました。そこの寺院は我慢することばかりが多い宗派でしたが、あなたはその生き方に満足感を持っていました。インドでのブッダの道をたどるという経験は、間違いなく、あなたを一回りも二回りも大きく成長させたのでした。あなたは宗教家としての一面も持ちながら、その大きな寺院で一生を通して、仏教の体現者として生きていったのでした。

そして人生が終わり、光の世界で次の人生の計画を立てました。「前世は、1つのことに集中できる人生だったと言えるだろう。でも次は制約の多すぎる生き方はやめよう。もっと違う生き方をしたい。今度は、いろいろな好奇心を満たす経験をして、自由に生きていこう」と思いました。

【前世パターン63】

ヨーロッパの画家

あなたはヨーロッパで、男性で画家を仕事としていたことがありました。子どもの頃から絵を描くのが大好きだったあなたは大家族の中で育ち、大きくなってからは兄弟で親の農業を手伝い、日々仕事に励んでいました。豊かな生活とは言えなくても、仲の良い家族でした。休みの日はみんなで教会に行くのが習慣で、その後スケッチブックを持って山野に出かけていくのが、あなたの何よりの楽しみでした。

あなたには、本当は画家になりたいという夢がありましたが、家族の生活を考えるとそんなことは言い出せずにいました。しかしある日、父親から「家のことは心配せずに自分の好きな道に進みなさい」と言われます。それでも「生活が苦しいのに、自分だけ好きな道に進むわけにはいかない」と、あなたは悩み迷いました。

そして悩んだ末に、自分に学費を用意してチャンスを与えてくれた父親に感謝して、思い切って画家を目指そうと決めたのです。あなたは、田舎から遠く離れた街に出て、アルバイトをしながら美術学校で絵の勉強に励みます。貧乏学生だったので生活は大変でしたが、友達もできて楽しい学生生活でした。あなたは勉強の合間にも、川のほとりで風景画を描いて、腕を磨いていきました。

その後、賑やかな街角に画廊を開くほどの成功を成し遂げました。結婚もして子どもができたあなたは、いつの間にか、ずっと夢に描いていた生活を手に入れていたのです。その頃から、お金の余裕もできて故郷に帰省できるようにもなりました。田舎は昔と何も変わらず、家族も心から喜んで迎えてくれました。たまに帰省して心をリフレッシュさせてまた街へと戻るというライフスタイルが、その後続いていきました。ただ、両親が他界してから「自分の夢を支えてくれた親をもっと街に呼んだり旅行に連れて行ったりすれば良かった」ということが後悔として残った人生でした。

今世のあなたは、その心残りの「親孝行」が大きなテーマになっています。また、魂が覚えている画家としての才能が、芸術的センスとして残っているようです。もしかしたら今世も、その才能を仕事や趣味に活かしているかもしれませんね。

【前世パターン64】

インドで染め物職人

あなたは、インドで女性として生きたことがあるようです。その当時インドには、厳しい身分制度があり、生まれたときから親子代々続いていた仕事をすることが決まっていました。あなたは染め物工房の生まれで、いずれ後を継いでやっていく染め物を、小さい頃から習っていました。

決められていた職業ではあっても、あなたはこの染めの作業を気に入っていました。天然の染料を使った、藍染めなどの草木染めでたくさんの布を染めていきます。さまざまな色の多くの布が風になびいている光景は圧巻で、あなたはその風景が大好きでした。

また、あなたは腕の良い染め師でもありました。絵のセンスもあったので、染めた布に簡単な絵を描くとそれが人気を呼んで、お金持ちから特別な注文をもらうこともありました。でも、どんなに好きな仕事でも、制約が多く窮屈な思いをすることが多かったのも現実です。ノルマに追われてストレスになることも、しばしばありました。

あなたが継いだ工房はとても大きくて、たくさんの人を雇っていました。結婚した後は夫にも手伝ってもらい、家族総出で染め工房を運営していきます。夫は優しい人でしたが、中心になって工房を経営していくほどの実力はなかったため、あなたが中心になってやらなければなりませんでした。そのため、2人の女の子を授かったのですが、お手伝いさんに子どもたちを任せて仕事に追われる毎日でした。本当は子育てに力を入れたかったのに、ほとんどかかわれないままに子どもたちは大きくなっていきました。そして時が経ち、その娘たち2人があなたの後を継いで、染め物工房を運営していったのでした。

あなたは光の世界で「今度生まれてやり直すときは、普通の家庭に生まれたい。そして、結婚した後は、のんびりとする時間がある人生がいい。子育てにも力を入れて、平凡でも幸せな家庭を作っていきたい」と思いました。染め物は好きでしたが、今度はそのような技術職は仕事にはしないと決めました。きっと前世では「宿命から逃げられない感」が残っていたのでしょう。今世では、インド以外に住みたいとも思ったようです。

【前世パターン65】

ヨーロッパでクリスチャン

あなたは17世紀に、ヨーロッパで敬虔《けいけん》なクリスチャンの女性として生きていたことがあったようです。あなたの神に対する信心は絶大でした。それは、小さな頃から厳しい親元で育てられたことも影響していましたが、それにしても素晴らしい信仰生活を送っていました。日曜日のミサは欠かさず、稼いだお金から教会に献金を続け、毎日聖書を読んだりお祈りを捧げたりというような生活でした。そして、教会の布教活動には必ず参加して、奉仕活動があなたの生き甲斐でもあったのです。あなたは20代で結婚して、2人の女の子を授かりました。その子たちも赤ちゃんのころに洗礼を受けさせて、子どもになると「神と共に有る生活」を教えていきます。

すべてに文句なしのあなただったのですが、子育てでは、2人の娘たちに対してはかなり厳しすぎるところがあったようです。あなたが子どもの頃に、自分の母親から言われて嫌だった言葉だとか、やってほしいのにやってくれなかったこととか、まったく同じことを子どもにやっていたのでした。あなたは、娘たちに対しての態度が厳しく冷たいことにも、自分が求めすぎていることにもうすうす気が付いていました。それでも「神と共に歩んでいる自分が一番正しい」と思っていたので、子どもたちが求めているものを与える気にならなかったし、娘たちと向き合おうとしませんでした。

そんなあなたは、娘たちの目には「支配的な母親」だと映ったようです。そして、母娘の関係が改善されないままに大人になった娘たちは、それぞれ結婚して家から出ていったのでした。それからは、娘たちとは自然と疎遠になっていきました。あなたは年を老いていくに連れて、愛おしく思っては涙することも多々ありましたが、素直になれず、最後まで自分から歩み寄ることはできませんでした。

光の世界で、あなたは「もっと素直に、もっと大切に、もっと愛を持って娘たちに接していれば、人生は素晴らしいものになったはずなのに」と後悔しました。心を神に捧げすぎるあまりに「灯台下暗し」の状態だったことに、死んでから気がついたのでした。それで、「今度生まれてくる時は、『自分の産んだ子どもなのだ』ということを忘れずに、優しく自由を与えて、豊かな愛情を表現していこう」と計画しました。

【前世パターン66】

ヨーロッパで船乗り

あなたは、16世紀の大航海時代のヨーロッパで男性で船乗りだったようです。小さな頃から船乗りになるのが夢で、いろいろな船に乗りたかったので、それを実行しました。初めは、軍事船の船乗りで、母国から戦地へと兵士を乗せて行きます。帰りには負傷兵を乗せて戻るのですが、途中で死んでしまう兵士も多く、重苦しい空気の中での航海でした。

その次に乗ったのは貿易船です。西アフリカのアラブ船で、食べ物や道具のほか、アフリカで売られた奴隷たちをヨーロッパ各地に運ぶことが多く、「いったいどれだけの奴隷が、動物のように売られていくのだろう」と人間の裏側を見た気がしました。自分が人を売り買いする片棒を担いでいるようで、それが嫌になって貿易船を降ります。

そして次は、一般の人たちを運ぶ船を選びました。ヴェネチア港から各聖地へと運ぶ船でした。これは人気航路だったことと、ほとんどの客が金持ちの巡礼者だったために、華やかな雰囲気がありました。でも一度、出発港でペストが流行り、聖地で参拝者たちを降ろせずに、食料と燃料だけを積み直してヴェネチアに引き返したこともありました。

現実の航海は、あなたが子どもの頃に思い描いていたものとは180度違っていました。お粗末な食事、凪になると船が何日も進まず水不足になって死人が出る。嵐が来ると船酔いと船の沈没や破損の心配。誰かが病気になると感染の心配。そして何よりも船底に溜まった汚水の悪臭に辟易（へきえき）する日々。あなたは、自分の夢が打ち砕かれたような気がして落ち込んでしまいました。

その後あなたは、あっさりと船を降りると、船乗りの経験を生かして造船所に勤めます。木材を削って製図通りに作っていく仕事は、物事をきっちりとやる性格のあなたにとってとても楽しいものとなりました。そこでキャリアをつみ、船造りのプロとなっていきます。そして酒場で知り合った女性と結婚して子どもが生まれました。晩年、あなたの若い頃の船乗り話は、孫たちにとってどんな冒険物語よりも面白い伝説となったのでした。

そして、あなたは人生を閉じて光の世界に行きました。そこで、「ずっと念願だった船乗りになったからこそ、たどり着いた船作りの仕事。そして、多くの子孫たちまで残すことができた。その人生に何一つ無駄はなかったし、すべてがつながっていた。今度も多くのことを体験できる人生にしたい」と思ってあなたは今世に生まれてきました。

【前世パターン67】

江戸時代の町医者

あなたは江戸時代に、町医者として生きていたことがあるようです。そのときは男性でした。江戸の町で開業していましたが、「来てくれ」と言われると断れない性格のため、雨の日でも寒い冬の日でも往診に行きました。大変でしたが、どの家に寄っても、必ずお茶とお菓子や漬物が出されるので、それが楽しみだったからです。患者の家が遠い場合は「泊まっていきんさい」と、寝床と美味しい食事を出されることもありました。あなたにとってはそれもまた、旅行気分で嬉しかったようです。

あなたは、商家の長男として生まれましたが、小さい頃から自由に育てられました。自分が跡取りだとわかっていながら、両親に「町医者になりたい」と言ったときも、あっさりと賛成してくれました。両親は弟のほうが商売向きだとわかっていたようで、学費も惜しまずに出してくれました。

医者になり、腕のよいあなたの元にはどんどん患者が増えていきます。それはとても嬉しかったのですが、本当はもっと薬草を摘んで薬を作ることや、生き物の研究もやりたいのに時間が足りません。でも、病気で苦しんでいる患者を断ることなんてあなたにはできません。ですから、あなたは「来るもの拒まず」の精神で頑張っていきました。ストレス解消は往診のときにいただく、お茶でお菓子や漬物を食べるひとときだったのです。

そのように多忙な日々を過ごしているうちに、ふと気づけば15年の月日が経っていました。そんなある日、弟から実家の商売が破綻しそうだという連絡をもらいます。近日中に借金を返さないとつぶれると言うのです。それに母親が病に倒れていると聞いて、あなたは迷わず実家に向かいます。それまでお金を使うことも無かったので貯まっていた大金を背負って駆けつけ、借金を返済して、家族の一番の危機を救ったのでした。また、母親の病気も治してあげました。

あなたは、その後も相変わらず忙しい医者人生を過ごします。結婚もせずに独身で一生を通しました。そして、長い年月が過ぎていき、なんと、あなたは明日死ぬというその日まで患者を診察していたのでした。

そして、あなたは光の世界へ行き、次の人生の計画を立てます。「たくさんの人を助けて、親孝行もできて素晴らしい人生だった。でも、今度は自分のために生きてみたい。自分の好きなことを優先させる人生にしよう」と、あなたは決めて今世に生まれてきました。

【前世パターン68】

ペルシャ絨毯《じゅうたん》職人の女性

あなたは、中世のペルシャ（今のイラン）で手織りのペルシャ絨緞を作っていたことがありました。そのときは女性でした。祖父の代から続いていた家業だったので、家族総出で作業をします。あなたは10代の頃からこの作業を手伝わされていて、学校から帰ってくると夕食までずっと絨緞を織っていました。４人姉妹の末っ子だったあなたは、姉妹４人と両親の６人で毎日、朝から晩まで絨緞を織ります。祖母が家事洗濯の役割を担っていました。

ペルシャ絨緞は、その価値を認められていたので、超高価な値段で売られていきました。祖父の時代には「織る」だけの家業でしたが、あなたの父親はそれを「染め」から「織り」、そして「販売」まで一貫した経営に切り替えていきました。材料だけでも莫大なお金がかかるのでシステムを変えていくのはとても困難でしたが、それを家族でやってのけたのでした。そして、大勢の職人を使うようになり、さらに利益を上げて、大金持ちになっていきます。

あなたたち姉妹はその頃には、もう絨緞を織らなくてもよくなり、それぞれが上の学校に進学したり好きな趣味を楽しんだりと、上級家庭の生活をするようになりました。姉たちは次々に結婚して家庭に入っていきました。でも、あなたは絨緞を織ることが大好きだったので、職人と混ざり毎日のように絨緞を織っていました。両親からすると、姉たちのように早く結婚して子どもを産んでほしいのですが、あなたはただひたすら絨緞作りを続けていきました。

そんなある日、同じ職人である男性と恋愛が始まり、結婚します。そこからは２人で工場に出勤するようになりました。息子が生まれるとあなたは、仕事を休んで子育てに専念します。でもそのうち、母親に息子を預けて工場に出始めて、また織物を始めます。その姿を父が見て、あなたたち夫婦に家業を継がせることにしました。その後は夫が中心となって経営して、さらに事業は発展していきます。あなたはそれでも職人として晩年まで絨緞を織り続けていったのでした。

そして、あなたは大往生で光の世界へと行きました。そこで「ずっと、１つの自分の好きなことを続けていけた人生だった。でも、今度は１つのことだけではなくて、もっといろんな体験ができるような生き方をしよう」とあなたは思いました。

【前世パターン69】

江戸時代の武士

あなたは、江戸時代に武士だったことがあるようです。小さい頃から武家の子どもとして、読み書きや剣術を習う道場に通っていました。だんだんと腕を磨いていって、大人になると武士として父親と同じ大名に仕えます。「士農工商」という階級制度があったために、町を歩いていてもお城に出入りするときでも、周りからは一目置かれている立場でした。

そんな中、お見合いの形で紹介された女性と結婚して、男の子を１人授かります。息子には自分が親から受けたように、武士になるための教育をしていきました。あなたにとっては、大名のお城へ通って仕事を頑張ることと、武家の血筋を絶やさないために男子を育てることが大きな２つのなすべきことでした。妻と協力してそれらをこなし、日々生活を送っていました。そして年を取り長男に家督相続をしたあとは、隠居生活に入ります。同時に盆栽などを趣味として始め、孫と遊んで過ごす穏やかな生活を続けていきました。

あなたは、この生き方をそこそこ気に入っていました。でも、年を取ってから自分の人生を振り返った時に、１つの家系や仕事に縛られた人生だったと感じるようになります。若い頃に町人を見て、その自由そうな空気感を羨ましく思ったことも思い出しました。彼らの家族関係や、周りの人との親しげで温かいやりとりを目にした時に「いいな」と思ったのです。自分は家族に対して威厳だけを保っていくだけで、心を通わせるような出来事は少なかったと感じていました。

光の世界であなたは、次はもっと自由に仕事を選んで、「家」に縛られずにやりたいことをやっていきたいと思いました。また、家族を持ったら、家族で楽しむことをたくさんやって、子どもに対して上下関係の強い親子ではなく、家族としての絆を強めたいと計画してきたようです。

【前世パターン70】

ヨーロッパで犬の美容師

あなたは中世のヨーロッパで女性で、犬の美容師だったことがあるようです。子どもの頃から活発で男の子の友達が多く、騎士の真似をして戦いごっこをしたり、馬に乗って狩りに出たりするのが大好きだったあなた。そんなあなたが大人になって最初に就いた仕事は、馬の調教師でした。ところが、落馬して腰骨を痛めてしまい、調教師の道を断念せざるを得なかったのです。

その後あなたは「犬の美容師」という職業があることを知り、直感でその仕事へと方向転換したのでした。専門家に弟子入りして修行を積んだ後に、独立します。ブルジョアの豪邸や、貴族の宮殿に呼ばれてペット犬のトリミングをするのが日々の仕事でした。あなたはカットやセットがうまかったことと、セレクトして用意してあった飾りなどもよく売れたので、どんどん仕事が入ってきました。

特にあなたは、客の女性たちにとてもモテました。その全員が、あなたのことを男性だと思ったようなのです。背が高く栗色の巻毛に、ナイーブでハンサムな顔立ちのあなた。おまけに、ほとんど化粧をせずにパンツ姿だったので、誰もがすてきな男性だと信じて疑わなかったのです。中には、あなたが女性であることを知っても、恋心を持つ人も何人もいました。

そんな中であなたは、同い年の女性と恋愛関係になります。２人はすぐに恋に落ちました。前世で男女の恋人同士だったことがあった２人だったので、お互いの魂が引き合ったのでしょう。幸せな時間を過ごして、密会を続けていきました。しかし、やはり性別の違いや身分の差が大きな壁となり、２人の愛は引き裂かれてしまいます。

その後あなたは、幼馴染みの男性と結婚して子どももできて、美容師としての仕事も続けていきました。夫とは親友のような夫婦で、一生を添い遂げました。若い頃の、あの女性との恋愛は、一生に一度の鮮やかな思い出としていつまでも心に残ったのでした。

人生が終わり、あなたは次の人生の計画を立てました。「今度生まれてくるときは、パートナーとしてでも、友達としてでも彼女ともう一度縁を持ちたい」と思いました。それから前世で、独立して自由に働く仕事が気に入っていたあなたは、今度もそうありたいと思ったようです。

【前世パターン71】

北欧で漁師

あなたは、北欧の湖で漁師をしていた前世があります。そのときは男性で、父親の代から続いていた漁業を継いだのでした。小さい頃から父親と漁に出かけていたので、網を張るのも慣れたものです。あなたは故郷の夏の季節が大好きでした。熱いサウナに入り、その後に冷たい湖に飛び込むのが好きで、その湖の景色は緑豊かで心が癒される思いでした。ただ、冬になると極寒で湖は凍ってしまい、仕事はなく、ずっと家の中で過ごさなければなりませんでした。

子どもの頃から、冬はそんな凍《い》てつく寒さの中で育ったので、ずっと世界中が同じ気候の中で生活していると思っていました。近くの国に行くことはあったのですが、隣近所の国も冬は極寒の中で生活をしていたので、そう思ったのでしょう。でも、10代のときに、家族で親戚の結婚式のために冬のイタリアに船で旅をすることになりました。イタリアに着くと、まるで別世界です。真冬なのにまるで故郷の真夏のように暖かく、どこに行っても音楽が流れていてみんな陽気です。あなたは、そこがまるで天国のように思えてカルチャーショックを受けました。

そして、イタリアから極寒の地元に戻ったときに、あなたは思いました。「生まれた場所で生活も生き方もまるっきり変わるんだ」と。それからは、あなたは世界中の国について書いてある本を読むようになっていきます。そして、さまざまな気候や生活、風習があることを知ります。その中でも、小さな島国なのに、春夏秋冬がはっきりしていて、季節や場所に合わせて多彩な魚が獲れるという「日本の国」を知った時には、衝撃と憧れが走りました。「いつか行ってみたい」と思いながらも夢は叶わず、極寒の北欧での人生を閉じる日が来てしまいました。

あなたは光の世界で、「前世での生活は楽しいことも一杯あった。でも今度は、四季がはっきりしている、憧れの日本に住みたい。そして、四季折々の自然や景色を楽しみながら人生を過ごそう」と思いました。

【前世パターン72】

江戸時代の米問屋

あなたは、江戸時代に米問屋だったことがあるようです。独身のときに、ずっと客として通っていた呑み屋の娘と恋仲になり、結婚しました。あなたは長男で後継だったので、結婚すると妻は女将さんとしての生活が始まりました。接客や帳簿の管理が女将の仕事で、妻はまったくの畑違いで苦労しましたが、あなたも優しかったので覚悟を決めて頑張ってくれました。

でも、兄弟間の悩みは少なくありませんでした。特に、あなたの弟2人とその嫁2人は、妻に辛くあたることが多く、それが大きなストレスとなっていました。あなたの実家は大金持ちで、同業者の中でも財産の多い家です。弟夫婦たちにとっては、後継ぎも長兄で財産も長兄が多いというのが妬《ねた》みとなって、その矛先が妻に向けられていたのでした。3人の子どもたちも、従兄弟からいじめられることが多かったのです。そんな中でもあなたは気が短いほうなのに、兄弟といがみ合うのは得策ではないと思い、気持ちを抑えていきました。

そして、父親が死んで遺産を分けるという時がきました。周りの予想どおり、遺産のほとんどが長男であるあなたに残されました。ところが、そこであなたはとんでもない発言をするのです。「お店は売りに出して、そのお金とこの遺産を、母親と合わせてきっちりと四等分に分けよう」。思いもしない発言に、そこにいた全員が唖然としました。弟たちが泣いて喜んだのは、言うまでもありません。

その後、あなたたち家族は小さな家に移り、あなたのやりたかった呑み屋を夫婦で始めました。妻は、まるで水を得た魚のように生き生きとしていました。きっと実家に戻ったような気持ちになったのでしょう。あなたたち家族は、米問屋の時のような贅沢はできなくても、家族5人で幸せな生活を手に入れることができたのでした。このようにあなたは、「争わずにみんなが幸せになる方法」を実践したのでした。そして、老後も夫婦仲良く平和に過ごしていきました。

人生が終わり、あなたは光の世界で計画を立てます。「前世では、1人の行動が周りのみんなを幸せにできるということを実践できた。今度の人生でも、利己主義ではないバランスの良い人間関係を築いていきたい」とあなたは思いました。

【前世パターン73】

中国の貿易商人

あなたは、中世の中国で男性の貿易商人として生きていたことがあるようです。あなたの父親も祖父も貿易商だったので、家業を継いだという形でした。あなたは小さい頃から、祖父の成功話や、父親の貿易にまつわる面白い話を聞いて育ちました。そのため、あなたの想像の世界はどんどん広がり「貿易商」という仕事はいつの間にか、砂漠での盗賊との戦いがある冒険のようなイメージになっていました。

でも、実際は「砂漠を横断する貿易」は祖父の時代までで、父の時代からは「貿易大航海」時代が来ていました。あなたが大人になり父と貿易の仕事をする頃には、盗賊に襲われる確率もぐっと減って、海賊になど遭ったことはありませんでした。

その後、あなたは初恋の相手との結婚が叶って、２人の息子に恵まれました。息子たちに貿易船の話を聞かせることが多かったのですが、そのときはいつも、自分もこうやって父親や祖父の話を聞かされたものだったと懐かしく思うのでした。そして年月がたち、今度は息子たちが貿易船に乗るときがきました。親子３人でヨーロッパに向けて航海するときは、妻も一緒に船に乗って、行く先々の港で観光を楽しむのでした。

息子たちに仕事を引き継いだ後は、妻の望みで、気候が良くて景色の良いジャカルタ島に移り住みます。仕事好きなあなたは、そこでジャガイモ農園を丸ごと買って経営に乗り出し、そこでも売り上げを上げて、ひと財産作ったのでした。でも本当は、妻は異国の地であなたと２人でゆっくり暮らしていきたいと思っていたようなのです。それなのにあなたは仕事一筋で、妻は異国でも、いつも独りぼっちで寂しい思いをしました。そしてその数年後に、妻は病気で急逝してしまいました。そのため、老後はあなたにとって、人生の中で一番寂しい時期となったのでした。

人生が終わり、光の世界であなたは前世を振り返り、次の人生の計画を立てます。「仕事は成功したけれど、私が仕事一本で妻に寂しい思いをさせた。そして、私は妻のいない老後が寂しくて辛かった。次の人生では仕事はそこそこに『パートナーと家族を優先』で思い残しがないように生きたい」とあなたは思いました。

【前世パターン74】

中世ヨーロッパでアロマ作り

あなたは中世のヨーロッパで、女性として生きたことがあるようです。その時はアロマを使って薬を作る仕事をしていました。母親がやってきた仕事を継いだような形でした。あなたは、母と2人だけの家族だったのですが、小さい頃からあまり仲の良い親子ではありませんでした。しっかり者のあなたから見ると、母親はなんでも適当でふわふわしている感じがして嫌だったのです。そして年頃になると、母親のことがうっとうしいと思い、冷たく当たるようになりました。

大人になると、あなたは母から逃げるように、結婚して遠い村に移って行ってしまいました。嫁ぎ先は野菜農家で、夫の家族と共に朝から畑に出て農作業を頑張っていました。そして、女の子が1人生まれます。娘は大家族の中で可愛がられて育っていきましたが、年頃になると、あなたに反発するようになったのです。あなたにはその理由がわかりません。ふつうに接しているのに「うるさい」とか「しつこい」とか言われてしまうのでした。その頃からあなたは少しずつ母親のことを思い出すようになります。母親もこんな気持ちだったのか、と。

あなたは、小さい頃から匂いをかいで好きだったハーブを、いろいろと畑で栽培し始めました。趣味でそれを使って、むかし母が作っていたアロマを見よう見まねで作り始め、そのうち真剣に勉強してアロマオイルを作るようになります。中世のヨーロッパではアロマは薬として使われていて、あなたのアロマも母親譲りのセンスでクオリティが高かったので、どんどん売れるようになりました。その頃になると、あなたの心に大きな変化が現れてきます。「母に謝りたい。母を抱きしめたい」とあなたは思いました。

そして、15年の間に一度も連絡をしたことのない母に、手紙を書きました。ところがその手紙の返事はありませんでした。イヤな予感と共にあなたが急いで帰省したときには、そこにもう母親はいませんでした。母親は5年も前に病気のために他界していたのです。あなたは愕然として、その場に座り込んで後悔の涙を流したのでした。

そして、その人生が終わり、あなたは光の世界で計画を立てるときに迷わず「もう一回母親とやり直したい。やり直させて欲しい。今度はもっと母を理解して仲良く生きていきたい。神様お願いです」と、あなたは思いました。

【前世パターン75】

モンゴルの遊牧民

あなたは、モンゴルの遊牧民として生きていたことがありました。大人数の家族や親戚と、たくさんの家畜と共に四季を通じて移動する生活でした。大家族の長男として生まれたあなたは、両親の仕事を手伝い、とても素直に育っていきます。子どもの頃のあなたの仕事は、羊の乳搾り。羊の乳から作ったミルクやチーズは、それはそれは美味しくて大好きでした。両親の目を盗んで、可愛い弟や妹たちにこっそりと味見させることもしばしば。そんなあなたのことを、弟妹たちも大好きで慕っていました。

あなたは大人になると、同じ遊牧民の女性と恋をして結婚します。そして男の子が２人生まれて、大家族にあなたの家族が加わり、さらに賑やかになっていきました。モンゴルの厳しい冬を越えるためには、肉体だけではなく心の強さも必要です。あなたは小さな頃からそれらを身につけ、強く育ち、大人になると遊牧民族のリーダーにまで上り詰めます。遊牧民族をまとめる力があったあなたは、存分にその力を発揮し長老になるまで立派に務め上げました。

でも、老後になって自分の人生を振り返った時に、少し後悔がありました。それは、家族に対しても部族に対しても、どこでもリーダーとして行動しなければならなかったので、自分１人の楽しみや趣味といったものを作れなかったことです。それは「自分だけの時間を持てない、自分を犠牲にした人生」だったとも言えるでしょう。

でも、だからと言って、みんなの役に立てたことへの喜びには変えられません。そう思って、あなたはその人生での役割を受け入れていました。そして、みんなからの信頼が大きかったあなたは、死に際には多くの家族に看取られ、大往生したのでした。

光の世界にいったあなたは、大活躍し家族と幸せな時間を振り返ります。大人数で過ごすことは自分にとって心地よく、次の人生でもまた、大所帯の家庭に生まれると決めてきたようです。ただ、自分のわがままはずっと我慢していた人生だったので、今世では「自分のために時間を使う」ことを目標として計画してきています。

【前世パターン76】

ヨーロッパ貴族の娘 1

あなたは、中世のフランスの宮廷で貴族の娘として生まれました。女性貴族は、大人になったときにどこに嫁入りできるかで、一家の未来も変わってくるという時代です。あなたは小さな頃からマナーを教えられ、学問を学び教養を身につけます。大人になったときに舞踏会で踊るダンスは、特に念入りに教えられました。

10代になると、他の大きな宮殿に住んでいる奥様のメイドとして花嫁修業に出されます。そこはあなたの住んでいるお城よりもさらに大きな宮殿でした。それだけでもすごいのに、そこに大勢の貴族が集まって、毎週のように舞踏会が開かれることに、あなたはとても驚きました。メイドの仕事を体験しながら、「上には上がある」という世界を体験したのでした。あなたが花嫁修業を終えて地元に帰ると、すでにお見合いの準備がされていました。結婚する人は、あなたが気に入った人ではなく、親が選ぶ相手でした。

あなたは同じフランスの貴族の元へ嫁入りが決まります。結婚式が済むと、慣れ親しんだお城や家族と別れて、新しい土地で新しい生活がスタートします。夫は15歳も年上の伯爵で、なんだか父親のようにも感じました。でも、贅沢をさせてくれて、好きなことをさせてくれたので、あなたとしては楽しい生活だったようです。ただ、愛し合って結婚したわけではないので、「愛」だとか「思いやり」だとかに接することはありませんでした。

男の子を３人産んだのですが、その子たちはすぐに乳母の手に渡ります。子育てはメイドに任せる習わしだったので、自分の子どもという実感はあまりありません。そんな中で、自然とあなたは、ペットに愛情を注ぐようになります。３匹の犬を飼っていて、まるで３人の息子たちの代わりのように可愛がっていったのでした。

そして人生が終わり、光の世界であなたは次の人生の計画を立てました。「贅沢三昧も楽しかったし豪華な人生だったけれど、もうお腹いっぱい。今度は、家族の愛情に満ちた庶民の生活を生きたいわ」とあなたは思いました。

【前世パターン77】

ロシアで兵士

あなたは、ロシアで男性として生きていたことがあるようです。あなたは、小さい頃から戦いごっこが好きで、友達とおもちゃの銃を使って遊んでいました。母親はいつもそれを顔をしかめて見ていましたが、あなたは、勇敢な兵士の話や敵を打ち破る軍隊の話に憧れていました。「僕もいつかは国を守る兵士になるんだ」とあなたは心に誓っていました。

青年になると、兵士に志願することを親に話します。その時に母親が泣きながら反対して、その訳を話します。それは自分の弟を戦争で亡くし、叔父は片足を無くした負傷兵として戻るなど、戦争は家族を不幸にするものだと。でも、あなたの心には響きませんでした。「そういう人もいるかも知れないけれど、戦争は国を守ることだし、家族を守ることなんだよ」と、親の反対も聞かずに兵士に志願して村を離れたのでした。

訓練は大変でしたが、同年の青年たちと仲良くなり、励まし合いながら訓練に耐えて、いよいよ戦地に向かう日が来ました。部隊は顔見知りが多くて和気あいあいとした空気も流れていました。あなたはまるでピクニックにでも行くような気持ちでした。ところが、実際に戦地に行くとそこでは激しい戦いが繰り広げられ、目の前に爆弾が落ちたり、敵の銃弾が目の前をすり抜けたりするのです。そこでもぎれた自分の腕を持って泣いている戦友や、倒れて動かなくなった戦友。まるで地獄絵です。たった1日で、あなたの仲間の何人もが命を落としていきました。

あなたはその光景を見て、死と背中合わせの自分を初めて実感するのです。命からがらキャンプに戻ったあなたは、兵士に志願したことを心から後悔します。「お母さんがあんなに止めたのに、なぜ僕は聞く耳を持たなかったのか」と。任期が終わるまでは除隊できません。次の日からは「殺さなければ殺される」という恐怖だけで敵と戦っていきました。

その後、あなたはやっと任期を終えて村に帰還します。家族があなたの無事を喜んで泣きながら迎えてくれました。そのとき家族がこんなに温かいものだとあなたは初めて知りました。その後結婚して子どもが生まれ、父親が他界してからは牧場を継いで切り盛りしていきました。子どもたちや孫に囲まれて幸せな老後を迎えましたが、若い頃のトラウマは消えずに残りました。そして人生を終えあなたは、光の世界で次の人生を計画しました。「今度の人生では戦争の体験は決してしたくない。トラウマに苦しめられる人生もごめんだ。そして次は人の意見をちゃんと聞ける人間になりたい」とあなたは強く思いました。

【前世パターン78】

アジアでマッサージ師

あなたは、アジアで女性として生きたことがあるようです。そのときはマッサージ師としての人生でした。あなたは貧乏な家に育ち、子どもの頃は働きに出ている両親の代わりに、小さな3人の弟と妹の世話をしていました。あなたは勉強が大好きだったし、学校で友達と遊べることも楽しみだったのですが､親の休みのときにしか学校には行けないので、我慢をしなければなりませんでした。親の代わりに洗濯や食事を作らなければならない日もありましたが、あなたは家族が大切だったので文句も言わずに頑張りました。

そして、大人になり食料品店に勤めることになりました。そのとき、店の向かい側にある店で老婆が1人で何やら治療をしているらしいことを知ります。ひっきりなしに人の出入りがあるし、みんな気持ちよさそうにスッキリした顔でそこから出てきます。あなたは好奇心からその店に入って行って、そのお婆さんに施術をしてもらいます。すると、ずっと引きずっていた腰痛や偏頭痛が治っていたのです。あなたは驚いて、自分もその技術を覚えて仕事にしたいと、その場でお婆さんにお願いして弟子入りしたのでした。

数年後、あなたはお婆さんの家に住み込みで、一緒に店でマッサージ師として働いていました。あなたは、稼いだお金の中から毎月少しずつですが両親に渡してしっかりと親孝行も続けていました。また、お婆さんは独り身で、あなたを孫のように思ってくれていたし、あなたもお婆さんを実の祖母のように寄り添っていました。そしてお婆さんが寿命を全うして死んだ後には、あなたにすべてを残してくれたのでした。あなたはそこでマッサージ師として仕事を続けていきました。

その後、あなたはかねてから付き合っていた男性と結婚して、一生を通してマッサージ師として生きていったのでした。そして、老後は夫とペットの猫3匹と穏やかで幸せな日々を送っていきました。

あなたは人生を終えて、光の世界で次の人生の計画を立てます。「いろいろ体験できて楽しい人生だった。次の人生も、お婆さんとの出会いのような、人との出会いから人生を展開していきたい」とあなたは思いました。

【前世パターン79】

日本で宗教家

あなたは昔の日本で宗教家として生きていたことがあるようです。その時は男性です。あなたはそば屋の息子として生まれましたが、小さい頃から神社にお参りしたり、お寺で法話を聞いたりするのが大好きな少年でした。1人っ子だったので、父親はそば屋を継いでほしいと思っていました。でも、あなたは家の生業にはまったく興味がなく、神事にかかわることに大きな興味を持っていたのです。

成人して宗教の道に進もうとしましたが、親に猛反対されます。しかし、その反対を振り切り家を飛び出そうとするあなたに、両親は雨の中で泣きながらすがりついてきました。でも、あなたは、それを振り切って出ていくのでした。そしてお遍路に始まり多くのお寺巡りをし、その間は短期の仕事で生活費を稼いでいきました。10年ほど経った頃にある宗教に出会い、そこで僧侶としての修行を積みます。最終的にあなたは、仏教を説いて広げていく宗教家となっていったのです。

町角で仏教の説法を語るのが、あなたの主な活動でした。そんなある時、熱心にあなたの話を聞いている女性と親しくなり、付き合うことになります。まもなく結婚して、子どもが2人生まれました。その女性は裕福な商家の娘だったことと、彼女の両親も仏教の篤い信仰者だったこともあり、あなたの活動への援助や生活費を惜しみなく出してくれました。

ある日あなたは、妻と子どもたちを連れて、昔の自分のひどい態度を謝るために実家を訪ねました。しかしその時には、両親は病気ですでに死んでしまっていたのでした。あなたはそこに立ちすくんで、昔あなたに泣いてすがりついてきた悲しそうな親の顔を思い出して、涙が止まりませんでした。

その後2人の子どもたちは素直に育ち、1人は妻の親の家業を継ぎ、もう1人は僧侶となっていきました。そして年老いたあなたは隠居生活に入り、妻と共に静かな生活を送っていきました。

人生が終わり、あなたは次の人生の計画を立てます。前世は、すべてにおいて自分の信じる道、やりたいことを全うできた人生だったようです。でも、1つだけやり残していることがありました。それは親との関係です。「今度は、その両親ともう一度やり直したい。次の人生は親を大切に、もっと理解し合って生きていく人生にしたい」とあなたは思いました。今世のあなたのテーマは「親孝行」です。

【前世パターン80】

イタリアでオリーブ農家の妻

あなたは、イタリアでオリーブ農家の妻だったことがあります。なだらかな丘の農場からは、地中海の素晴らしい景色が見えます。それまでは街の中心部に住み、夫は会社で働き、あなたは専業主婦として家で2人の男の子の子育てを頑張っていました。でも、夫の父親が他界したことで、夫が継いだオリーブ畑をやるために実家のある田舎へ戻ってきたのでした。

夫は、まったくと言って良いほど、オリーブ農家としての野心は持っていませんでした。でもあなたには常に野心があり、このオリーブ畑をもっと広げて収穫をあげたいし、有名になりたいという気持ちが強かったようです。そのための計画を立てたり、実際に畑の横にオリーブの加工場を作ったり、契約先を広げるための営業もあなたが率先してやっていきました。ブランドも立ち上げて宣伝にも力を入れたので、農場はどんどん売り上げを伸ばしていきました。

そんな中で、あなたは次第に子育てがおろそかになっていきます。それに加えて、あなたはその時々で気持ちが変わりやすいところがあり、息子たちに対しての態度が一貫しませんでした。そのために、息子たちの気持ちはだんだんと不安定になっていきます。反抗期に入る頃からは、家ではあなたと息子たちの怒鳴り合いのケンカが多くなってしまいました。夫は気が弱くて、あなたと子どもたちの間に挟まれて逃げ腰です。すっかり家族のバランスは崩れてしまいました。

それからは、あなたと息子たちとの確執は決定的なものになっていきました。息子たちは大人になると、あなたに「さよなら」も言わずに家を出ていってしまいます。家族ができても、実家には帰ってきませんでした。それから10年ほど経った頃に夫が病気で他界、あなたも夫の後を追うように次の年に他界します。その後、息子たちは残された全資産を売却して、遺産として受け取ると墓参りもせずに去っていくのでした。

そしてあなたは死後、光の世界で気づきます。自分の母親としてのあり方が原因で起きた、親子の深刻な不和、そして埋められない溝。「今度も『親』を経験したい。そして、仕事がどんなに多忙でも子どもとの愛情を育むやり直しをしよう」と決めました。

【前世パターン81】

ニュージーランドで羊飼い

あなたは、ニュージーランドの羊牧場で羊飼いをしていた前世があるようです。その時は男性として生きていました。広大な土地にたくさんの羊たちを放し飼いして、相棒である牧羊犬と共に過ごす生活です。とても裕福とは言えない暮らしでしたが、大自然の中で大好きな羊たちに囲まれた暮らしを、あなたはとても気に入っていました。また、近くにはニュージーランドの中でも特に神秘的だと言われている湖がありました。その息を呑むような絶景を眺めながら、湖畔を散歩するのがあなたの楽しみでした。

あなたは熱心なキリスト教徒で、湖のそばにある石造の教会に毎週日曜日にはお祈りをしに行くことを忘れませんでした。また、あなたにとって、とても大切だった人はたった1人の家族であるおばあさんです。親が早くに死んでしまったため、おばあさんに育てられたあなたは、その恩を一生忘れず、おばあさんが死ぬ間際まで近くに寄り添っていました。おばあさんは、とても優しく大切にあなたを育ててくれました。毎晩のように話して聞かせてくれる物語は、あなたの想像力を伸ばしてくれました。

おばあさんが亡くなった後は、あなたは結婚もせずに生涯独身で過ごしましたが、とても幸せでした。何ものにも縛られることなく、「好きな時に好きなことを好きなだけやる」という自由を手に入れていました。また、気に入る仕事に出会えたこと、今日食べるものがあること、綺麗な湖を見られること、など目の前の幸せをしっかりと感じて感謝できる心の持ち主だったのです。

そんなあなたにとって、光の世界で決めてきたことがあります。それは、次の人生ではたくさんの人とかかわろうということです。決して人とかかわるのが嫌だったわけではないけれど、周りは羊ばかりの人生でした。今世では、人間関係で悩むことが多いかもしれません。でもそれも、あなたの魂は楽しみ、経験したいと願ってきたようです。

【前世パターン82】

ヨーロッパでオペラ歌手

あなたは、ヨーロッパで女性オペラ歌手として生きていたことがあるようです。上流家庭に生まれ育ち、小さい頃からいろいろなものを習わされていました。ピアノやバイオリン、歌に社交ダンスなど。その中でも早いうちから頭角を現してきたのは歌でした。音域の広さや声質の良さは、誰が聞いても注目するほどでした。

その歌唱力を伸ばしてあげようと、当然のように両親や先生はあなたを導いていこうとしました。しかしあなたは、歌を専門的に習う気はまったくなく、「歌いたい時に歌う。歌いたくない時は歌わない」という姿勢を崩しませんでした。そのようにして10代は、友達と遊んだり占いに熱中したりと、自由な生活を送っていました。その時のあなたには特に将来の夢もなく、そのままいけば普通の仕事について普通の結婚をして、普通の人生を送っていくという将来が待っていました。

ところがある日、両親に連れられてオペラ鑑賞に行き、その人生が大きく変わることになります。子どもの頃にはオペラを見ても何も感じなかったし、面白いともなんとも思わなかったのに、その時にはそれを楽しめるぐらいに成長していました。女性歌手が歌う場面であなたは、体に電流が走ったような衝撃を受けます。感動して、気がつくと涙が溢れていました。

それからのあなたは、オペラ歌手になるための道を迷わず、まっしぐらに進んで行きました。自分が決めて目指し始めたら、人が変わったようにとことんやり切って、夢を実現していくあなたの姿に家族も友達も驚きを隠せませんでした。

そして月日が経ち、あなたはソプラノのオペラ歌手として舞台に立っていました。その後、同じオペラ歌手の男性と結婚して、女の子を授かりました。そしてのちにこの子も、オペラ歌手となっていきました。その娘もオペラ歌手と結婚して、いつの間にか音楽一家を作り上げた人生になるのでした。

人生が終わり、あなたは光の世界で次の人生の準備に入ります。「次の人生も自分が打ち込めることを見つけてそれを一生の仕事にしたい」とあなたは思いました。今の趣味の中にそのヒントがあるかもしれませんね。

【前世パターン83】

チベットの僧侶

あなたは、古い時代にチベットで僧侶だったことがあるようです。子どもの頃からお寺に入り、読み書きを習い、お経を覚えるという生活を続けて、10代になるとさらに高度な勉学が始まりそれを習得しました。成人すると儀式をうけ、赤い僧衣に身を包み、グループで厳しい修行に出かけます。辛い修行に耐えられずに脱落して逃げていってしまう者が続出する中、歯を食いしばって耐えていくことで、あなたは立派な僧侶となっていきました。

修行から戻ってくると、他の大勢の僧侶と一緒に僧院に残り、瞑想や厳しい生活がさらに続いていきました。お酒やタバコはもちろん、恋愛も結婚も許されず、踊ることさえも禁じられていましたが、あなたはそういう清い生活が好きでした。そんなあなたの唯一の楽しみは毎日出てくるおいしい食事です。夕方になり料理支度が始まると、表情には出さなくても心がワクワクだったのです。また、子どもの頃から、寺で一緒に育ってきた友達と戦いごっこをして腕を磨いていくのもあなたの日々の楽しみでした。

そして、何年に1回か、実家に戻れることをあなたは心待ちにしていました。賑やかな実家に帰るのが楽しみだったのですが、それは年月と共に変化していきました。姉妹はお嫁に行って、長男を1人残して他の兄弟は街に出て、家族はどんどん少なくなっていきました。里帰りをするたびに実家の賑やかさは減り、あなたが40代になる頃には、実家には兄夫婦と年老いた父母だけが残ったのでした。そしてしばらくすると、その両親も他界してしまいます。そこからは、帰省することもなくなり、あなたは僧院にこもりチベット僧として勉学修行の毎日を送っていきました。

そんなあなたは光の世界で、今度はもっと「家族」と喜びや幸せを共有する人生にしたいと思ったのです。ですから、今世のあなたにとっては、家族との経験はどんなことであっても喜びでしかありません。また、修行好きな魂の癖が残っているので、自分を律することに執着してしまう部分があるかもしれませんね。

【前世パターン84】

南米で魚市場店

あなたは南米で女性として生きていたことがあるようです。そのときは魚市場で働いていました。それまでは、あなたの夫が市場に売り場を持って切り盛りしていたのですが、夫が病気で働けなくなってしまい、４人の子どもたちを路頭に迷わせる訳にはいかないと夫の代わりに仕事をし始めたのでした。あなたの仕事はまず、朝早く港へ行って魚を仕入れてくるところから始まります。魚の名前さえろくに知らないのに、それを値段交渉をして仕入れてくるなんて至難の業でした。

でもあなたは、見た目はおとなしくて人と話すのが苦手なタイプでしたが、このように窮地に追い込まれて「背に腹は代えられない」と覚悟を決めると、開き直ってやっていける人でした。いつもは心配性でなんでも深刻に考えすぎるところがあっても、いったん気持ちが固まると、人が変わったようになりました。他の商売人のように、まるでずっと前から魚を売っていたかのように明るく振る舞い、魚を売っていったのです。その豹変ぶりには周りの人たちも驚かずにはいられませんでした。

あなたの呼び込みでお客さんが寄ってきて魚はどんどん売れていきました。美味しい食べ方や料理のコツを、寄ってきた客に教えるだけで、みんなが予定よりも多く購入していくのです。売り上げが入り、夫の薬代も子どもたちにかかるお金も、それでまかなえていけました。そして、家に帰ると家事洗濯が待っていて、あなたは１人二役で疲れ切っているはずなのに、文句１つ言わずに寡黙にそれをやりこなしていくのです。

そして数年ぶりに夫が回復して市場に戻ったので、あなたは主婦業に戻ります。そして、以前のようにおとなしくて、あまり人とは話さない主婦に戻っていったのでした。あなたの子どもたちは、あなたが窮地に追い込まれたときに取った行動を見ているので、同じ心構えで、４人ともあなたのように人生に起きる逆境を乗り越えていく力を持っていました。そんな子どもたちに、いつまでも大切にされていった人生でした。もちろん、夫とも老後も一緒に仲良く暮らしていきました。

そして人生を終えて、あなたは光の世界でどんな次の計画を立てたのでしょうか。あなたの計画はこうでした。「今度は、覚悟を決めたときだけではなくて、普段から魚市場で働いていたときのように明るくて小さなことにこだわらない生き方をしよう。すると一生が何倍も輝くに違いない」

【前世パターン85】

宇宙からの転生 3

あなたはもともと、宇宙出身の魂のようです。大昔に他の星から地球に転生して、それからは何度も生まれ変わってきました。あなたと同じように大昔に転生してきた人たちの中には、もともと地球出身の魂と同じ数だけ、地球で転生を繰り返している人もいます。ですから、魂自身が遠い昔の故郷の宇宙をほぼ忘れてしまっている人もいて、「自分は地球出身」だと思い込んでいる魂も多いようです。

あなたが地球に来たのには理由があります。それは、あなたの星が「小惑星とぶつかって消滅してしまった」「星が寿命で崩壊してしまった」とか、または「星の自然を破壊したために住めない星になってしまった」とか。とにかくもうその星には住めなくなったからです。それで永住できる星を探した結果、地球を選んで来たのです。地球人はあなたの星とは気質が全然違うので、最初の転生はとても大変だったようです。自分の消滅してしまった星への未練も重なり、自分たちの星に比べるとあまりに欲が強かったり戦いが好きだったりする地球人に疲弊したし、失望したこともありました。

それでも帰る星はなく、この地球に迎合していかなければならなかったのです。ずっとこの地球で人間として転生を繰り返していくことは最初から覚悟していたので、あなたたちは本当に頑張りました。人間の煩悩や人間の本質、そして人間の可能性、そのすべてを受け入れていきました。そして、人間として生まれ変わる回数が増えるほどに、どんどん地球人らしくなっていったのでしょう。

でも、生まれ変わるために光の世界に滞在するときに、過去生のすべてを思い出すので、オリジナルな自分たちの星のことが心に湧き上がってくるのです。そして少しだけホームシックになるようです。それは少しつらいかもしれません。でも、それもあと何十回も地球で生まれ変わる頃には、薄まってきて楽になっていくでしょう。

【前世パターン86】

中世ヨーロッパの劇作家

あなたは中世のヨーロッパで劇作家として生きていたことがあるようです。その時は男性でした。あなたは小さな頃から、おどけてピエロの真似をするような陽気な子どもでした。また歌を作ったり空想の話を書いたりすることが大好きでした。ピッコロが吹けたのでそれを披露することもありました。

あなたは、町の革職人の父の元に1人っ子として生まれ、賢くて親孝行な息子でした。学校から帰ると、親に言いつけられた仕事を片付けて宿題もすませた後、残っているわずかな時間で自分の好きなことをしていました。でも、そんなわずかな時間でも、才能があり好きなことをしているので、作詞作曲や詩、物語を書いてはどんどんその腕を磨いていきました。

17歳のときに、町にやってきた大道芸人を一目見て、あなたは憧れます。その大道芸人はいろいろな町を回って即席の劇場を作り、その舞台で踊りやジャグリングのような芸、そして音楽の演奏、演劇などをやっていました。全部があなたの興味を引くようなものばかり。中でもあなたは特に、演劇に興味を持ちました。

曽祖父から続いていた革職人の家業を継ぐことが決まっていたのですが、「どうしても、都会に出て演劇のシナリオ書きとして見習いに入り働きたい」と父親にお願いします。父親はあなたのことを大切にしていたし、親孝行なあなたが言い出すことだからと10年の期限付きであなたを都会に出してくれました。そうしてあなたの才能とセンスはすぐに花開き、劇作家として活躍していきました。

その後は、同じ劇場で役者として演じていた女性と恋愛の末に結婚して、子どもも生まれ、劇作家としての充実した日々が続いていきました。そして約束の10年がきます。あなたは、周りからどんなに引き止められても、親の気持ちが一番だったし約束は守りたいという思いで、町に戻りました。そしてそこからは革職人としての人生に切り替わっていきます。町にも劇場があったので、そこにたまにシナリオを作って提供していました。

そして人生が終わった時に、あなたは光の世界で次の人生の計画を立てました。「前世で、父親の後を継いだことに後悔はない。でも次は、自分の一番好きなことを仕事にして一生打ち込んで大成させる人生にしたい」と思いました。

【前世パターン87】

ヨーロッパのブルジョア

あなたはヨーロッパで、ブルジョアだったことがあるようです。ブルジョアとは、資産や財産を多く所有した、いわゆる大金持ちのことです。小さい頃からお嬢様として育ったあなたは、同じような階級の子たちとの出会いが多く、同じ価値観の友達たちと過ごしました。

子どもの頃から、自分専用のメイドがついているほどの何不自由ない生活です。そのメイドは、あなたの言うことを何でも聞いてくれるので、何も我慢をする必要がありません。あなたは使用人に対する親の態度を見て育ったため、同じように接するようになります。命令口調だったり、冷たくあしらったり。家庭教師やマナーの先生ですら、あなたに逆らうことはできませんでした。

そんな環境で育ったので、周りからは〝わがままなお嬢様〟と見られることが多かったですが、実はとても心優しい面がありました。メイドがけがをすると手当をしてあげたり、道で物乞いをしている者には必ずコインを施したりしていたのです。そういう面を、家族や友達の中の一部の人は知っていました。でも基本的に人前では、胸を張り高貴な面だけを見せるところがあったので、ツンとしているようで近寄りがたい人物だったようです。

年頃になると、親同士の付き合いで、お見合いをして結婚しました。結婚相手の家系も負けず劣らずのブルジョアだったために、さらにあなたの高貴なイメージは強くなっていきます。そのため、ますます周りの人たちとの関係は薄くなり、どこかで孤独感を抱えながらの人生となったのでした。

そんなあなたの楽しみは、飼っていた犬を連れて湖を眺めながら散歩をすること。あなたは散歩する中で、自然の美しさにとても癒されると同時に、ペットへの無条件の愛に満たされました。ですから、今世でもその名残で自然に触れることで心が癒されたり、ペットとの関係で気持ちが満たされたりするのではないでしょうか。

とても豊かな人生を歩んだあなたでしたが、光の世界であなたは、自分が周りと打ち解けたり思いやりを表現できなかったりしたのは、小さい頃からの環境と親からの教育だということに気がつきました。そして「次に生まれ変わるときは、大金持ちの環境ではなく、平凡な家に生まれよう。そして、見栄など張らずに人とかかわって、信頼し合える友達を作りたい」と思いました。

【前世パターン88】

アメリカの教育者

あなたは、アメリカで小学校の教師をしていた前世があるようです。そのときは女性で、誰に対しても優しい気持ちで接することができるあなたは、生徒たちからも人気がありました。教育の仕事には意欲を持って働いていて、子どもたちに勉強や道徳を教えることが大好きでした。

正義感が強く、曲がったことが大嫌いだったあなたは、生徒にかなり強く指導することもありました。特に、生徒が嘘をついたり誰かをいじめたりすると、優しさの中に隠れた厳しさが現れて、周りを驚かせるほど厳しく叱ることもあったようです。ただ、あなたには表面的なことにとらわれやすいところがあったため、中には勘違いや誤解もあったようです。

働き始めてしばらくして、同じ学校の男性教師と恋愛をして結婚し、2人の子どもに恵まれます。そして、その時代には珍しい〝共働き〟を選択し、夫婦で協力しながら子どもたちを育てていきました。仕事をしながらの子育ては大変でしたが、そこは元々から持っている、明るさと聡明さで乗り越えていきました。夫婦ともに教師だったこともあり、子どもたちは勉強に励み、大人になるとあなたと同じ教育の仕事に就きました。

ただ、その忙しさのあまりに、1つやり残したことがありました。それは、親孝行です。あなたの親は離れた田舎に住んでいましたが、いつもあなたのことを気にかけて手紙を書いてくれたり、農作物を送ってくれたりしていました。でもあなたはほとんど返事を書かず、田舎にも帰らないまま時が過ぎて、両親は他界してしまいました。ずいぶん後になって、自分の子どもたちが独立して離れて暮らし始めた時に、「子どもを想う親の気持ち」を初めて知り、昔の両親の気持ちを考えると涙が溢れてたまりませんでした。

あなたは光の世界で、自分が生徒たちの表面的な部分だけを見て感情的に怒ってしまっていたことを知り、反省しました。そのため、次の人生では、人とかかわるときはもっと深い部分まで察して行動しようと思ってきています。それから、今度は親が死んでから後悔しないように、しっかりと親孝行をしようと思いました。今世ではその前世の両親が、あなたの両親となって生まれてきているようですよ。

【前世パターン89】

オランダで農家

あなたは、オランダで農業を営んでいたことがあったようです。そのときは男性としての人生を送っていました。父親から農家を受け継いで小麦やライ麦を栽培していました。オランダはもともと湿地帯で、川が雨で溢れると海抜が低いために農地に水が入り込んで水害に悩まされることが多かったようです。

あなたの農業も水害との闘いでした。せっかく実った穀物が、雨が続くと増水した川の水が押し寄せて畑に溜まってしまいます。それを何日もかけて汲み出す作業に追われて、心身ともに疲労する年が何年も続きました。収穫量は下がりその分収入も減って、７人の子どもたちを育てていくのもままならない生活が続いていきました。土地を切り売りして食いつないでいるような生活だったのです。夫婦の間では、親から譲り受けた畑を売って街の工場に働きに出る話まで出ていました。

ところがある年、画期的なことが起こります。「製粉用に使われていた風車を改良して、排水の動力源にする排水システム」を知るのです。あなたは、その風車に賭けます。借金をして、今まであった製粉用の風車を改造して排水機能をつけて、さらに３基増やしました。それからというもの、水害から解放されて生産量がどんどん増えていきました。そのおかげで黒字続きになり、子どもたちを育てていくうえで十分な稼ぎになっていったのでした。

男の子５人と女の子２人の子どもたちは、そんな中ですくすくと育ち、10代になるとあなたの仕事を手伝うようになりました。全員が親孝行な子たちで、大きなことを成し遂げる父親であるあなたのことを尊敬していたし、７人の子育てをしている母親を偉大だと思っていました。

その後、子どもたちは大人になり、娘たちは結婚して家を出て、息子たちがあなたの農場を手伝い始めます。そして、そこから頼もしい息子たちのアイデアで事業はどんどん広がり発展していきます。５人の息子たちにそれぞれに十分な土地と財産を残せる人生となったのでした。最後は、多くの孫とひ孫たちに囲まれての大往生でした。

あなたは寿命を終えて、光の世界に向かいました。そこで次の人生の計画を立てます。「『山あり谷あり』の人生だったけれど、『終わりよければすべて良し』の人生だった。今度も同じようなストーリーで生きていきたい」とあなたは思って、この世に生まれてきました。

【前世パターン90】

中国商人の妻

あなたは中国の商人の妻として生きたことがあるようです。夫は、より良い商品や販路を求めて長期間出稼ぎに出るのが仕事の1つでした。あなたは、夫と何年も会えないことも多く、主人不在の家を守り義父母に仕え、日々の寂しさに耐える生活を送っていました。精神的重圧が重くのしかかってきたのですが、愛する夫のために留守を自分が支えなければと、一生懸命に頑張る日々でした。

ところが、長く故郷を離れて暮らす夫は、商売がうまくいきだすと離れた地で新たな妻を迎えて家庭を作っていたのでした。その時代、中国では妻を2人持てたようです。それを知ったあなたは、死にたくなるほど落ち込んでしまいます。夫から見初められ結婚して、夫の愛情を感じていたからこそ頑張ってきたのに、「よそで女にうつつを抜かし、家庭まで作るとは何ごと！」と夫を責め、激しいケンカが何日も続きました。

しかも、その別宅には子どもが生まれていて、それを何年も秘密にしていたのでした。あなたは離婚することを真剣に考えたのですが、あなたに依存している夫の両親を見捨てるのも気がとがめるし、何よりも経済的に自分が生活をしていけるのか不安でした。それに、もし実家に戻ったところで厄介者になるだけだとも思いました。そんないろんな思いが絡まり、泣く泣く離婚を思いとどまってしまいました。

そして、20年が経ち、ある日夫が別宅の息子を本家に連れて来たのです。あなたと夫の間には子どもがいなかったので、その子を家業の跡取りとして修業をさせるために一緒に暮らすと言うのです。ここで、あなたの我慢は限界に達し爆発してしまいます。その20年間、夫はあなたに何の気遣いも謝罪もなく、それだけでもあなたは深く傷ついていたのです。それなのに、別宅の息子を連れて来るなんて、あまりのデリカシーと思いやりのなさにあなたはキレてしまったのでした。そしてあなたは決断し、夫にも両親にもさよならも言わずに家を出て、遠く離れた実家に戻りました。実家の年老いた父母は何も聞かずにあなたを迎え入れてくれました。その後は父母の畑仕事を手伝いながら、やっと心安らかな気持ちで生活を送れるようになったのでした。

その人生が終わり、あなたは光の世界へ行き、次の人生の計画を立てます。「20年もの無駄な時間を過ごしてしまった。今度は我慢の人生はやめよう。自分を大切にして、妥協のない人生を送ろう」とあなたは思いました。

【前世パターン91】

日本の宮大工

あなたは前世で日本の宮大工だったことがあるようです。宮大工とは、神社やお寺の建築や補修に携わる大工のことです。「渡り大工」とも呼ばれ、何ヶ月、何年と家を離れ神社やお寺のある地に居住して仕事をし、その技術や技法は師匠から弟子へと口伝で継承されていきます。そのようにして次の世代に技術を確実に伝えていく大工さんでした。

あなたの父親も宮大工でした。父はもともと大工だったのですが、神社やお寺の建物に興味を持つようになって、宮大工としてやり直していったのでした。あなたから見ると、大工で仕事をしている時よりもずっと幸せそうで輝いていました。そんなふうに自由にいろいろな土地を選んでは仕事をしている父に憧れて、あなたも、大人になって父の元で宮大工の仕事に就きます。

そして何年かが過ぎた頃に、仕事が楽しくて仕方ないあなたは、親から結婚を勧められても結婚をせずに、宮大工としていろいろな地方に出向いていきました。そしてさらに時が経ち、父親も仕事を引退する時が来て、あなたは父から口伝で継承されたことを、今度は弟子たちに口伝で技法を教えていくようになりました。父の時代とは違って、あなたの時代になると、大勢の宮大工が集まって、集団で仕事を受けて現場の町や村に何年も滞在するような仕事の形になっていきました。その間は仲間で暮らしも共にするので、宮大工同士で家族のような絆が生まれていきました。仲間のほとんどが独身というのもお互いに気心の知れた仲になりやすかったのでしょう。

そのように、楽しく仕事に明け暮れているうちに、あなたは気がつくと老齢になっています。体力もなくなり、目も老眼が入ってきて若い頃のようにはいかず、少しずつ仕事を減らして若い衆に任せるようになりました。そして、あなたは修繕や見積もりなどの軽めの仕事をするようになっていきます。そして、心の余裕と時間の余裕が出てきたその頃に、素敵な出会いがあり、老いてからの結婚をするのです。それからは人生の幕引きまで夫婦で仲良く暮らしていきました。

そして、光の世界に行って、あなたは次の人生の計画を立てます「もう一度このような人生を歩きたい」「誰からも縛られずに仕事に生きる幸せをもう一度手に入れたい」とあなたは思いました。そして、「次は伴侶とはもっと早く出会って長く添い遂げたい」ということも付け加えました。

【前世パターン92】

ヨーロッパ貴族の娘 2

あなたは、中世のヨーロッパで貴族の娘として生まれたことがあるようです。子どもの頃から何不自由なく暮らし、大きなお城で生活をしています。いつも専用のメイドがついて、なんでもやってくれるので、なんの苦労も知らないままで大人になっていきます。誕生日のたびに盛大なパーティが催されて、いろんな人からプレゼントをもらいます。気に入らないものは使用人にあげたり捨てたりしました。そのように一般の生活とはかけ離れた贅沢な生活ぶりです。

大人になってからは、同じ貴族の婚約者と結婚して子どもを産みました。メイドに面倒を見てもらうので、子育ての辛さもほとんど感じませんでしたが、妊娠と出産は、誰かに代わってもらうというわけにもいかず、あなたにとってはあり得ないほどの苦痛と束縛の経験でした。それでも跡取りを産むのが当たり前だったので、頑張って３人の子どもを産みました。

その後は、自分の美容やファッションなどに磨きをかけていくのが生きがいになっていきました。また、お芝居や旅行をするのも楽しみで、存分に自分のやりたいことを最高の形で手に入れていったのでした。その頃から読書が好きになって、老後はパーティや芝居鑑賞以外は本を読むといった日々を過ごしていきました。本を読んでいくにつれ、いろいろな生活や考え方、仕事などがあることを知り、興味が湧いていきました。

光の世界であなたは、次に生まれてくるときには貴族ではなく、まったく違う生き方を選ぼうと思いました。仕事を持ってお金を稼いで自立して、友達を作って、子どもを産んだら子育てを自分でやっていきたいと、やりたいことはてんこ盛りです。何不自由なく生きていくよりも、そのほうがずっとエキサイティングで楽しいに違いないと思ったのです。それでも、前世の癖が抜けなくて、ついつい贅沢をして周りを驚かせてしまっているかもしれませんね。

【前世パターン93】

インドネシアでの人生

あなたは、16世紀のインドネシアで生きていたことがあるようです。その時は男性で、熱心なヒンドゥー教徒でした。子どもの頃から、代々続いていた宗教の神様をとても大切に思っていて、毎日のお供えやいろいろな儀式をもれなく習慣として実践していました。20代になると、親から受け継いだ市場での食材の販売の仕事をするかたわら、宗教の奉仕を一生懸命にやっていました。そして、そこで出会った女性と交際が始まり、結婚して家庭を持ちます。

妻は家庭的で、熱心なヒンドゥー教徒であるあなたに尊敬の念を持っていたので、文句を言うこともなく従順にあなたについていくような女性でした。出会った頃に、神の儀式でのあなたの踊りを見て強く惹かれたこともあり、あなたが宗教の儀式に参加することにも口出しすることはありませんでした。生まれた３人の子どもたちの子育てと市場での仕事の手伝いにと、甲斐甲斐しく立ち働き、家庭を守っていくのでした。

ところが、あなたはそれに対して感謝の気持ちがあったかというと、その気持ちは薄くて、独身時代と同じような生活ぶりでした。子どもたちが風邪をひいたり、妻の具合が悪くなったりしてもお構いなしで、友達との約束を優先させて出かけていきます。金遣いも荒く、浮気も２回や３回の話ではありませんでした。妻が自分に尽くしてくれていることも「当たり前」のことだし、家庭を中心に動くよりも、自分のことを中心に動き回ることを「男らしい」と勘違いして周りに自慢するほどでした。ときどき妻が泣いていたことにも、気づくはずもありません。また、時代が16世紀と古いこともあり、男尊女卑の考えが浸透していて、父も祖父も同じようなタイプで同じ生活ぶりだったことも、大きく影響していたのでしょう。

そんな一生を送ったあなたは、光の世界で、その人生での「真実」を知りショックを受けました。「心から妻を愛していたのに、妻を幸せにはできなかった」という後悔が残りました。「今度の人生は、もっと家族を大切に、特にパートナーに対しては思いやりと感謝の気持ちを忘れない生き方をしよう」と決めました。

【前世パターン94】

アイルランドからカナダへ移住

あなたは、200年ほど前にアイルランドに女性として生まれたことがあります。５人兄弟の長女で、両親は熱心なキリスト教徒でした。しかしある日、カトリックとプロテスタント間の宗教の問題で、アイルランドからの出国を余儀なくされ、カナダへと家族で移住することになります。他にも何家族かでの出国でした。お金もない上に夜逃げ状態の渡航だったために、小さな船で大きな揺れに何日も耐えながらの渡航でした。カナダに着くと宿を探して、全員で港町をさまよい歩いていきました。

あなたはそのときはまだ14歳でしたが、父と母とあなたの３人で仕事を探して働きました。すぐ下の11歳の妹が１日中、３人の小さな弟の面倒を見ます。その生活は、本当に大変でした。でもそれも、仕事を続けていくうちに少しずつ楽になっていきました。そうして３年が過ぎる頃には、弟たちも自分たちで留守番ができるようになり、妹はやっと学校に行けるようになりました。あなたも本当は勉強が大好きだったので学校に通いたかったのですが、家族の生活を考えるとそういうわけにもいかず、学校には行けないままで大人になってしまいました。

あなたの仕事は、お金持ちの家でのメイドでした。何年も働くうちにその家の家族にも信用されるようになり、10人ほどいるメイドや使用人のリーダーとなります。そして、町で出会った男性との恋が始まり結婚しました。夫は優しかったし、１人息子も本当に親思いでした。友達も何人もできて、実家の両親や家族との関係も良好でした。あなたは、子どもを産み育てる数年は仕事を休みましたが、その後復帰して、また同じ家のメイドのリーダーとしてずっと働いていきます。その後、実に40年間、同じ場所で働き続けたのです。その一家は、あなたのことを家族のように思ってくれていました。

老後に自分の人生を振り返ったときに、14歳までは人生の底辺を経験した自分が、大人になってからはすべてのことが実になって、周りに恵まれた幸せな人生だと感じました。

そして人生が終わり、光の世界で次の人生の計画を立てました。あなたは「今度の人生は、学校に行きたい。たくさんのことを学びたい。そして、前世は家族のために生きた。与えられた状況の中で精一杯生きてきたことには満足しているけれど、今度は自分のために、自分で選び取れる人生を歩こう」と決めました。

【前世パターン95】

ヨーロッパで占い師

あなたは、中世のヨーロッパで、占い師だったことがあるようです。小さな頃からおまじないや占いが好きで、花びら占いや葉っぱ占いなど、何でも占いにして遊んでいるような女の子でした。また、天使や妖精などの目に見えないものを疑わずに、すっと受け入れて信じることができました。

大人になると、あなたは占星術に興味を持ちます。有名な占星術の占い師を探して弟子入りして、ホロスコープの勉強やチャートの書き方を学んで、その後独立して占い師を生業としてやっていきます。あなたには、子どもの頃から直感や霊感があったので、「良いことも悪いことも当たる」と、次第に評判の占い師となっていきました。占い師をしているとどうしても相手の邪気や病が入ってきやすくなることを知っていたあなたは、占いの前に結界を張ったり、十字架やパワーストーンを身につけたりと、自分自身の身を守ることも忘れませんでした。

あなたは長く付き合っていた男性と結婚して、3人の子どもたちが生まれました。それからは、家庭と仕事のバランスをしっかりと取っていきました。仕事が終わって夕食の準備を始めると、家族がリビングに集まり食事を楽しみに待っています。あなたはこの時間が一番好きでした。笑い声の絶えない家族。そんな暖かくて幸せな日々が続いていきました。

ところがある日、あなたは役人たちに捕らえられてしまいます。この時代には魔女狩りがあり、あなたもその対象となってしまったのです。仕事も家庭もうまくいっているあなたを妬《ねた》んでいる誰かからの密告でした。あなたは何の罪もないのに、他の女性たちと共に教会の前に作られた処刑場で火炙《あぶ》りの刑となり、死んでしまいました。残された子どもたちと夫は嘆き悲しみ、人生を通してあなたを思わない日はありませんでした。

火炙りで息絶えたあなたを天使たちが迎えに来て、光の世界へといざなって行きます。そして、次の人生の計画を立てました。「あんな理不尽な人生の終わり方はもう勘弁だわ。次は幸せで平和な人生にして長生きしよう。そして、前回と同じ家族でやり直そう」とあなたは思いました。

【前世パターン96】

ヨーロッパの騎士

あなたは中世のヨーロッパで、騎士として生きたことがあるようです。領主である父親から、長男であるあなたは、大人になったときには騎士として後を継ぐことが決められていました。そのため、7歳頃からその勉強や奉公が始まり、同じ騎士の卵たちの中に、友達ができました。友達と馬に乗って狩りに出かけたり、剣術や弓術で腕を競ったりすることはあなたの楽しみでもありました。

大人になったあなたは、就任式で騎士の資格をもらうと、父親から命じられて、領主としての職務につきます。国王から与えられた土地を守りながら、王からの徴集があると騎馬兵士として出陣していくことが仕事でした。あなたは母親とは気が合いましたが、父親とは性格が似て頑固で気難しいところがあり、お互いに気が合わずいつもケンカばかり。そのうち、会話もほとんどなくなりました。父親はもともと貴族の出なので、生活は裕福で安定していました。

そして、あなたは恋愛で結ばれた女性と結婚して子どもが2人生まれます。わんぱくな男の子とお茶目な女の子。この頃からあなたの生活が変わっていきます。子どもたちが可愛くて家にいることが多くなりました。妻と子どもたちと、家族水入らずで過ごすプライベートな時間が、一番リラックスできる時間でした。

2人の子どもたちは、両親の愛情に包まれてしっかりと育てられました。大人になった時には、明るくて優しくて、自立心のある魅力ある人物になっていました。あなたは息子の気持ちを優先させて、騎士を継がせずに、騎士の資格と領土を返納したのです。そして、老後は妻と2人で散歩を楽しんだり、旅行に出かけたりと、仲良く日々を過ごしていきました。

そして、人生が終わり光の世界で次の人生の計画を立てます。「家族のありがたさと幸せを手にした人生だった。次も、温かい家族を作っていこう。ただ心残りなのは父親との関係。次は父親とのやり直しをしたい」とあなたは思いました。

おわりに

ここまで読んで、あなたは何を感じましたか？　もしも、自分の人生を読み解けるのなら知りたいと思ったのではないでしょうか。

プロローグでお話ししたように、私たちの魂はこの世に何度も旅をしに来て、自分を磨く修行を繰り返しています。では、前世からたくさんのやり残しを持ってきた魂にとって、今世を生きる意味はなんでしょうか。

あなたの魂は光の世界で、今世の目的と計画を持って、希望に満ち溢れてこの世に生まれてきました。自ら望んで今の家族や環境、時代を選んで生まれてきたのです。それなのに、知らず知らずのうちに前世と似たような出来事に翻弄《ほんろう》され、同じことを繰り返すことに時間を費やしていては、あっという間に人生は終わってしまいます。そのようにしてどれだけの人が、本来の目的を果たせずに死んでいくのでしょうか。

そう考えた時に、私はある考えに辿り着きました。

それは、あなたが手に入れたこの人生を存分に生きるために、カルマの解消が大いに役立つということです。一生をなんとなく終わらせてしまうのではなく、目的を果たし思い切り楽しむために必要なのが、カルマの解消だと私は思うのです。それによって今世をさらに生きやすくし、本来の目的を思い出す第一歩となるのではないでしょうか。私は占いを通して、その手助けをしているのだと思っています。

また、人は何度生まれ変わっても、魂はずっと普遍です。ですから、その魂が持っている基本的な性格や思考回路はあまり変わらず、価値観や嗜好《しこう》も同じだったりします。たとえば、気の短いあなたは前世も気が短いほうだったし、心配性なあなたは前世でもやっぱり心配性な部分を持っていたことが多いということです。

ただ、生まれ変わって前世のやり直しをしていく中で、あなたの魂は学んだり気づいたりしながら向上していきます。そうすると、性格の基本的な部分は同じでも、捉え方や考え方が変わっていくでしょう。少しでも捉え方や考え方が変わると、前世と同じような場面でも反応が変わるし行動も変わり、そこから導き出される結果も大きく変化していきます。ひいてはそれらが、今世を存分に楽しめる要素へと変わっていくでしょう。

さらに、学びが大きいとそれに比例して魂の成長も大きくなるようです。そのため、生まれる前から意図的にハードな人生を計画して選んでくる人が多いことも、多くの前世を見ていくうちにわかりました。ですから、あなたが今どんなに苦しい場面にいたとしても、状況や環境を悲観する必要はないのです。それらはむしろ、あなたの学びを大きくしてくれて、今世の目的や生き甲斐を果たしていく糧《かて》になるはずです。

それから、前世からの縁で、今世で恋愛相手としての出会いを計画してくることも多くあります。せっかくなら、そういう運命的な相手とは「赤い帽子をかぶって、会いましょう」などと、わかりやすく目印をつけて出会いたいものですね。

ところが面白いことに、こういう二人はなぜか、お互いに「第一印象が良くない」のが特徴です。たとえば「嫌いなタイプ」「何も感じない」「なぜかむかつく」「今までとは違うタイプ」などです。前世ではどんなに愛し合った二人であっても、今世での「初めまして」の時の印象は、「何？　この人」ぐらいまで違うのですから、大変です。出会った人が「目を見つめあった瞬間にビビッと来る」というロマンチックなものならわかりやすいのに……。

例えばこんな感じです。本当にあったお話ですが、ある女性は、ある男性と出会ったその日に大ゲンカをしてしまいます。そして、地下鉄に乗ったらその彼が偶然に、隣の席に座ってきたのです。お互いにびっくりしましたが、その時はプンプンで、口もきかずに地下鉄を降りました。ところが次は、なんと次の週に会社に新入社員としてその彼が入ってきたのです。しかも席まで隣同士。さすがに彼女は、「何これ……」と呟《つぶや》いたそうです。嫌な相手だと思いながらも、その日以降少しずつ話をするようになります。そこから、だんだんとお互いに惹《ひ》かれ合い、今では大好きになって結婚して子どもも生まれました。

でもほとんどの人は、そのような出会い方だと、せっかく前世で縁があった相手とでもスルーしてしまうでしょう。前世を覚えていないのでそれは当たり前といえば当たり前ですが、どれだけ多くの人がその出会いを見過ごしてしまうのだろうか、と残念に思うことが何度もありました。ですから、「前世の相手と出会う」というカードが出てきた時には、「第一印象がどんなに悪くても、スルーしないことが大切。前世で人生を共に生きた相手なのかもしれないのですから、相手から次に誘われたら絶対に行くこと。もしくは、あなたのほうから次につなげてください」と強く言っています。それでも、ほとんどの人は「無理です」とか、「できるかな。自信がありません」と及び腰になることが多いのも事実です。

でも私は、その出会いによって人生が大きく変わる可能性を知っているので、「三回は会ってみて」とお勧めしています。もしその人が前世からのお相手なら、最初は嫌いでも、間違いなく三回目にはお互いの魂が思い出して好きになるから不思議です。また、そのプロセスを経て恋人になり、そして結婚に至ったカップルが何人もいることを教えてあげます。そこまで話してあげると、やっと、その出会いの大切さを理解してチャレンジする気になる人も少なくありません。

もし三回会ってもあなたの気持ちに何の変化もなければ、「その人は前世での関係がない」という証拠。それは「道端の石」につまずいただけだと思って、また新しい道に進めばよいのです。

それから、「カルマの解消」を私なりにひも解いていった時に、私はあることに気がつきました。それは「来世まで持っていかなくても、今世で生きている間に解消できるカルマがたくさんある」ということです。つまり、来世でやり直すのではなく、今世で生きているうちにやり直すのです。

その方法はとてもシンプルです。

「来世の自分が今の自分を見たら、どこを変えたいと思うか」と常に考えて行動する習慣を持つだけです。今世でのありかたや生き方を変えていけば、来世に持っていくものがずいぶんと軽くなるはずです。それでもできなかったことは、来世のあなたにお任せしましょう。

あなたの人生は、止めることができない川の流れのようなものです。そして、あなたの目に見えている人生の流れのずっと下では、その流れよりも、もっと大きな流れがあなたの人生を丸ごと運んでいます。その流れこそが、生まれる前に自分自身で決めてきた計画どおりに、あなたを幸せな方向に向けてうねりを起こして運んでいるのです。ですから、あなたはその流れに身を任せて泳いでいけばよいのです。その途中ではいろんなことが起きるでしょう。でも、その中で前世からの宿題を一つ一つ解きながら、来世へ持ち越さずにカルマの解消をしていくことが、あなたの今世をより素晴らしいものへと変えていくのではないでしょうか。

占い師としての私のこの見解が、あなたの人生を読み解くヒントになり、さらにあなたの今世と来世を大きく変えるきっかけになるのなら、こんなに嬉しいことはありません。

ジュディより愛を込めて。

デザイン　三瓶可南子
編集協力　田原理美
企画協力　NPO 法人企画のたまご屋さん

ジュディ・オーノ（Lludy Ono）
タロット占い師・前世リーディング占い師
子どもの頃から霊感をもち予言を口にしていたが、8歳頃、それが他の人には見えていないことがわかり、自ら能力を封印。40代になった頃、再び霊感が戻り、正夢や直感が当たるシンクロニシティが毎日のように起こるようになる。この能力を活かそうと20年前に占い師として開業。札幌でひっそりと紹介者限定で占っていたが、強い霊感と前世を見る力で〝怖いほど当たる〟とすぐに評判になり、多い時で月に100人以上が、道内だけでなく海外からも訪れることに。ただ情報は非公開にしていたので、ネットで検索してもわからず、「Yahoo!知恵袋」で何度も探される「幻の占い師」となる事態に。今まで、2万人近くの前世リーディングを行ってきた。世界中がコロナ禍に襲われた2021年、もっと多くの人の役に立ちたいと情報を公開することを決意、初の著書『ジュディ・オーノのタロット占い』全48冊をオンデマンド出版。22年からInstagramアカウントを開設し情報発信を行う。ジュディの占いは当たるだけではなく、問題解決に導いて心を元気にしてくれると根強いファンが多い。
ホームページ　https://lludy-tarot.net
Instagram　@lludy_tarot.uranai

誕生日と血液型が導く
前世リーディング
あなたの魂の目的はなにか

第１刷　2023年12月31日

著　者　ジュディ・オーノ
発行者　小宮英行
発行所　株式会社徳間書店
東京都品川区上大崎3-1-1　目黒セントラルスクエア
〒141-8202
電話　編集(03)5403-4344　販売(049)293-5521
振替　00140-0-44392
印　刷　本郷印刷株式会社
カバー印刷　真生印刷株式会社
製　本　東京美術紙工協業組合

　ISBN978-4-19-865722-2